문화적 문식성과 국어교육

문화적 문식성과
국어교육

이영호

역락

머리말

이 책은 문화적 문식성의 관점에서 국어교육과 관련된 언어문화의 전통을 탐구하고 현대적 적용 가능성에 대해 연구한 내용을 담고 있다. 국어교육이 외국어교육과 구별되는 지점은 언어 행위가 기능적 영역에 제한되지 않고 이를 통해 문화를 창조하고 계승하면서 언어공동체의 정체성을 형성해 나간 다는 것에 있다. 이러한 문화적 측면의 역할을 간과하고 언어의 도구적 기능에만 몰두한다면 국어교육의 위상 추락은 불가피할 수밖에 없다. 가령 언어의 도구성만을 강조한다면 극단적으로는 효용성이 더 높은 언어로 모국어를 바꾸는 것이 낫다는 논리가 성립될 수도 있다.

유발 하라리는 세계적인 베스트셀러가 된『사피엔스』에서 문화를 '인공적 본능의 네트워크'라고 정의내리고 있다. 여기에서 그는 인류와 유사한 종 중 여러 가지 면에서 열등한 조건을 지녔던 사피엔스가 오늘날의 위치에 올라설 수 있었던 원인을 문화의 힘으로 진단하고 있다. 이처럼 문화는 인간 사회에 강한 영향력을 끼치고 있으며, 그 가운데에서도 사회 구성원들이 공유하는 언어문화의 힘은 중핵적인 위치를 차지한다.

이런 관점에서 이 책은 우리 언어문화의 전통을 통시적으로 살피면서 오늘날의 국어교육에 의의를 지닐 수 있는 자료들을 대상으로 연구 작업을 진행하였다. 다루는 영역은 작문, 화법, 문학에 걸쳐 있으며, 시대로는 고려시대 이규보의 글쓰기에서 현대 김훈 작가의 작품에 이르고 있다. 대상의 선정은 문학사적 평가를 바탕으로 필자 개인의 독서 체험과 선호가 반영된 것이며, 자료를 분석하는 데 있어서 현재적 적용 가능성을 우선시하고자 했다.

문화적 문식성에 기반하여 국어교육을 설계하는 것은 많은 논의를 필요로 한다. 이러한 관점에 대해 회의적 시각을 가질 수도 있고, 문화적 문식성이 과거의 전통에 치중되는 것에 비판적인 인식도 제기될 수 있다. 하지만 인공지능이 인간의 인지 능력을 대신하는 현재의 추세를 감안하면 국어교육에서 문화적 문식성에 바탕을 둔 교육은 더욱 강화되어야 하지 않을까 하는 생각을 하게 된다. 이 책이 이러한 논의에 조그마한 보탬이 되기를 기대해 본다.

이 책이 나오기까지 많은 분들의 가르침과 도움이 있었다. 특히 은사이신 김종철 교수님께서는 대학원에서 지도를 받을 때부터 국어교육에서 고전의 위상과 역할에 대해 안목을 열어주시고, 자료를 분석하는 치밀한 태도를 가르쳐주셨다. 또한 이 책에 실린 글들의 내용을 논의하는 자리에서 많은 분들이 필자가 미처 알지 못했거나 놓친 부분들에 대해 많은 비판과 조언을 해주셨다. 끝으로 성긴 원고의 출판에 협조해 주시고 깔끔하게 편집해 주신 역락출판사의 관계자 분들께 감사의 말씀을 드린다.

2024년 5월

이 영 호

차례

II. 근대의 어문 운동과 의사소통 교육

III. 고전 작품의 변용과 문학 창작

일러두기

이 책은 문화적 문식성과 국어교육에 대한 탐구를 위해 필자가 기존에 쓴 글들을 체제에 맞게 수정하거나 새로 쓴 글들로 구성되었다. 기존 글들의 목록은 아래와 같다.

- 이영호(2022), 「'설(說)' 양식을 활용한 성찰적 글쓰기 교육 연구」, 『선청어문』 51, 서울대 국어교육과.
- 이영호(2016), 「최명길의 상소문에 나타난 글쓰기 방법 연구」, 『작문연구』 29, 한국작문학회.
- 이영호·이경근(2024), 「쓰기 치료의 관점에서 본 심노숭 도망문(悼亡文)의 글쓰기 방법 연구」, 『문학치료연구』 71, 한국문학치료학회.
- 이영호(2021), 「부모 전기 쓰기 방법 연구」, 『작문연구』 49, 한국작문학회.
- 이영호(2023), 「근대계몽기 토론의 국어교육적 의의 연구」, 『국어교육』 181, 한국어교육학회.
- 이영호(2015), 「고전을 활용한 <남한산성>의 서사화 전략 연구」, 『고전문학과교육』 30, 한국고전문학교육학회.
- 이영호(2019), 「자기서사의 관점에서 본 <칼의 노래>의 글쓰기 전략 연구」, 『겨레어문학』 63, 겨레어문학회.

문화적 문식성의 관점에서 본 국어교육

   이 책은 문화적 문식성의 관점에서 국어교육과 관련된 제 양상을 살펴보고 이를 토대로 올바른 교육 방향을 살펴보려는 목적을 지니고 있다. 국어교육에서 문화적 측면을 강조하는 것은 일반적인 관점에 해당한다. 이는 국어과 교육과정의 총론에서 명시적으로 드러나고 있는데 2015 개정 국어과 교육과정 목표에서 "국어문화를 향유하면서 국어의 발전과 국어문화 창조에 이바지하는 능력과 태도를 기른다."고 하거나 2022 개정 국어과 교육과정 목표에서 "공동체의 언어문화를 탐구하고 자신의 언어생활을 성찰하고 개선한다."고 한 부분들이 이에 해당한다. 이러한 언급들은 국어과 교육과정이 수립된 이래 지속적으로 강조되어 온 사항이라 할 수 있다.

   이처럼 국어교육에서는 문화적 역량을 갖추고 언어생활을 영위하는 인간상을 지향하고 있는데, 이를 잘 대변할 수 있는 개념이 문화적 문식성(cultural literacy)에 해당한다. 문화적 문식성은 문화와 문식성이 결합된 용어이다. 먼저 문식성의 개념을 살펴보면 문식성(文識性, literacy)은 원래 문자의 기가과 해독에 초점을 맞춘 기초적 수준에서 언어를 해독하고 이해하는 능력을 의미하였다.[1] 이는 국어교육에서 추구하는 목표와 직접적인 연관성을 지니고 있

---

1   최근 젊은 세대를 중심으로 한자어 등에 대한 이해 부족으로 발생하는 어휘력 문제를

기 때문에 적극적으로 수용되었다. 그러나 시대가 변하고 사람들이 갖추어야 할 지식들이 늘어나면서 그 개념이 확대되어 문식성은 해당 분야에서 기본적으로 갖추어야 할 수준을 뜻하게 되었고, '컴퓨터 리터러시', '미디어 리터러시' 등의 용어는 이러한 변화를 잘 나타내는 사례라 할 수 있다.[2] 이런 점을 고려하면 문화적 문식성은 공동체 구성원으로서 알아야 할 문화와 관련된 기본적인 지식수준을 의미하는 것으로 볼 수 있겠다.

문화적 문식성의 개념을 논할 때 주로 언급되는 것이 Hirsch를 필두로 한 미국 보수주의 교육 이론가들의 견해이다. Hirsch는 1980년대 당시 미국 교육의 문제점을 국가적인 차원에서의 문식력 저하로 판단하고 이를 해결하기 위해서 문화적 문식성 교육을 강화해야 한다고 주장하였다. 그는 문식력 저하와 공유된 지식(shared knowledge)의 감소는 매우 밀접하게 연관되어 있다고 인식하였는데, 이는 젊은 세대들이 기존에 당연한 것으로 여겼던 공유된 지식을 잘 알지 못한다는 문제의식에 기인하고 있다. 이런 측면에서 Hirsch는 문화적 문식성을 유능한 독자들이 지닌 정보의 연결망으로 정의하였는데, 이는 텍스트를 수준 높게 이해하기 위해 진술되지 않은 맥락과 읽고 있는 내용을 연결시킬 수 있는 형태로 나타난다고 보았다.[3]

Hirsch는 당대 미국 교육의 풍토에서 문화적 문식성에 대한 관심이 매우 적다는 문제점을 제기하면서 이는 일상적으로 문식력 있는 사람들과 만나며 주류 문화를 습득하는 중산층의 아이들과 그렇지 못한 다른 계층의 아이들을 차이 나게 만드는 요인이라 지적하였다. 그는 문화적 문식성이 부족한 아이

생각해 보면 본래 의미의 문식성 교육 또한 국어교육에서 간과할 수 없는 과제라 할 수 있겠다.

2 문식성의 개념에 대한 내용은 '노명완·이차숙(2002), 『문식성 연구』, 박이정, 43~45면' 참조.

3 E. D. Hirsch(1988), *Cultural Literacy*, Boston : Houghton Mifflin Co., pp.1~13.

들은 배경지식이 부족하기 때문에 텍스트의 중심 의미를 놓치기 쉬우며 이는 읽기와 쓰기 능력의 차이로 나타난다고 주장하였다. 그리고 이러한 교육적 방기는 미국의 문식력을 떨어뜨리는 주요 요인으로 작용하기 때문에 이른 시기부터 학교 교육에서 국가적인 차원의 주류 문화를 가르치는 노력을 기울여야 한다고 보았다. Hirsch는 이러한 문제의식을 바탕으로 미국인이면 알아야 할 필요가 있는 인물, 지리, 문학 등 다양한 영역에서의 공유된 지식 목록을 제시하기도 하였다.[4] 이런 점을 고려하면 Hirsch가 생각한 문화적 문식성은 공동체 내에서 수준 높은 의사소통을 가능하게 만드는 배경지식에 해당하는 것으로 파악할 수 있다. 여기에서 문화적 문식성은 비단 언어 문화적 차원에만 한정되는 것이 아니라 공동체 내에 통용되는 세계 지식을 아우르는 의미를 포함하고 있다.

미국에서 문화적 문식성의 변화 양상을 개관하고 그 개념에 대해 정리를 시도한 Purves 외의 논의에서는 문화적 문식성을 자신이 속한 문화에 대한 지식으로 규정하였다. 이에 의하면 문화적 문식성은 개인에게 전통에 대한 감각, 유산, 문화 내에서의 위치, 전통으로부터 배우고 그 장단점을 이해할 수 있는 능력을 제공할 수 있다고 제시되었다. 그러나 19세기 말 이후 이민자가 급속히 증가함에 따라 다문화화가 이루어진 사회적 상황 속에서 무엇이 미국 문화이고 교육에서 그 내용을 어떻게 구성해야 하는가에 대해서는 끊임없는 논쟁과 갈등이 발생할 수밖에 없었다.[5] 즉 미국에서 문화적 문식성과 관련된 논의는 미국 문화의 정체성에 대한 규정과 그 구성 요소에 대한 탐색이 중요한 이슈가 되어왔다고 할 수 있겠다.

---

4   위의 책, pp.19~32·152~215.
5   Alan C. Purves et al.(1994), *Encyclopedia of English Studies and Language Arts vol.1*, New York : Scholastic, pp.339~340.

국어교육에서 문화적 문식성과 관련된 논의는 국어교육을 바라보는 언어
관의 측면에서 문제를 제기한 김대행의 논의에서 본격화되었다. 여기에서는
국어교육을 둘러싼 언어적 성격을 규범적 측면에 초점을 맞춘 도구성과 정신
활동에 주목한 문화성으로 구분하면서 양자의 상호적이고 역동적인 관계에
의해 올바른 언어생활이 영위된다고 주장하였다. 이에 의하면 국어 현상에
내재한 문화적 측면을 간과하고 국어사용의 개념을 단순하게 파악하는 것은
언어현실과 부합하지 않으며 자국어교육과 외국어교육의 질적인 차이를 없
애버리는 결과를 초래하게 된다는 것이다.[6] 이는 기능적 문식성만을 강조하
는 일련의 논의에 대한 반론으로 자국어교육으로서 국어교육의 위상과 정체
성을 수립하려는 시도로 큰 의미를 가진다.

언어교육에서 문화성을 강조한 논의는 해당 공동체가 축적한 문화적 전통
과 자산에 가치를 부여하는 논의로 이어지게 된다. 이와 관련해서 고전 자료
가 지닌 본질적 특성을 근원성, 정태성, 역사성으로 파악한 논의에서는 고전
자료를 활용한 교육이 언어 표현과 관련된 체계적인 접근을 가능하게 하고
원리적 차원의 지식 형성과 이론에 기반을 둔 교육 설계를 가능하게 한다고
보았다.[7] 또한 고전 자료가 지닌 양식적 규범성은 체계적인 지식으로서 특별
한 주목을 요하고, 이는 개성 발달만을 강조하는 오늘날의 교육 패러다임이
놓치기 쉬운 표현의 기본 지식으로서 역할을 할 수 있다고 보았다.[8] 이러한
견해들은 수준 높은 언어생활의 영위를 위해서는 문화적 자산에 대한 이해와
이에 바탕을 둔 창조 행위가 필수적임을 역설하고 있다.

---

6   김대행(1995), 『국어교과학의 지평』, 서울대학교출판부, 3~51면.
7   위의 책, 249~261면.
8   김종철, 「글쓰기 교육의 문화적 척도」, 이상익 외(2000), 『고전문학교육의 이론』, 집문당,
     24~26면.

그런데 정체성과 전통을 중시하는 문화적 문식성의 관점은 학습자의 역할을 강조하는 국어교육의 입장에서는 비판적으로 인식될 여지가 크다. 즉 전통의 권위에 초점을 맞추는 것은 교육의 국면에서 학습자들에게 일방적인 수용을 강요하는 양상으로 나타날 수 있기 때문이다. 이러한 측면에 주목하여 문화적 문식성을 전통이라는 수직적 범주와 일상에서 공유되는 수평적 범주로 구분한 논의가 제시되었다. 이에 의하면 문화적 문식성을 전통이라는 수직적 범주로 파악하면 전통과 문화가 동일시되어 전통적 가치를 지닌 문화 텍스트들이 교육 내용으로 선정되지만, 실제 문화는 일상에서 언어와 생활양식을 공유하며 소통하는 수평적 범주의 영향력이 더 크게 작용한다고 한다. 즉 공시태 속의 문화 내용들은 문화적 문식성의 기능적 소통 능력에 중요하게 작용하지만 통시태 상의 문화 내용들은 간접적으로 작용하는 차이가 나타난다는 것이다.[9] 이는 문화적 문식성을 교육적 관점에서 접근할 때 수평적 범주의 측면을 중요하게 고려해야 한다는 견해를 나타내고 있다.

이와 관련해 문화적 문식성에 바탕한 교육에서 전통적 가치와 현실적 양상이라는 두 측면의 조화를 꾀하려는 방향도 제시되었다. 여기에서는 국어교육에서 문화가 중요한 교육 요소로 부각된 것은 언어문화, 매체문화, 문학문화에 대한 논의들이 활발히 전개되면서부터라고 보고 이런 양상을 고려하여 국어교육에서 문화론적 접근은 언어활동에 관여하는 맥락으로서의 문화, 언어활동 산물로서의 문화, 새로운 표현 매체를 통한 문화의 다각적인 측면을 고려해야 된다고 보았다. 이에 의하면 문화적 문식성을 규정된 산문과 지시 차원에서 접근하는 것은 매우 협소한 방식이며 학습자가 속한 문화와는 상당

---

9   박인기(2002), 「문화적 문식성의 국어교육적 재개념화」, 『국어교육학연구』 15, 국어교육학회, 27~36면.

한 차이를 가질 수밖에 없게 된다. 이러한 문제를 극복하기 위한 방법으로 '수용 모델'과 '공유 모델'이 제시되고 있는데, 이는 기존의 전통 문화를 수용하는 것과 학습자 집단이 자신들의 경험을 적용하며 공유하는 것의 조화를 지향하고 있다.[10] 이러한 논의는 문화적 문식성에 대한 접근이 전통의 수용과 현재적 적용이 상호작용할 때 교육적 의의를 획득할 수 있다는 점을 강조한다.

국어교육에서 문화적 문식성에 주목한 실제적 연구는 주로 고전문학 영역에서 보고되고 있다. <열녀춘향수절가>와 영화 <춘향뎐>을 텍스트로 하여 학습자가 작품이 제기하는 질문을 자신의 관점에서 변용한 텍스트를 산출하도록 한 논의나[11] 이청준의 <남도사람> 연작 속에 나타난 판소리의 수용 방식을 살펴봄으로써 문화적 재생산 방식을 분석한 논의[12], 문화적 문식성을 지식의 차원에 한정하지 않고 수행과 실천의 개념으로 파악하여 <한림별곡>의 교육 방법을 고찰한 논의[13]는 이러한 관점을 잘 보여주고 있다. 이러한 논의는 문화적 문식성이 기본적으로는 문화적 전통의 이해와 수용을 바탕으로 하면서도 학습자가 처한 현재적 상황을 반영하여 창조적 활동으로 이어지는 것을 지향하고 있다.

국어교육에서 문화적 문식성은 수준 높은 언어생활을 영위하는 데 요구되는 문화 지식으로 규정할 수 있다. 일반적인 문식성을 갖추었다는 것이 기본

---

10 박은진(2015), 「국어교육의 목표로서 '문화적 문식성' 개념에 대한 고찰」, 『국어교육연구』 57, 국어교육학회, 140~151면.

11 서보영(2014), 「고전소설 변용을 통한 문화적 문식성 교육 연구」, 『국어교육연구』 33, 서울대 국어교육연구소.

12 서유경(2009), 「판소리를 통한 문화적 문식성 교육 연구」, 『판소리연구』 28, 판소리학회.

13 최홍원(2015), 「문화적 문식성의 교육적 실현에 대한 방법적 회의」, 『국어교육연구』 36, 서울대 국어교육연구소.

적인 의사소통에 지장이 없는 수준을 지칭한다면 문화적 문식성은 해당 언어 공동체가 인정하는 교양을 갖춘 의사소통이 가능한 수준을 의미하며, 그 핵심에는 전통에 대한 이해와 감각이 자리한다. 예를 들어 우리 언어공동체의 일원이라면 적어도 <춘향전>에 대해 알고 이와 관련된 인물에 대한 언급, '억지 춘향이 노릇'과 같은 관용적 표현, <춘향전> 원작과 이를 변형한 작품의 차이 등을 이해하고 상황에 맞게 의사소통할 수 있어야 문화적 문식성을 갖추었다고 인정할 수 있을 것이다. 그런데 고전문학을 제외한 국어교육의 영역에서는 문화적 문식성의 바탕이 될 만한 전통적 요소에 대한 탐구와 적용 가능성에 대한 모색이 상대적으로 부족한 실정이다. 따라서 문화적 문식성에 기반한 국어교육이 가능하기 위해서는 국어교육의 전 영역에서 문화적 전통에 대한 발굴 작업이 선행되고 이것이 현재의 언어문화에 어떠한 기여를 할 수 있는지가 제시되어야 한다.

문화적 문식성에 바탕을 둔 교육에서 힘든 점은 현재의 언어문화에 작용하는 수평적 범주의 문화 요소의 실체를 파악하기 어렵다는 것이다. 이는 주관적인 차원에서 그 실체를 제시하는 것은 가능하지만 언어공동체 구성원들이 두루 인정하는 실체를 도출해내기가 힘들다는 의미이다. 교육의 실행이 실체적 지식과 이에 대한 이해를 바탕으로 진행되어야 한다면 수직적 범주에 해당하는 전통적 요소에 기반을 두고 교육에 접근하는 것이 우선되어야 한다. 이런 관점에서 이 책은 우리 언어공동체가 구축해 온 문화적 자산 가운데 현재에도 그 가치가 인정되고 적용 가능성이 큰 자료들을 중심으로 논의를 진행하고자 한다.

이를 위해 이 책에서는 크게 세 가지 측면에서 문화적 문식성에 바탕한 국어교육의 가능성을 탐구하고자 한다. 우선 고전 산문 텍스트를 대상으로 현대적 글쓰기 교육에 있어 적용 가능성을 모색하고자 한다. 이를 위해 문학

사적 위상을 인정받은 문장가와 그가 산출한 고전 글쓰기 자료를 대상으로
성찰적 글쓰기, 설득적 글쓰기, 치료적 글쓰기, 전기적 글쓰기의 양상을 살펴
보고 그 현재적 가치를 파악하고자 한다. 다음으로는 근대 언어문화 형성기
에 나타난 의사소통 분야의 성과와 의미를 분석하고자 한다. 이를 위해 근대
계몽기에 우리 사회에서 전개된 공적 말하기 형성 과정과 이태준의 <문장강
화>에 나타난 글쓰기 관련 전통 인식 및 그 함의에 대해 파악해 나갈 것이다.
마지막으로는 고전 작품을 활용한 현대적 문화 계승의 양상을 살펴보고자
한다. 이를 위해 고전 작품에 바탕을 두고 창작된 김훈의 대표 소설인 <남한
산성>과 <칼의 노래>의 사례를 분석하고 새로운 문화 창조가 어떤 방식으로
이루어질 수 있는지를 규명해 나갈 것이다.

　문화적 문식성에 기반한 언어교육은 자국어교육으로서 국어교육의 위상
을 정립하고, 문화적 정체성을 가지고 현재의 언어문화를 창조하는 인간을
기르는 데 중요한 역할을 한다. 이는 단순히 이전에 생성된 고전문학 작품을
수동적으로 감상하는 형태로는 도달하기 힘들다. 국어교육에 있어서 문화적
문식성은 영역에 상관없이 공통적으로 중요하게 다루어나가야 할 접근법에
해당한다. 익히 알려진 것처럼 언어생활은 해당 언어공동체가 축적해 온 언
어문화를 바탕으로 영위되기 마련이며, 이로 인해 의사소통 행위에 작용하는
요소도 문화적 환경에 따라 영향을 받을 수밖에 없다. 이런 측면에서 국어교
육의 전반에서도 문화적 문식성을 고려한 교육적 접근이 더욱 강화될 필요가
있다. 이 책에서는 그동안 우리 언어공동체가 이룩한 문화적 자산과 가치를
파악하고 이것이 오늘날의 국어교육에 어떠한 의미를 줄 수 있는지 탐구해
나갈 것이다. 이러한 작업을 통해 국어교육에 대한 인식 지평을 확장하고
문화적 문식성에 기반을 둔 국어교육이 활성화되기를 기대한다.

I. 고전 글쓰기의 전통과 글쓰기 교육

설(說) 양식을 활용한 성찰적 글쓰기 교육
―이규보의 설(說)을 대상으로

1. 쓰기 인식과 성찰적 글쓰기의 관계

작문 교육은 학생들이 쓰기에 필요한 지식과 기능을 익혀 의사소통 맥락에 맞는 글을 산출하는 능력을 갖추고 이를 생활화하는 태도를 기르는 것을 목적으로 한다. 그러나 이러한 목적에 비추어 볼 때 실제 작문 교육의 성취와 양상은 기대에 미치지 못하는 것이 현실이다. 학생들의 쓰기 인식과 관련된 연구 조사를 살펴보면 학생들은 쓰기 목적에 대해서는 대체로 긍정적인 인식을 나타내지만 쓰기 수행과 관련된 정서는 두통, 고문과 같은 어휘를 사용하면서 부정적인 인식을 드러내고 있다.[1] 즉 학생들은 글쓰기는 필요하지만 고통 때문에 피하고 싶다는 생각을 지닌 것으로 보이며, 작문 교육은 이런 부정적 인식을 개선하기 위해 노력해야 한다.

이러한 문제를 해결하기 위해서는 다양한 측면에서 접근이 가능하다. 기

---

1   이와 관련된 자세한 내용은 '변경가(2017), 「초·중등 학습자의 쓰기 개념화 양상 연구」, 『작문연구』 32, 한국작문학회' 참조.

존 논의에서 강조한 과정중심 접근을 통해 학생들의 인지적 어려움을 덜어주는 교수적 지원을 마련하거나 학생들의 쓰기 효능감을 높이기 위한 피드백을 제공하는 등의 방안이 도움이 될 수 있다. 본고에서는 작문 과제의 측면에서 학생들의 쓰기 동기와 흥미를 진작시키는 방안의 하나로 성찰적 글쓰기의 강화를 제안하고자 한다. 글쓰기가 학생들에게 어렵게 느껴지는 주요한 이유 중 하나는 써야 할 글이 가상의 목적과 독자를 대상으로 하는 실제적인 글쓰기가 아니기 때문이다.[2] 이와 관련해 학생들의 자유로운 자기표현에 기반을 두고 자신의 삶이 있는 글을 쓰게 하는 것이 진정한 쓰기 교육임을 강조한 주장은 눈길을 끈다.[3] 자신의 삶이 있는 글은 성찰적 글쓰기와 매우 긴밀한 연관성을 갖는다.

인간은 살아가면서 이런저런 경험을 하게 되고 이를 통해 자신의 삶의 방식을 되돌아보게 된다. 일상적인 경험과 이와 관련된 사고의 축적은 인간의 내면을 형성하는 바탕이 된다. 특히 청소년기는 자신을 둘러싼 세계가 확장되고 이에 적응해 나가는 과정에서 예민한 감수성으로 인해 혼란과 갈등을 겪기 마련이다. 글쓰기의 본질이 사고를 정리하고 나름의 의미를 구축해 나가는 데 있다면 성찰적 글쓰기는 청소년기 학생들이 일상적 삶의 의미를 탐구하고 이를 서술함으로써 쓰기의 필요성을 인식하고 자신의 정체성을 형성하는 효과적인 수단이 될 수 있다.

이 글에서는 성찰적 글쓰기의 교육 방안을 모색하기 위해 선인들이 삶의 성찰을 담아내는 데 주로 활용했던 고전산문 양식인 '설(說)'에 주목하고자 한다. 고전산문 글쓰기의 작문교육적 의의와 관련해서는 관습적 양식의 가치

---

2   박영민 외(2016), 『작문교육론』, 역락, 31~33면.
3   이오덕(1993), 『글쓰기 어떻게 가르칠까』, 보리.

를 강조한 논의가 있었다. 여기에서는 오늘날의 쓰기 교육이 한 사회가 공유한 양식으로서의 글쓰기 교육을 배제한 경향이 있다고 비판하면서 중세의 규범적 글쓰기가 학습자들에게 표현의 기본형으로서 역할을 할 수 있다고 보았다.[4] 또한 설 양식이 삶을 성찰하고 의미를 생산하는 방식과 관련해서는 이미 이곡의 <차마설(借馬說)>을 대상으로 한 선구적인 논의도 있었다.[5]

본고의 논의는 고전 산문의 설 양식이 오늘날의 성찰적 글쓰기를 위한 기본 지식을 제공할 수 있다는 전제로부터 출발한다. 따라서 먼저 설 양식이 성찰적 글쓰기와 어떤 관련성을 지니는지를 밝혀나가도록 할 것이다. 그리고 성찰적 글쓰기의 구체적 방법을 탐구하기 위해 고려시대 대표적 문인으로 평가받는 이규보의 설 작품을 분석하여 이와 관련된 내용을 추출하도록 할 것이다. 마지막으로는 이규보의 설에 나타난 글쓰기 방식이 현재의 성찰적 글쓰기 교육에 어떠한 의의를 지니는지를 서술하도록 하겠다. 이러한 작업을 통해 과거의 글쓰기가 지나간 시대의 유물이 아니라 현대의 작문 교육에도 여전히 기여할 수 있는 문화적 자산임을 확인할 수 있기를 기대한다.

2. '설' 양식과 성찰적 글쓰기의 연관성

'설(說)'은 사리를 분석하고 시비를 변별하는 것을 위주로 하는 논변체(論辨體) 산문의 하위 양식으로 선진시대 제자백가에 의해 본격적으로 발달한 것

---

4   김종철(2000), 「글쓰기 교육의 문화적 척도」, 이상익 외, 『고전문학교육의 이론』, 집문당, 24~26면.

5   김대행(1996), 「옛날의 글쓰기와 사고의 틀」, 『국어교과학의 지평』, 서울대학교출판부, 262~287면.

으로 여겨지고 있다.[6] 육조시대 때 유협(劉勰)은 『문심조룡(文心雕龍)』에서 '논'
은 경전의 이치를 조술 전개한 데에서 시작된 양식으로 여러 말을 망라하여
하나의 도리로 정제하는 것을 본질로 한다면 '설'은 전국시대에 변사들이
말로 사람들을 설득하는 데에서 발전한 양식으로 정세를 잘 포착하고 완급을
조절하는 것을 핵심으로 한다고 설명했다.[7] 즉 논이 도리를 정면으로 다루어
서술하는 것이라면 설은 수사적 상황을 고려하여 설득을 추구하는 양식으로
판단한 것이다.

전국시대에 정치적 유세를 기반으로 융성했던 설은 이후 침체기를 거쳐
그 성격이 변화되는 양상을 나타낸다. 명나라 때 서사증(徐師曾)은 『문체명변
(文體明辯)』에서 설에 대해 "자서를 살펴보면 설은 '풀이하다', '서술하다'이다.
의리를 해석하여 자신의 뜻을 서술하는 것이다. …… 논과 큰 차이가 없다."[8]
고 설명하였다. 즉 고래의 정치적 상황을 기반으로 한 설득의 요소가 약화되
면서 설은 대상에 대해 풀이하고 서술하는 측면이 부각돼 논과 큰 차이가
없어졌다는 것이다.

> 아 저는 연소한 자로서 학문이 옅은 신진 학도이오니 어찌 조수가 나고
> 들며 차고 주는 이치를 알 수 있겠습니까. 만일 알고 있다면 하필 선생님의
> 논문을 요구하여 꼭 보려고 하겠습니까. …… 다만 한 마디로 그 논문의
> 요지가 무엇인지 묻고 싶습니다. 선생님께서 이론을 세움에 반드시 근거
> 가 있을 것이오니 어떤 글에 의거하였으며 어떤 사람의 말을 따른 것인지
> 요? 만일 《수경(水經)》으로 근거를 삼으셨다면 《수경》에 이미 그 해설이
> 있으니 어찌 다시 선생님께서 논할 게 있습니까.[9]

---

6   진필상 저, 심경호 역(1995), 『한문문체론』, 이회, 149~157면.
7   유협 저, 최신호 역(1975), 『문심조룡』, 현암사, 75~80면.
8   按字書, 說, 解也, 述也, 解釋義理, 而以己意述之也 …… 與論無大異也. 원문은 '서사증
    (1591/1984), 『문체명변 三』, 보경문화사, 166면.

다만 그 일이 전하는 소문에서 나온 것이므로 그것의 옳고 그름을 알지 못하고 전하는 사람이 더욱 많고 더욱 오래되었으나 다른 소리는 없으므로 어찌 허황된 것이겠는가? 오직 그 성과 이름을 알지 못하고, 의거(依據)할 수 있는 기록도 없이 믿는 것이니, 차례를 매겨 전(傳)을 지을 수도 없다.[10]

제시된 글은 설과 논 양식의 차이와 관련된 특성을 잘 보여주는 사례에 해당한다. 첫 번째 인용문은 <기오동각세문조수서(寄吳東閣世文論潮水書)>란 편지글의 일부로 이규보가 오세문에게 조수(潮水)에 관한 논문을 보여주겠다고 한 약속을 지키라고 요청하는 내용을 담고 있다. 이를 살펴보면 이규보는 조수간만의 이치에 대한 탐구심을 드러내면서 오세문이 어떤 근거로 논리를 펼치는지를 궁금해하고 있다. 두 번째 인용문은 이광정(李光庭)이 지은 <복수설(復讐說)>로 여기에서 필자는 아버지의 원수를 갚은 기이한 이야기를 서술한 후에 이를 설로 지은 연유를 밝히고 있다. 이를 살펴보면 필자는 해당 이야기를 사실로 여기고 있지만 이를 확신할 수 없기 때문에 전으로 짓지 않았다고 언급하고 있다. 이는 선인들이 설을 다른 양식에 비해 상대적으로 자유롭고 부담이 적은 양식으로 인식하고 있음을 잘 드러내고 있다. 이로써 보면 대체적으로 논이 당대 사회에서 중요하게 여기는 공적이고 이론적인 대상에 대하여 엄밀한 논리 구축을 통해 이치를 밝히는 것을 위주로 한다면 설은 사적이고 경험적인 대상을 정하여 자신이 생각하는 의미를 비교적 자유롭게 서술하는 것을 위주로 한다는 차이가 나타난다.

이런 측면에 주목하면 설은 주변 사물이나 실제의 사건을 중시하고 개인

---

9   이규보 저, 김상훈·류희정 역(2005), 『이규보 작품집 2 : 조물주에게 묻노라』, 보리, 337
     ~338면.
10   양현승 편(2004), 『한국 '설' 문학선』, 월인, 400면.

의 경험을 위주로 하여 만물에 대한 도나 의리와 연결시켜 자신의 뜻으로
서술하는 양식으로 파악할 수 있다.[11] 여기에서 중요한 요소는 자신의 뜻으로
서술한다는 것인데 이는 현대적인 장르론의 관점에서 볼 때 설을 사적인
진술을 중심으로 하여 작자의 개성을 드러내는 수필 문학으로 파악하는 논의
와 연결된다.[12] 그러나 설을 현대의 수필과 그대로 병치시키는 것은 무리가
있어 보인다. 수필이 작자의 개성을 부각하는 데 치중하고 있다면 설은 그보
다 일상에서 얻게 된 성찰과 깨달음을 중시한다는 차이점이 있기 때문이다.
이런 점에서 본고는 설의 교육적 의의를 강조하기 위해서 수필이라는 양식
측면보다 성찰이라는 사고 측면에 주목하여 논의를 전개해 나가고자 한다.

자신을 탐구하거나 표현하는 글쓰기는 크게 치료, 성찰, 전달의 세 가지
방향으로 나누어 살펴볼 수 있다. 치료는 개인이 지닌 심리적 상처를 글로
표현하여 정서를 치유하는 것을 추구하고, 성찰은 주체와 세계와의 만남을
통해 해석 작업을 수행하는 것을 위주로 하며, 전달은 타자에게 자신을 적극
적으로 알리고 긍정적 반응을 이끌어내는 것을 목적으로 한다. 이들 각각은
내면세계의 탐구, 주체와 외적 세계의 교통, 외적 세계의 반응에 중점을 둔다
는 차이가 있다.[13] 이와 같은 대비에서 잘 드러나듯 성찰적 사고는 주체와

---

11   실제 설 작품이 사적 경험을 바탕으로 의미를 도출하는 것만 있지는 않다. 오히려 한국문
      집총간 소재 설 작품 1000여 편을 대상으로 분류하면 이름이나 호, 건물의 이름 등을
      짓게 된 경위를 다룬 명자설(名子說), 당재설(堂齋說)과 유학의 교리들을 설명한 경설(經
      說), 성리학설(性理學說) 등의 작품이 700여 편에 이른다고 한다. 현대에는 명자설이나
      경설 이외의 문학성을 지닌 작품군에 주목하여 설의 본질과 가치를 파악하는 경향이
      있다. 설 작품의 분류와 관련된 내용은 '주재우(2013), 『고전을 활용한 글쓰기 교육』,
      월인, 34면' 참조.

12   이와 관련된 논의는 '이승복(1995), 「기와 설의 수필문학적 성격」, 『한국국어교육연구회
      논문집』 55, 한국어교육학회'와 '하강연(1996), 「이규보 수필의 구조와 의미」, 『한국문학
      논총』 18, 한국문학회' 참조.

13   이영호(2014), 「자기 발견을 위한 중등학교 글쓰기 교육의 방향」, 『작문연구』 23, 한국작

대상의 만남을 통해 그 의미를 모색하는 과정에서 삶에 대한 가치와 태도를 정향하는 의식 활동이라 할 수 있다. 이는 대상을 대상 자체로 인식하는 것이 아니라 그것이 나에게 어떤 의미가 있는지를 해석하는 활동으로 대상을 향한 지향성과 반성에 의한 자기 이해를 통해 구성된다.[14]

설은 주체가 대상에 대해 해석 작업을 수행하고 그 의미를 자신과 연결시켜 파악하는 양상을 나타낸다는 점에서 성찰적 사고를 구현한 글쓰기에 해당한다. 이는 설의 구조를 살펴보면 잘 드러나는데 설은 일반적으로 구체적 사물·사건에 대한 기술에 해당하는 '기사(紀事)' 부분과 필자의 깨달음을 드러내는 '설리(說理)' 부분으로 구성된다. 이는 설이 설리를 중심으로 하면서도 이를 관념적으로 진술하지 않고 형상성에 의존한다는 특성을 잘 보여준다.[15] 즉 설에서 필자가 주목한 대상과 관련된 기사는 성찰을 촉발하는 매개체가 되고, 필자가 부여한 의미인 '설리'는 성찰의 내용이 된다는 점에서 설은 성찰적 글쓰기와 긴밀한 연관성을 가진다.

3. 이규보의 '설'에 나타난 성찰적 글쓰기의 방법

본고는 '설'에 나타난 성찰적 글쓰기의 방법을 규명하기 위하여 고려시대 최고의 문장가로 평가받는 이규보(1168~1241)의 설 작품을 대상으로 하여 분석 작업을 진행하였다. 이규보는 고려 중기 무신집권기를 살았던 인물로 이

문학회, 87~89면.

14 최홍원(2012), 『성찰적 사고와 문학교육』, 지식산업사, 64~73면.

15 송혁기(2006), 「한문산문 '설' 체식의 문학성 재고」, 『한국언어문학』 58, 한국언어문학회, 236~237면.

시기에는 무신 난으로 인해 신라시대 이래로 축적되어 온 문벌 귀족들의 보수적 문학이 파괴되었는데 이규보는 이후 문학의 새로운 동향을 이끈 주역으로서 역할을 수행하였다. 그는 규범과의 일치가 아닌 현실과의 호응이 문학의 가치라고 인식하였으며 용사(用事)를 강조한 이인로와 달리 신어(新語)를 사용해야 한다는 주장을 전개하였다. 이처럼 이규보는 독창성과 자주성을 강조함으로써 한문학의 새로운 경지를 이끌어낸 것으로 평가받는데[16] 이로 인해 그는 당대뿐만 아니라 서거정이나 성현 등 후대 문인들에게도 문장가로서 숭앙받았으며 현대에 이르기까지 확고한 위상을 확보하고 있다.[17]

이규보의 글쓰기는 현실성, 독창성, 다양성을 나타내고 있는 것으로 평가받고 있다. 그의 글은 전대 산문의 전통을 계승하면서도 다양한 체식의 산문을 창작하여 발전시키고, 당송 고문가가 보여준 전래의 쓰기 방식을 계승하면서도 주체적 변용을 시도하였다는 특성을 지닌다.[18] 당대 문인인 최자는 이러한 이규보의 글쓰기 특징을 '창출신의(創出新意)'라는 말로 집약했는데, 이는 기존의 글쓰기 방식을 답습하지 않고 필자의 타고난 기질과 재능, 자아의식과 현실인식을 바탕으로 하여 상황에 맞는 다양한 표현 기법을 활용하는 글쓰기를 의미하고 있다.[19] 이규보의 글쓰기가 지닌 이러한 특성은 현대적 관점에서도 그 가치가 충분히 인정될 만하다.

이규보의 설 작품은 모두 12편이 전하고 있는데, 이들을 살펴보면 다양한 소재, 현실에 대한 안목, 독창적 표현 등 그의 글쓰기 특성이 고스란히 반영

---

16 이와 관련한 내용은 '조동일(1982), 『한국문학사상사시론』, 지식산업사, 68~88면.

17 이규보 문학에 대해서는 고평가가 주류를 이루지만 도학적 관점을 강조한 김창협 등에 의해서는 비천한 것으로 비판받기도 하였다. 이와 관련된 내용은 '김진영(1984), 『이규보 문학 연구』, 집문당, 4~6면' 참조.

18 서정화(2008), 「이규보 산문 연구」, 고려대학교 박사학위논문.

19 구슬아(2010), 「이규보의 글쓰기 방식 연구」, 서울대학교 석사학위논문, 20~25면.

되어 있음을 발견할 수 있다. 서거정은 <동문선>을 편찬하면서 이규보의 설 작품 12편 모두 수록하였는데 이는 이규보의 설이 지닌 전범성을 인정한 결과 나타난 현상에 해당한다. 아래에서는 이들 작품을 대상으로 하여 이규보가 주변 세계와 현실을 어떻게 성찰적 글쓰기로 완성해 나가는지를 분석하도록 하겠다.

3.1. 성찰 대상의 선정

성찰적 글쓰기는 필자가 주변 대상에 대한 해석 작업을 통해 그것이 자신에게 어떤 의미가 있는지를 탐구하는 글쓰기라 할 수 있다. 따라서 성찰적 글쓰기를 위해서 필자는 먼저 자신에게 의미가 있는 대상을 선정하는 작업을 수행해야 한다. 인간은 수많은 대상을 접하며 살아가지만 이에 대해 특별한 의미를 부여하지 않고 지나치는 것이 일반적이다. 유명한 시구에서 잘 언급하였듯이 이름을 불러주었을 때 꽃이 되는 것처럼 일상적인 사상(事象)도 이를 대상화하고 의미를 탐구하기 시작할 때 특별한 의의를 지닐 수 있게 된다. 즉 일상에서 무심히 보아 넘기던 것을 성찰의 대상으로 선정하는 것으로부터 성찰적 글쓰기는 시작된다.

성찰 대상의 선정은 쉬운 것 같으면서도 어려운 일에 해당한다. 쉽다는 것은 필자가 접할 수 있는 삼라만상이 모두 성찰의 대상이 될 수 있기 때문에 양적으로 풍부하다는 것이 그 이유가 된다. 어렵다는 것은 일상적으로 접하는 대상으로부터 한 편의 글을 이끌어내기 위해서는 새로운 의미부여가 필요한데 이를 수행하기 위해서는 필자의 개성적 안목이나 통찰이 요구되기 때문이다. 이로 인해 성찰적 글쓰기의 첫 번째 난관은 필자가 의미를 발견할 수 있는 성찰 대상을 선정하는 데에서 비롯되는 경우가 흔하다.

그렇다면 이규보는 설 작품에서 이러한 문제를 어떻게 풀어나가고 있는지 살펴볼 필요가 있다. 앞서 언급하였듯이 이규보는 총 12편의 설을 서술하였는데 성찰 대상의 선정이라는 측면에서 이들 작품에 나타난 요소들을 정리하면 아래와 같이 나타난다.

[표 1] 이규보의 설에 나타난 성찰 대상 분류

대상 범주	성찰 대상	해당 작품
사물	흐린 거울을 보는 일	<경설(鏡說)>
	우레 소리를 들을 때 감정	<뇌설(雷說)>
	개 도살의 끔찍함	<슬견설(蝨犬說)>
경험	강을 건넌 일	<주뢰설(舟賂說)>
	집수리한 일	<이옥설(理屋說)>
	토실을 허문 일	<괴토실설(壞土室說)>
	꿈꾼 일	<몽설(夢說)>
인물	최홍렬의 의기	<완격탐신설(琬擊貪臣說)>
	오세재의 명성	<기명설(忌名說)>
	칠현 모임의 성격	<칠현설(七賢說)>
언어	시에 대한 평가	<논시설(論詩說)>
	격언에 대한 평가	<천인상승설(天人相勝說)>

성찰 대상은 필자로 하여금 성찰적 사고와 쓰기를 수행하도록 촉발하는 중심 제재에 해당한다. 성찰 대상이 지닌 특성을 중심으로 이규보의 설 작품을 분류해 보면 크게 네 가지 범주로 나누어 살펴볼 수 있다. 첫째는 일상에서 접하는 사물에서 촉발되어 성찰적 글쓰기를 수행하는 경우이다. 표에 제

시된 것처럼 우레 소리를 들을 때 느끼게 되는 두려운 감정이 계기가 되어 자신의 잘못을 돌이켜보거나 개를 도살하는 끔찍한 광경을 통해 생명 존중에 대한 생각을 되새겨보는 경우가 이에 해당한다.[20] 둘째는 자신이 직접 경험하거나 관여한 일을 통해 그 의미를 성찰하는 경우이다. 허물어진 집을 수리한 경험을 통해 깨닫게 된 교훈이나 아들들이 지은 토실을 허물게 하면서 그 이유를 밝힌 글들이 이에 해당한다. 셋째는 주변 인물들에 대한 자신의 생각을 밝힌 경우이다. 자신과 각별한 관계를 맺었던 오세재의 명성에 대한 이면적 내용을 제시하거나 당대 명성을 얻었던 칠현 모임에 대한 비판적 인식을 나타낸 글들이 이에 해당한다. 넷째는 당대에 통용되던 시평이나 격언과 관련해 자신의 관점을 제시한 경우이다. 이는 널리 알려진 작품이나 격언을 대상으로 자신의 생각을 서술한 것으로 비판이나 인정 등의 판단과 그 이유를 주요 내용으로 삼고 있다. 이는 문인으로서 자부심이 강했던 이규보가 지닌 존재론적 특성이 성찰 대상의 선정에 반영된 결과로 여겨진다.

　이규보는 성찰 대상을 선정함에 있어서 다양한 편폭을 보여주고 있다. 12편이라는 많지 않은 작품 수에도 불구하고 그의 설에는 사물에서 촉발된 생각, 경험에서 얻은 교훈, 주변 인물에 대한 평가, 관심 분야에 대한 안목 등 폭 넓은 양상이 나타나고 있다. 이는 신의(新意)와 신어(新語)를 강조한 이규보의 글쓰기 지향과도 연관된다. 그는 <답전이지논문서(答全履之論文書)>란 글에서 육경 등 성현의 말에 익숙하지 않아 새것을 창조한다는 발언을 하였는데[21], 이는 새것을 창조하기 위해서는 관습적인 틀에서 벗어나야 한다는 의미

20　<경설>에 나타난 흐린 거울을 보는 거사의 행위와 <슬견설>에 나타난 개 도살과 관련된 손님의 반응은 필자가 경험한 사실이라기보다 자신의 생각을 드러내기 위해 인위적으로 설정한 상황에 가까운 것으로 여겨진다. 이런 측면을 고려하여 <경설> 등은 사물 범주로, <이옥설> 등은 경험 범주로 구분하여 제시하였다.

21　이규보 저, 김상훈·류희정 역(2005), 같은 책, 300~304면.

를 내포하고 있다. 이규보의 설에 나타난 성찰 대상의 다양성은 기존 글쓰기에서 간과했던 주변 세계에 대한 관심을 통해 쓰기 대상의 외연을 넓힘으로써 신의를 용이하게 창출하려는 의도를 지니는 것으로 파악된다.

3.2. 성찰 목적의 설정

성찰 대상을 선정했으면 다음으로는 글을 통해 말하고자 하는 성찰 목적을 분명히 하는 작업이 필요하다. 성찰적 글쓰기는 일상에서 접하는 대상에서 새로운 의미를 발견할 때 그 동인을 얻게 되는데, 직관적으로 감지한 의미를 탐구하고 구체화하는 데에서 글쓰기가 본격화 된다. 이러한 과정에서 필자는 성찰 목적을 분명히 하고 독자에게 그 의미를 전달해야 한다. 일반적으로는 성찰 대상을 선정할 때 성찰 목적이 어느 정도 반영되는 것으로 설명할 수 있다. 가령 말실수를 성찰 대상으로 정했다면 거기에는 언행에 신중을 기해야 한다는 교훈적 의도가 내포되기 쉽다. 성찰 대상을 선정하고 성찰 목적을 설정하는 것이 자연스러운 생각의 흐름이지만 반대로 성찰 목적을 정하고 성찰 대상을 탐색하는 것도 가능하다. 그 방향이 어찌 되었든 성찰 목적을 명확히 하는 것이 성찰적 글쓰기의 의의를 부각하는 데 중요한 역할을 한다.

그렇다면 이규보는 앞서 살펴본 성찰 대상을 통해 어떤 메시지를 전달하려고 했을까? 이를 체계적으로 살펴보기 위해서는 이규보가 설 작품을 통해 말하고자 한 중심 내용별로 작품군을 분류할 필요가 있다. 아래에서는 중심 내용에 따른 성찰 목적을 기준으로 12편의 작품을 분류해 보았다.

[표 2] 이규보의 설에 나타난 성찰 목적 분류

해당 작품	중심 내용	성찰 목적
<경설>	맑은 거울을 취하는 것보다 때를 기다리며 흐린 거울을 취하는 것이 낫다.	통념에 대한 전복
<슬견설>	개와 이의 죽음은 동등하다.	
<괴토실설>	토실을 만들어 이익을 취하는 것보다 자연의 순리를 따르는 것이 낫다.	
<주뢰설>	뇌물로 출세가 좌우되는 현실이 문제이다.	세태 비판
<이옥설>	잘못이 있으면 즉시 고쳐야 한다.	
<칠현설>	칠현 모임은 완세불공의 뜻이 있다.	인물에 대한 평가
<완격탐신설>	최홍렬은 남다른 의기를 가진 인물이다.	
<기명설>	오덕전은 명성을 탐하지 않는 겸손한 인물이다.	
<논시설>	시에 대한 안목과 솜씨는 옛사람을 따르기 어렵다.	자기 인식
<뇌설>	수신에 있어서 매사에 조심해야 한다.	
<천인상승설>	천인상승과 관련된 옛사람의 언급은 타당하다.	
<몽설>	인생의 성패는 운명으로 정해져 있다.	

이규보의 설에 나타난 성찰 목적은 크게 통념에 대한 전복, 세태 비판, 인물에 대한 평가, 자기 인식의 네 가지로 나누어 살펴볼 수 있다. 이 가운데 통념에 대한 전복과 세태 비판은 일반적 인식과 사회적 문제라는 측면을 다루고 있고, 인물에 대한 평가와 자기 인식은 타인과 자신에 대한 평가라는 측면에 초점을 맞추고 있다. 즉 이규보가 설을 통해 성찰하고자 한 것은 사람들이 취하기 쉬운 고정관념과 사회에 횡행하는 현상적 문제가 일단을 이루고, 세상에서 제대로 알지 못하는 타인에 대한 정당한 평가와 자신의 내면세계에 대한 조명이 또 다른 일단을 이루고 있다.

통념에 대한 전복과 관련해 이규보는 당대 사람들의 보편적 인식에 대해 문제를 제기하고 있다. <경설>에 나타난 맑은 거울과 흐린 거울, <슬견설>의 개의 죽음과 이의 죽음, <괴토실설>의 토실로 인한 이익과 자연 순리의 병치는 통념과 새로운 인식의 대립 구조를 드러낸다. 이를 통해 <경설>에서는 세상에 자신을 드러내는 것에 있어서 시기의 중요성을, <슬견설>에서는 생명의 가치를 동등하게 보는 도의 관점을, <괴토실설>에서는 인간의 욕심에 반하는 자연주의적 가치관을 강조하고 있다.[22] 이는 이규보가 주목하는 성찰의 범위가 개인적 영역에 한정되는 것이 아니라 당대 사람들의 전반적 인식 차원에까지 확대되고 있음을 잘 나타내고 있다. 이규보는 이들 작품을 통해 당대의 지배적 인식에 문제를 제기하고 변화를 꾀하고자 했다.

세태 비판과 관련해서 이규보는 사회 현상에서 보이는 문제점을 적극적으로 비판하고자 하였다. <주뢰설>에서는 술을 얻어먹은 사공과 그렇지 않은 경우를 대비하여 출세를 위해서는 뇌물이 필요한 현실을 비판하고, <이옥설>에서는 집을 고친 경험을 토대로 잘못을 알고도 신속하게 개혁하지 않는 정치 현실에 대한 비판 의식을 드러내고 있다. 이는 개인적 영역에서 경험한 일을 사회적 차원의 문제에 확대 적용하는 방식을 통해 세태와 관련된 비판 의식을 생생하게 드러내고 설득력을 높이는 효과를 거두고 있다.

인물에 대한 평가와 관련해서 이규보는 세상에 널리 알릴 필요가 있는 인물의 행적을 제시하거나 세상에 잘못 알려진 인물의 실상을 자신의 관점에서 재평가하려는 목적으로 설을 창작하고 있다. <완격탐신설>에서는 남다른 의기가 있는 최홍렬이라는 인물의 행적을 구체적으로 제시함으로써 그 이름

---

22 박희병은 이규보의 도가사상에 주목하면서 그의 글에 나타난 생태적 정신을 분석하였다. 그에 의하면 <슬견설>에는 장자의 제물사상(齊物思想)의 영향이 있지만 이규보는 제물사상을 물에 대한 지극한 애정, 생명에 대한 존중 정신과 연결시키는 특성을 보인다고 한다. 이와 관련된 내용은 '박희병(1999), 『한국의 생태사상』, 돌베개, 39~131면' 참조 바람.

을 널리 알리려 하고 있다. 이와는 달리 <칠현설>에서는 당대에 은자를 자처하였던 칠현 모임에 대해 비판적 시각을 드러내고 있으며 <기명설>에서는 자신과 가까웠던 오세재의 명성과 관련해 세상의 오해를 바로잡고자 하는 의도를 나타내고 있다. 이처럼 인물을 대상으로 한 설에서 이규보는 자신이 관심을 가진 인물들에 대해 개인적 시각에서 이들을 재평가하려는 의식을 드러내고 있다. 이는 전(傳)을 활용해 일생을 범위로 하여 공적인 차원에서 인물에 접근하기보다 설을 통해 사적 차원에서 비교적 자유롭게 그 호오를 표현하고자 한 의도로 이해할 수 있겠다.

자기 인식과 관련해서 이규보는 설을 통해 다양한 측면에서 자신의 생각을 보여주고 있다. <논시설>에서는 시평(詩評)이나 시작(詩作)과 관련해 옛 시인에 미치지 못하는 자신을 자조하기도 하고, <뇌설>에서는 수신과 관련해 자신의 부족함을 성찰하고 경계하는 의식을 드러내기도 한다. <천인상승설>에서는 옛 격언을 활용하여 자신의 경험에 기반한 처세관을 피력하기도 하고, <몽설>에서는 자신의 꿈을 근거로 인생의 성패와 관련된 운명론을 펼치기도 한다. 이는 문예관, 윤리관, 인생관 등과 관련된 것으로 이규보는 설을 통해 자신의 내면의식을 구성하는 여러 요소들에 대해 점검하여 현재의 자신을 인식하는 모습을 보여주고 있다.

이상에서 살펴보았듯이 이규보가 설을 통해 나타내고자 하는 성찰 목적을 중심으로 작품을 정리하면 아래와 같이 나타낼 수 있다.

사회 비판	통념 전복	타인 평가	자기 인식

사회적 측면 ◀┈┈┈┈┈┈┈┈┈┈┈┈┈┈┈┈┈┈▶ 개인적 측면

[그림 1] 성찰 목적에 따른 이규보 설의 성격 분류

제시된 그림에서 잘 드러나는 것처럼 이규보는 설을 통해 자기 인식부터 사회 비판에 이르기까지 폭넓은 차원의 성찰 목적을 지니고 글쓰기를 수행하였다. 성찰적 글쓰기라고 하면 흔히 개인적 측면에 치우치기 쉬운데 이규보의 설은 개인적 영역을 넘어 타자와 일반적 인식, 사회 현상에 이르기까지 폭넓은 관심사를 반영하여 성찰 영역을 넓히는 양상을 보이고 있다. 이규보의 설이 당대뿐만 아니라 오늘날에도 높은 평가를 받는 것은 이처럼 다양한 성찰의 스펙트럼과 비판적 성찰 의식을 나타내고 있기 때문이라 여겨진다.

3.3. 성찰 내용의 전개

성찰 대상과 목적이 정해지면 이를 설득력 있게 글로 전개하는 과정이 요구된다. 앞서 설 양식의 구성이 성찰 대상의 기술과 관계된 '기사'와 성찰 목적과 관련된 '설리'로 구성되어 있음을 살펴보았는데 이를 전개해 나가는 방식은 다양하게 나타날 수 있다. 이규보는 설에서 이를 '논쟁적 대화 교환', '일화의 제시', '유추의 활용', '고백적 진술 제시'의 4가지 방식을 활용하여 전개해 나가는 특징을 보여주고 있다.

이규보가 설에서 성찰 내용을 전개하는 데 가장 즐겨 사용한 방법은 '논쟁적 대화 교환'이라 할 수 있다. 이는 성찰 내용과 관련해 관점의 차이를 지닌 필자와 제3자가 주장을 전개하고 이를 반박하는 형식의 대화를 주고받는 양상으로 나타난다. 이규보의 설 가운데 이러한 방식을 보이는 작품은 <경설>, <슬견설>, <괴토실설>, <천인상승설>의 4작품이 있다. <경설>에서는 거사(居士)와 손(客)이, <슬견설>에서는 나와 손(客)이, <괴토실설>에서는 이자(李子)와 아들들이, <천인상승설>에서는 나와 어떤 사람이 논쟁적 대화를 주고받는다.

손이 실심하여 말하기를, "이는 미물(微物)이 아닌가. 내가 덩그런 큰 물건이 죽는 것을 보고 불쌍하여 말한 것인데, 자네가 그런 것으로 대꾸하니, 나를 놀리는 것이 아닌가."하였다. 내가 말하기를 "무릇 피와 기운(血氣)이 있는 것은 사람으로부터 소·말·돼지·양(羊)·벌레·개미에 이르기까지 그 살기를 원하고 죽기를 싫어하는 마음이 모두 한가지이니, 어찌 큰놈만 죽기를 싫어하고 작은 놈은 그렇지 않겠는가."[23]

인용된 글은 <슬견설>의 일부분으로 여기에서는 손님이 이의 죽음을 미물의 것으로 폄하하자 내가 크기에 관계없이 생명의 가치는 동등하다는 반론을 펼치는 내용이 나타난다. 이처럼 <슬견설>은 개와 이의 죽음의 가치를 대하는 나와 손의 논쟁적 대화를 중심으로 글이 전개되는 양상을 보인다. 논쟁적 대화 방식은 대체로 통념에 대한 전복을 목적으로 하는 글에 활용되고 있는데[24] 이는 해당 글의 성찰 목적이 가치 논쟁의 성격을 띠기 때문에 나타나는 자연스러운 현상이라 할 수 있다.[25] 여기에 등장하는 대화 상대자와 대화

---

23 客憮然曰, 虱微物也, 吾見尨然大物之死, 有可哀者故言之, 子以此爲對, 豈欺我耶, 予曰凡有血氣者, 自黔首至于牛馬猪羊昆蟲螻蟻, 其貪生惡死之心, 未始不同, 豈大者獨惡死而小則不爾耶. 서거정 저, 민족문화추진회 역(1967), 『국역 동문선 Ⅶ』, 민문고, 445면·774면. 이하 이규보의 설 작품과 관련된 번역문과 원문은 이 책에서 인용하며, 이하에서는 관련 페이지만 제시하겠음.

24 <천인상승설>의 경우는 "사람이 많으면 하늘을 이겨내고, 하늘이 결정하면 또한 사람을 이길 수 있다."는 유자(劉子)의 금언을 자신의 벼슬살이와 연계시켜 올바른 처세술에 대한 자기 인식을 밝히는 글에 해당한다. 이는 통념의 전복을 목적으로 한 세 글과 달리 금언의 타당성 입증을 위해 나의 주장과 어떤 사람의 반박이라는 논쟁적 대화 방식을 활용하고 있다.

25 현대 학습자들을 대상으로 <슬견설>과 <경설>에 대한 독자 반응을 조사한 연구에서는 학습자들이 이들 텍스트의 주장에 대해 비판적 인식을 나타내는 경향이 있다고 보고하였다. <슬견설>의 경우는 해충을 반박의 대상으로 든 것에 대해, <경설>에서는 거사가 보이는 소극적인 태도에 대해 비판적 인식을 나타내었다고 한다. 학습자들은 이러한 생각을 또 다른 논쟁적 대화 형식으로 표현함으로써 해당 글에 대한 비판적 인식을 드러내기도 하였다. 이와 관련된 내용은 '최홍원(2016), 「'설'을 대상으로 한 비판적 사고교육의

내용은 경험을 토대로 한 <괴토실설>의 경우를 제외하면 실재한다기보다 성찰을 위해 필자가 가공한 것으로 보아도 무방하게 여겨진다.

'일화의 제시'를 활용한 성찰 내용의 전개는 타인을 평가하기 위해 쓴 설에서 활용되는 양상이 나타나고 있다. 인물을 평가하기 위해서는 그 사람의 성격을 집약적으로 드러내는 것이 필요한데 일화의 제시는 이를 실현하기 위한 효과적인 방법에 해당한다. 이규보는 <칠현설>, <완격탐신설>, <기명설>에서 이를 통해 인물에 대한 자신의 생각을 잘 드러내고 있다.

> 또 날더러 시(詩)를 지으라 하여 춘(春)·인(人) 두 자를 운(韻)으로 부르기에, 내가 곧 입으로 불러 말하기를, "영광스럽게 대(竹) 아래 모임에 참예하여서, 시원스럽게 독 안의 봄(春)을 기울이옵네. 모르쾌라, 일곱 어진 이 중에 어느 분이 오얏 이(李)씨를 가진 사람인고."하였다. 좌중이 자못 불쾌해하는 기색이 있었으나, 나는 오연(傲然)히 대취(大醉)하고 나왔다.[26]

인용된 글은 <칠현설> 중 일부로 여기에서 이규보는 세상을 등지고 초연함을 표방하였던 칠현 모임에 대한 비판적 시각을 자신과 관련된 일화의 제시를 통해 잘 드러내고 있다. 인용문을 보면 칠현 모임에 참여해 시작(詩作)을 권유받은 이규보가 중국의 죽림칠현 중 인색하기로 유명한 왕융의 고사를 끌어들여 이들을 비판한 일화가 형상화되어 있다. 고결함을 표방했으나 실제

실행 가능성 탐색; <슬건설>과 <경설>에 대한 독자 반응을 중심으로」, 『문학교육학』 52, 한국문학교육학회' 참조.

26 又使之賦詩占春人二字, 予立成口號曰, 榮參竹下會, 快倒甕中春, 未識七賢內, 誰爲鑽核人, 一座頗有慍色, 即傲然大醉而出. 『국역 동문선 Ⅶ』, 450면·776면. 인용문에 나오는 "오얏 이(李)씨를 가진 사람"은 중국 진대(晉代)의 죽림칠현 중 왕융(王戎)을 지칭하는 것으로 그는 자신의 집에 있는 오얏나무의 좋은 씨를 다른 사람이 가져갈까하여 오얏을 먹고는 그 씨를 뚫어 버렸다고 한다. 이규보의 이 발언은 당대 칠현 모임을 비꼬기 위한 것이라 할 수 있다.

로는 인색하였던 왕융을 칠현 모임에서 찾는 시를 지은 것은 칠현 모임의 구성원들이 이중성을 지닌 인물들이라는 비판 의식을 함축하고 있다. 이와 유사하게 <완격탐신설>에서는 탐욕스러운 관리를 술잔으로 내려치려했던 최홍렬과 관련된 일화를, <기명설>에서는 이름난 문인인 오세재와 세속적 명성에 대해 같이 이야기한 일화를 제시함으로써 해당 인물에 대한 자신의 생각을 효과적으로 드러내고 있다.

'유추의 활용'을 통한 성찰 내용의 전개는 세태를 비판하기 위한 목적으로 쓴 설에서 활용되는 양상이 나타나고 있다. 유추는 대상 사이의 유사성을 바탕으로 필자의 주장이 독자에게 그럴듯하게 수용되도록 만드는 방식에 해당한다. 그럴듯함의 정도는 개연성의 강도와 연관되는데 설에 활용되는 유추는 논리적 필연성이 아닌 독자에게 수용가능한 문화적·사회적 차원의 공감에 의존하는 특성을 나타낸다.[27] 이와 관련된 작품으로는 <이옥설>과 <주뢰설>이 있다.

> 집에 허물어진 행낭채가 제대로 버티지 못하게 된 것이 모두 3간이다. 나는 어쩔 수 없이 이것을 모두 수리하였다. 이에 앞서 그 중 두 간이 장마 비에 샌 지가 오래 되었는데, 나는 그것을 알고 있었으나 어물어물하다가 손을 대지 못하였다. …… 이뿐만 아니라 나라의 정치도 이와 마찬가지다. 모든 일에 있어서, 백성에게 심한 해가 될 것을 머뭇거리고 개혁하지 아니하다가, 백성이 못 살게 되고 나라가 위태한 뒤에 갑자기 변경하려하면, 곧 붙잡아 일으키기가 어렵다. 조심하지 않을 수 있겠는가?[28]

---

27 주재우(2007), 「유추를 통한 설득 표현 교육 연구」, 『국어교육』 122, 한국어교육학회, 187~195면.

28 家有頹廡不堪支者凡三間, 予不得已悉繕理之, 先是其二間爲霖雨所漏, 寢久予知之, 因循莫理 …… 非特此耳, 國政亦如此, 凡事有蠹民之甚者, 姑息不革, 而及民敗國危而後急欲變更, 則其 於扶起也難哉, 可不愼耶. 『국역 동문선 Ⅶ』, 446~447면·775면.

<이옥설>은 집수리 경험에서 얻은 깨달음을 사람들의 수신 태도와 정치 개혁에 유추적으로 적용하는 방식을 활용하고 있다. 인용된 부분에서 이규보는 집수리를 머뭇거리다가 큰 비용이 든 경험과 정치 개혁을 미루다 위기를 자초하는 문제를 유추적 사고로 연결시켜 잘못이 있으면 곧바로 고쳐야 한다는 메시지를 전달하고 있다. 이와 유사하게 <주뢰설>에서는 사공에게 술을 먹여야 강을 더 빨리 건너게 되는 경험적 사실과 벼슬길에서 출세하기 위해 뇌물을 주어야 하는 현실을 유추로 연결시켜 비판적 시각을 드러내고 있다. 이처럼 이규보는 자신이 경험한 현실과 사회의 문제적 현상을 유추를 통해 연결하여 세태를 비판하는 양상을 나타낸다.

'고백적 진술 제시'를 통한 성찰 내용의 전개는 자기 인식을 목적으로 한 설에서 주로 활용되고 있다. 제대로 된 자기 인식을 위해서는 내면을 솔직하게 보여주는 것이 필요한데 이규보는 고백적 진술을 제시함으로써 이를 실현하고 있다. 이와 연관된 글에는 윤리적 측면에서 자기 성찰을 시도한 <뇌설>, 문학적 측면을 다룬 <논시설>, 인생관을 보여준 <몽설>이 있다.[29]

> 내가 일찍 좌전(左傳)을 읽다가, 화보(華父)가 눈으로 맞이하였다는 기사를 보고 마음으로 그를 나쁘게 여겼었다. 그러므로 길을 가다가 예쁜 여자를 만나면 곧 서로 마주보지 아니하기 위하여 마침내 머리를 숙이며 외면을 하고 달아났다. 그러나 머리를 숙이며 외면하는 것은 전혀 마음에 없는 것은 아니었으므로, 이것이 나의 마음을 스스로 의심했던 것이요, 또 한 가지는 일반 사람의 상정에서 벗어나지 못한 것이었으니, 남이 자기를 칭찬하면, 기쁘지 않을 수 없고 비난하면 언짢은 기색이 없을 수 없었다.[30]

---

29 자기 인식을 목적으로 한 글 중 처세관과 관련된 <천인상승설>은 '논쟁적 대화 교환' 방식을 활용한다는 점에서 이들과 차이를 나타낸다.

인용된 글은 자기 수양의 자세를 다룬 <뇌설> 중 일부로 여기에서 이규보는 천둥소리를 듣고 자신의 잘못을 되돌아보면서 마음에 거리끼는 점을 고백하는 방식을 활용하고 있다. 제시문을 보면 화보가 다른 사람의 아내를 눈으로 맞이하였다는 행동을 나쁘게 여겨 미인을 만나면 외면했던 자신의 태도와 타인의 평가에 민감하게 반응했던 자신의 마음이 솔직하게 드러나고 있다. 이를 통해 이규보는 옛사람의 수신 태도에 미치는 못하는 자신을 겸허하게 인정하는 모습을 나타낸다. 이와 유사하게 <논시설>에서는 시에 대한 자신의 생각을 솔직히 드러내면서 이를 옛사람의 견해와 비교하는 방식을 통해 자신의 문학 능력에 대해 성찰하고, <몽설>에서는 반복적으로 꾼 자신의 꿈 내용을 진술하고 이를 현실과 비교함으로써 인생에 작용하는 운명의 힘을 긍정하는 의식을 보여주고 있다.

이처럼 이규보는 성찰 목적에 따라 그에 합당한 내용 전개 방식을 활용하여 성찰적 글쓰기를 수행하는 모습을 나타내고 있다. 통념의 전복을 위해서는 '논쟁적 대화 교환'을 통해 사람들의 고정관념을 타파하고, 세태 비판을 위해서는 '유추의 활용'을 통해 일상적인 경험에서 얻은 깨달음을 사회적 영역으로 확장하여 적용하는 양상을 보이고 있다. 또한 인물의 평가를 위해서는 '일화의 제시'를 통해 그 특징적 면모를 효과적으로 형상화하고, 자기 인식을 위해서는 '고백적 진술 제시'를 통해 내면세계를 솔직하게 드러내는 모습을 보이고 있다. 이와 같이 성찰 목적에 잘 부합하는 내용 전개 방식의 활용은 글의 메시지 전달에 효과적으로 작용하고 있다.

---

30 予嘗讀左傳, 見華父目逆事, 未嘗不非之, 故於行路中遇美色, 則意不欲相目, 酒低頭背面而走, 然其所以低頭背面, 是酒不能無心者, 此獨自疑者耳, 又有一事未免人情者, 人有譽己, 則不得不喜, 有毀之則不能無變色. 『국역 동문선 Ⅶ』, 447면·775면.

4. 이규보의 '설'에 나타난 작문교육적 의의

앞선 논의를 통해 설 양식과 성찰적 글쓰기의 관련성을 살펴보고, 이규보의 설 작품을 쓰기 수행에 요구되는 성찰 대상의 선정, 성찰 목적의 설정, 성찰 내용의 전개 측면에서 분석해 보았다. 작품 분석을 통해 밝혀진 내용을 종합해 표로 정리하면 아래와 같이 나타난다.

[표 3] 이규보의 설에 나타난 성찰적 요소와 쓰기 방식

해당 작품	성찰 대상 범주	성찰 목적	내용 전개 방식
<경설>	사물	통념에 대한 전복	논쟁적 대화 교환
<슬견설>			
<괴토실설>	경험	세태 비판	유추의 활용
<주뢰설>			
<이옥설>			
<칠현설>	인물	인물에 대한 평가	일화의 제시
<완격탐신설>			
<기명설>			
<천인상승설>	언어	자기 인식	논쟁적 대화 교환
<논시설>			
<뇌설>	사물		고백적 진술 제시
<몽설>	경험		

이규보는 설에서 성찰 대상을 선정함에 있어 일상에서 흔히 접할 수 있는 소재를 활용하는 모습을 보여주었다. 거울과 같은 사물, 집을 수리한 경험,

주변 인물, 독서 내용 등은 일상을 살아가면서 사람들이 쉽게 접하게 되는 영역에 속하는 것이다. 이는 성찰적 글쓰기가 특별한 대상이 아니라 일상적인 것에 대한 관찰과 관심에서 비롯될 수 있다는 것을 잘 보여주고 있다. 성찰적 글쓰기의 효용이 반성적 사고를 통해 필자의 삶을 풍부하게 만드는 데 있다면 이규보의 설이 보여주는 일상성은 현대의 작문 교육에도 시사하는 바가 크다.[31]

  성찰적 글쓰기가 성찰 목적과 이를 효과적으로 실현하는 서술 방법을 중심으로 이루어진다면 이규보의 설은 그 구체적 방안을 보여준다는 점에서 의의를 가진다. 제시된 표의 성찰 목적과 내용 전개 방식의 밀접한 상관관계에서 잘 드러나듯이 쓰기 목적을 이루는 데에는 특정한 방법이 효과를 지닐 수 있다. 즉 이규보는 통념에 대해 문제를 제기하기 위해 논쟁적 대화를 활용하여 사람들의 일상적 관념을 흔들기도 하고, 개인적 경험을 사회적 의미 차원으로 확대하는 유추를 활용하여 비판 의식을 예각화하기도 한다. 또한 타인에 대한 평가를 위해서는 이를 집약적으로 보여줄 수 있는 일화의 제시를 활용하고, 자기 인식을 모색하기 위해서는 자신의 내면을 솔직하게 고백하는 모습을 보이기도 한다. 이는 성찰 대상은 일상에서 다양하게 선정할 수 있지만 성찰 목적을 달성하기 위해서는 효과적인 방법의 활용이 필요하다는 점을 잘 나타내고 있다.

  현행 교육과정에서 성찰적 글쓰기와 관련된 내용을 살펴보면 그 비중이 매우 미약하고, 관련된 성취기준도 성찰의 본질을 좁게 설정한 양상을 보이

---

31 글쓰기의 문화적 가치를 강조한 논의에서는 작문 교육은 기본적으로 일상의 차원에 놓여 있는 사물이 가치의 차원에서 질서와 의미를 갖도록 하는 활동이 되어야 한다고 제안하였다. 이는 글쓰기가 일상사의 이런저런 국면에 결부되어 이루어지는 관습적인 행위가 될 때 문화적 실천 활동으로서 위상을 확립할 수 있다는 주장에 해당한다. 이와 관련된 내용은 '김종철(2002), 같은 글, 45~46면' 참조 바람.

고 있다. '2015 국어과 교육과정'의 쓰기 영역에서 성찰적 글쓰기와 관련된 성취기준을 살펴보면 "[9국03-05] 자신의 삶과 경험을 바탕으로 하여 독자에게 감동이나 즐거움을 주는 글을 쓴다."와 "[10국03-04] 자신의 경험과 성찰을 담아 정서를 표현하는 글을 쓴다."와 같이 제시되어 있다. 이를 키워드 중심으로 보면 '자신의 경험', '정서 표현', '감동이나 즐거움'으로 정리할 수 있을 것이다. 즉 학생들에게 자신의 경험에 바탕을 두고 그로 인한 정서를 중심으로 독자에게 감동을 주는 글을 쓰도록 요구하고 있다.

이규보의 글과 현행 교육과정의 성취기준을 비교해 보면 교육과정 쪽이 성찰적 글쓰기를 인식하는 더 좁은 시각을 보이고 있다. 교육과정에서 제시하는 학생의 경험적 사실에 바탕을 둔 감동과 즐거움을 위주로 한 글쓰기는 쓰기 대상과 목적 면에서 그 영역을 한정하는 양상을 나타낸다. 이러한 측면은 학생들이 성찰적 글쓰기를 수행할 때 어려움으로 작용할 수 있다. 이러한 문제를 개선하기 위해서는 성찰 대상을 필자의 경험으로 한정할 필요 없이 이규보의 설이 보여주는 것처럼 주변 사물과 인물, 자신의 취향 등 다양한 영역으로 넓히는 것이 합당하다. 성찰 대상이 다양하게 선정될 수 있다면 성찰 목적은 감동과 즐거움뿐만 아니라 깨달음과 비판적 의식 등으로 확대될 수 있을 것이다. 이는 학생들로 하여금 글쓰기를 한결 수월하게 하고 생산적인 담론을 이끌어내도록 만들 수 있다.

성찰적 사고는 '문제를 발견하는 사고', '목표를 설정하는 사고', '가치 체계에 대한 사고', '모험을 감행하는 사고'라는 특성을 가지고 있다. 이는 문제 해결을 위해 효과적으로 정확하게 사고하는 것이 아니라 무엇을 생각할 것인가와 같은 사고 내용과 방향을 통해 문제를 제기하는 사고에 더 가깝다.[32]

---

32   최홍원(2012), 같은 책, 131~133면.

즉 성찰적 사고는 일상적 가치를 그대로 수용하는 것이 아니라 자신만의 관점을 통해 문제를 인식하고 새로운 가치를 발견하는 것을 지향한다. 이규보의 설은 이러한 성찰적 사고에 충실한 글쓰기의 전형을 보여주고 있다.

이규보는 전래의 쓰기 방식을 계승하면서도 이를 주체적으로 변용하여 독창성과 다양성을 구축한 문장가로 평가받는다. 이는 설 작품에도 그대로 반영되어 성찰 대상과 성찰 목적의 측면에서 다양한 편폭을 보여주고 있다. 또한 시대를 대표하는 문장가답게 쓰기 목적을 달성하기 위해 성찰 내용을 전개함에 있어서 적절한 수사적 전략을 활용하여 메시지를 효과적으로 전달하고 있다. 이규보의 설에 나타난 이러한 특성은 현재의 성찰적 글쓰기 교육이 보여주는 성찰을 인식하는 좁은 시각을 확장하고 성찰 내용을 효과적으로 서술하는 방법론을 구체화하는 데 도움을 줄 수 있을 것이다. 학생들이 성찰적 글쓰기를 통해 자신의 주변과 일상생활에서 의미를 발견하고 이를 표현하는 즐거움을 느낄 수 있다면 쓰기의 가치에 대한 인식 변화를 이끌어낼 수 있으리라 기대한다.

상소문 쓰기 방법과 설득적 글쓰기 교육
─ 최명길의 '병자봉사(丙子封事)'를 대상으로

1. 설득적 글쓰기 교육과 병자봉사의 위상

　의사소통 상황과 목적을 고려할 때 설득적 글쓰기는 작문 교육에서 매우 중요한 위상을 지니고 있다. 교육과정을 살펴보면 설득은 정보전달, 자기표현, 사회적 상호작용과 함께 학생들이 수행해야 하는 중요한 글쓰기 범주로 자리 잡고 있으며, 학년 위계에 따라 성취 기준도 반복적으로 비중 있게 다루어지고 있다. "학교나 지역사회에서 일어난 일에 대해 문제해결 방안이나 요구 사항을 담은 글을 쓴다.", "작문 맥락에 대한 분석을 바탕으로 여러 가지 타당한 근거를 제시하며 주장하는 글을 쓴다.", "설득하는 담화나 글의 구조와 내용 조직의 원리를 이해하고 청자와 독자를 고려하여 내용을 구성한다."[1] 등은 설득하는 글쓰기와 관련하여 학생들이 성취해야 할 주요 교육 목표에 해당한다. 그런데 타당한 근거를 제시하는 방식이나 설득 텍스트의 내용 조직 원리와 관련하여 무엇을 가르칠 것인가에 대해서는 아직 많은

1　교육과학기술부고시 제 2012-14호, 국어과 교육과정.

연구가 필요한 실정이다.

이 글은 이러한 문제를 해결하는 방안을 모색하기 위해 최명길(崔鳴吉, 1586
~1647)의 '병자봉사(丙子封事)'를 대상으로 하여 텍스트에 나타난 설득적 글쓰
기의 방법을 분석하고, 여기에 내재한 설득 원리와 전략을 탐구하고자 한다.
봉사(封事)란 신하가 임금에게 중대사를 보고하면서 소문이 날까 염려해 검
은 주머니에 밀봉하여 올리는 글로[2], 병자봉사는 병자호란이 일어나던 해인
1636년에 최명길이 대청(對淸) 외교와 관련된 자신의 주장을 개진해 올린
상소문에 해당한다. 본고에서 병자봉사에 주목하는 이유는 크게 세 가지가
있다.

첫째, 설득하는 글쓰기로서 상소문이 지니고 있는 유용성이다. 상소문은
신하가 임금이라는 구체적인 독자를 대상으로 하여 자신의 주장을 관철하기
위해 고도의 설득 전략을 구사한다는 특징이 있다. 상소문이 비록 현재에
통용될 수 있는 글쓰기 양식은 아니지만 특정한 상황 맥락에서 독자를 설득
하기 위해 필자가 활용한 글쓰기 방법은 원리적 차원에서 현재의 설득적
글쓰기 교육에 많은 도움을 줄 수 있을 것이다.[3]

둘째, 척화와 주화 논쟁이 지닌 시대적·문화적 가치이다. 명나라에 대한
의리와 조선의 국력에 대한 현실 인식에 바탕을 둔 이들 논쟁은 한 시대의
흐름을 좌우했던 우리 역사상 가장 치열했던 논쟁으로서의 위상을 지니고
있다. 여기에는 가치관의 대립, 이상과 현실의 갈등, 국가적 위기에 대한 대응
책의 차이 등 다양한 논쟁 국면이 존재한다. 따라서 병자봉사는 교육적 효용

---

2   진필상 저, 심경호 역(2001), 『한문문체론』, 이회, 310면.
3   상소문의 글쓰기 방식에 주목한 선행 연구로는 '염은열(1996), 「상소문의 글쓰기 전략
     연구」, 『국어교육연구』 3, 서울대 국어교육연구소'와 '최인자(1996), 「조선시대 상소문에
     나타난 설득 방식과 표현에 관한 연구」, 『선청어문』 24, 서울대 국어교육과'가 있다.

성에 의해 일회적으로 활용되고 마는 편의적 텍스트의 한계를 벗어나 다양한 가치대립 상황에서 이를 풀어나가는 고전 논변의 전통을 체득할 수 있는 문화적 텍스트로서의 위상을 지니고 있다.[4]

셋째, 상소문 쓰기와 관련해 전문 필자로서 최명길이 지니고 있는 위상이다. 문장가로 이름 높은 택당 이식은 최명길의 상소문에 대해 임금에게 올리는 글이 붓 끝에 혀가 있어 가히 육선공(陸宣公)과 위아래를 다툰다고 하였으며, 박세당은 그에 대해 재능은 패망의 위기에서 나라를 구하기에 충분하고 식견은 확신이 없어 헤매는 뭇 어리석은 의론을 깨뜨리기에 충분하다고 평하였다.[5] 실록에서는 최명길의 사후 그에 대해 화의를 주장한 것은 강하게 비판하면서도 "위급한 경우를 만나면 앞장서서 피하지 않았고 일에 임하면 칼로 쪼개듯 분명히 처리하여 미칠 사람이 없었으니"[6]라고 평가하고 있으며, 상소문에 대해 지대한 관심을 가졌던 정조는 최명길을 상소문의 대가로 극찬하기도 하였다.[7] 이를 통해 볼 때 최명길은 당대뿐만 아니라 후대에도, 자파뿐만 아니라 반대파에게도 명철한 논리로 강한 설득력을 발휘한 인물로 평가받고 있다. 이를 고려하면 최명길의 상소문에 나타난 글쓰기 방법은 연구 대상으로서 충분한 가치를 갖는 것으로 판단된다.

최명길의 병자봉사는 총 3편의 글이 있다. 본고에서는 이 글들에 나타난 글쓰기 방법을 분석하기 위해 우선 해당 글과 관련된 상황 맥락을 살펴보고자 한다. 병자봉사는 모두 대청 외교와 관련하여 현안이 되는 사항에 대해 필자가 임금에게 정책 방향을 조언하는 내용을 담고 있다. 따라서 병자봉사

---

4   엄훈(2013), 「고전 논변의 교육적 재발견」, 『국어교육학연구』 46, 국어교육학회.
5   최병부(1999), 『지천 최명길 선생의 인간과 사적』, 세원사, 180면·246면.
6   인조실록 48권, 인조 25년 5월 17일 정사 2번째 기사. 이하 조선왕조실록과 관련한 내용은 데이터베이스에서 검색한 것임.
7   신두환(2004), 「상소문의 문예 미학 탐색」, 『한국한문학연구』 33, 한국한문학회, 252면.

에 나타난 최명길의 설득 전략이나 그에 따른 글쓰기 방법을 이해하기 위해서는 이와 관련된 상황 맥락에 대한 이해가 필요하다. 글쓰기 방법 추출을 위한 텍스트 분석은 논지 전개와 관련된 구조적 측면, 논증 도식의 사용과 관련된 논증적 측면, 효과적 설득을 위해 활용된 수사적 측면의 세 가지로 접근하고자 한다. 본고의 논의를 통해 이전 시대의 설득적 글쓰기의 대가라 할 수 있는 최명길의 글쓰기 방법에 대한 이해를 높이고, 현재의 설득적 글쓰기 교육을 위한 시사점을 얻을 수 있기를 기대한다.

2. 병자봉사를 둘러싼 상황 맥락

병자봉사에 나타난 최명길의 글쓰기 방법을 이해하기 위해서는 우선 병자봉사가 배경으로 하고 있는 병자호란 직전의 시대적 상황과 이와 관련된 논쟁 상황을 이해할 필요가 있다. 병자봉사는 신흥 강국으로 급부상하고 있는 청과 오랜 시간 동안 사대의 대상이 되어왔던 명 사이에서 조선이 어떠한 외교적 자세를 취해야 하느냐는 문제를 다루고 있다. 어떤 선택을 하느냐에 따라서 국가의 명운이 갈라질 수 있는 중대한 사안인 만큼 이를 둘러싼 논쟁은 매우 치열하게 전개되었다. 특히 최명길은 척화를 주장하는 당대의 주류 담론에 대항하면서 정책 결정자인 인조를 설득하기 위해 매우 치밀한 논리와 전략을 구사해야만 했다. 이런 측면에서 최명길이 상소문에서 활용한 글쓰기 방법을 제대로 평가하기 위해서는 대청 외교를 둘러싼 역사적 맥락과 반대파들의 견해를 살펴볼 필요가 있다.

병자봉사는 인조에게 세 번 진달되는데[8], 이들은 각각 대청 외교와 관련된 중대한 상황의 발생을 배경으로 하며 최명길은 상소문을 통해 자신의 소신과 정책의 방향을 진언하는 형식을 취하고 있다. 먼저 첫 번째 병자봉사는 홍타이지가 국호를 청으로 바꾸고 황제의 자리에 오르는 것에 대해 조선의 동의를 구하려고 사신을 파견한 일과 연관된다. 병자년 직전, 홍타이지는 명에 대한 공략과 함께 대규모 원정을 통해 사실상 몽골을 평정하고, 과거 대원제국의 옥새를 손에 넣는 행운을 얻는다. 이에 후금의 여러 버일러(貝勒)와 만주족, 몽골족, 투항한 한족의 신하들이 홍타이지에게 황위에 오를 것을 촉구하였으며, 홍타이지는 조선의 동의를 확인하기 위해 사신과 몽골 왕자를 파견하였다. 이에 대한 조선의 반발은 매우 격렬하여 사신의 목을 베고, 서신을 불태우며, 몽골 왕자들을 구금하자는 극단적인 주장까지 제기되었다.[9] 이에 대해 최명길은 첫 번째 병자봉사를 통해 조정 신료들의 분노는 이해하면서도 대화를 거부하기보다 사안별로 분리 대응하여 조선의 입장을 대내외에 명확히 할 것을 인조에게 권고하고 있다.

두 번째 병자봉사는 신변의 위협을 느낀 사신 일행이 도주하고 난 후, 청이 국서를 통해 조선의 태도를 비판하고 전쟁을 예고하여 양국 관계가 파국에 이른 상황에서 명나라의 외교적 조언을 어떻게 수용할 것이냐와 관련된 논란을 배경으로 하고 있다. 병자년 7월에는 부총(副摠) 백등용이 서울에 와서 청나라 쪽 정황을 탐지해서 독부(督府)에 알려줄 것을 요청하였고, 9월에는 감군(監軍) 황손무가 명나라 황제의 칙서를 전달하면서 조선이 청나라에 간첩을 파견하여 그 실정을 정탐하고 정확한 정세 판단 위에서 방어 전략을 재정비할 것을 제안하였다. 청과의 관계 복구를 전제로 하는 이러한 제의로 인해 조선 조정에서는 주화론과 척화론의 논쟁이 다시 불붙기 시작했는데,

---

8   첫 번째는 1636년 2월 26일, 두 번째는 9월 5일, 세 번째는 11월 6일에 올려졌다.
9   한명기(2015), 『병자호란』 2, 푸른역사, 32~42면.

대다수의 신료들은 명의 제안에 대해 부정적인 입장을 나타내었다.[10] 이런 상황에서 최명길은 상소문을 통해 조정의 애매한 태도를 비판하면서 전쟁에 대한 적극적인 대비와 함께 청에 대한 정탐과 사신 파견을 병행할 것을 제안하고 있다.

세 번째 병자봉사는 비변사의 주청을 받아들여 인조가 역관을 청에 파견하기로 했으나 언관들의 맹렬한 비판에 의해 역관이 의주에 대기하고 있는 상황에서 최명길의 이에 대한 비판적 발언과 반대 측의 비난을 배경으로 하고 있다. 청에 대한 정탐 진행이 답보에 빠진 상황에서 열린 경연에서 최명길은 연소한 언관들이 국가 기밀을 함부로 누설하는 것을 문제 삼아 국가의 중대사는 인조가 심복 대신과 비밀리에 결정하는 것이 좋겠다는 발언을 하였다.[11] 이로 인해 삼사의 최명길 탄핵이 본격화되고 인조가 최명길을 변호하는 와중에 최명길은 자신의 발언과 주화론에 대한 입장을 밝힌 삼차 병자봉사를 올리고 사직하게 된다.[12] 여기에서 최명길은 자신의 발언에 대한 해명과 함께 척화론을 비판하고 주화론을 정당화하는 주장을 치밀하게 전개하고 있다.

병자봉사가 설득 대상으로 삼는 독자는 인조와 조정 신료들이라 할 수 있다. 앞서 살펴보았듯이 병자호란 직전의 국가적 상황은 매우 다급하고 특단의 대책을 요구하는 형편이었다. 하지만 조선 조정의 분위기는 전래의 대명의리론에 대한 고수와 화이론에 입각한 청에 대한 적대적 감정을 견지하는 것이었다. 이러한 분위기는 특히 젊은 신료들을 중심으로 한 삼사의 언관들이 주도하였다. 청직으로 여겨졌던 삼사의 언관들은 사대부 공론의 대변자로 여겨지면서 왕과의 대립까지 불사하며 자신들의 의견을 관철하고자 하는

---

10   김용흠(2006), 『조선후기 정치사 연구 I』, 혜안, 245~246면.
11   인조실록 33권, 인조 14년 9월 19일 경신 2번째 기사.
12   김용흠, 같은 책, 249~250면.

경향이 있었다. 왕과 대신들이 현실 정치를 중요시했다면 삼사의 언관들은 사대부가 따라야하는 가치 수호를 목숨보다 소중하게 여겼다.[13] 병자호란 직전 삼사의 언관들은 명의 번국을 자처하던 조선의 사대적 관점과 임진왜란 때 나라를 구해 준 명의 재조지은(再造之恩)에 대한 의리를 강조하면서 황제를 참칭하는 청을 상종하지 못할 오랑캐로 배척하였다. 당시 절대적으로 받아들여지던 도덕적 가치에 입각한 언관들의 과격한 주장으로 인해 조정 대신들은 이들의 비난을 두려워하여 몸을 사리는 분위기가 팽배하였다.

이에 비해 국정의 책임자인 인조는 명나라에 대한 의리는 견지하면서도 강성한 청나라와 허약한 조선의 현실 사이에서 많은 고뇌를 했던 것으로 보인다. 광해군을 몰아내고 집권한 인조는 반정의 명분으로 광해군의 실정을 내세웠다. 이 가운데는 후금과 화친하여 명의 군사 원조 요청을 받아들이지 않은 광해군의 정책을 부모와 같은 중국 조정을 배신하고 동방의 예의 풍속을 무너뜨린 행위로 비난한 항목도 있었다.[14] 인조의 이러한 입장은 정묘호란을 통해 청의 강성한 군사력과 조선의 허약한 군사 현실을 확인하면서 흔들릴 수밖에 없었다. 인조는 황제를 칭하는 청의 참람한 행위에 분노하면서도 조선의 현실을 고려할 때 불을 보듯 뻔한 승패의 향방 앞에서 이러지도 저러지도 못하는 상황에 처해 있었다.

즉 병자봉사가 쓰일 당시 조선 조정은 젊은 언관들을 중심으로 과격한 척화론의 분위기가 팽배하였고 대다수 신료들은 이에 동조하거나 다른 의견을 제시했을 때 쏟아질 비난을 두려워하여 침묵을 지키는 상황이었다. 국정의 책임자인 인조는 심정적으로는 척화론에 동조하면서도 현실을 고려할

---

13   김경수(2000), 『언론이 조선왕조 500년을 일구었다』, 가람, 122면.
14   한명기(2015), 『병자호란』1, 푸른역사, 26~27면.

때 앞으로 펼쳐질 상황에 대해 큰 두려움을 느끼는 형편이었다. 이런 상황 속에서 최명길은 갖은 비난과 모욕을 감수하면서 척화론을 반박하고, 자신이 주장하는 주화의 입장을 인조에게 설득해 나가면서 조정의 분위기를 바꾸어야 하는 과제에 직면해 있었다.

3. 병자봉사에 나타난 글쓰기 방법

상소문은 그 내용에 따라 크게 사직소(辭職疏), 시무소(時務疏), 청원소(請願疏), 간쟁소(諫諍疏), 탄핵소(彈劾疏), 논사소(論事疏), 변무소(辨誣疏)의 7가지로 나뉜다. 사직소는 벼슬에서 물러나고자 할 때, 시무소는 당시 사회의 문제를 진단하고 대책을 제시할 때, 청원소는 시혜나 특권을 요구할 때, 간쟁소는 군주의 과실을 지적할 때, 탄핵소는 특정 인물을 배척할 때, 논사소는 특정 사안에 대해 의견을 밝힐 때, 변무소는 비난받은 것에 대해 해명할 때 관련된 필자의 입장을 개진하는 내용을 담고 있다.[15] 이런 기준에서 볼 때 최명길의 병자봉사1과 2는 당시 사회의 시급한 문제를 진단하고 그 대책을 제시하고 있다는 측면에서 시무소의 성격을 지니며, 병자봉사3은 자신의 발언에 대해 해명하고 쏟아지는 비난에 대해 변호하는 내용을 담고 있으므로 변무소의 성격을 지닌다고 할 수 있다.[16]

본고에서는 병자봉사에 나타난 최명길의 설득 전략을 분석하기 위하여 텍스트 구조, 논증 도식, 표현 전략의 측면에 주목하고자 한다. 텍스트 구조는

---

15 김세철·김영재(2000), 『조선시대의 언론 문화』, 커뮤니케이션북스, 67~74면.
16 상소문은 한 가지 유형에만 한정되는 것이 아니라 몇 가지가 겹치는 경우도 있다. 병자봉사3의 경우 기본적으로는 변무소의 성격을 지니지만 탄핵을 받으면 사직하는 것이 관례였던 까닭에 사직소의 성격도 지니고 있다.

필자가 논지를 전개해 나가기 위해 활용하는 거시적 틀을 의미하며, 논증 도식은 주장과 근거 사이의 관계를 표상하는 관습적 방식을 의미한다. 표현 전략은 필자가 설득 효과를 높이기 위하여 의도적으로 활용하는 기법을 나타낸다. 이러한 세 가지 측면에서의 접근을 통해 최명길이 당대의 절대적 논리에 대항하여 자신의 주장을 효과적으로 펼쳐나간 설득적 글쓰기 방법을 파악하고자 한다.

3.1. 텍스트 구조의 측면

병자봉사1과 2는 대청 관계와 관련된 현안에 대해 문제를 제기하고 이와 관련된 정책적 대안을 제시하고자 하는 목적을 지닌다. 이로 인해 이 글은 기본적으로 현실 문제에 대한 진단과 필자의 대책 제시를 근간으로 하는 문제해결 구조를 띠게 된다. 상소문에 따르는 의례적인 머리말과 맺음말 부분을 제외하고 두 글에 나타난 본문의 논지를 정리하면 다음과 같다.

[표 1] 병자봉사1과 2에 나타난 논지 전개

병자봉사 1	병자봉사 2
청의 칭제건원과 관련된 동의 요청 의도에 대한 문제 제기	청 문제와 관련된 조정의 무대책에 대한 문제 제기
조정의 구두 답변이 가져올 예상 사태 제시	조정의 무대책이 가져올 예상 사태 제시
조선의 입장을 밝힌 문서를 명과 청에 전하고, 국내에 공표할 것을 제안	군사적·외교적 대응책 제안
사신 접대와 관련된 의견 제시	주장 강조와 당부의 말
주장 강조와 당부의 말	

제시된 표에 잘 나타난 것처럼 병자봉사1과 2에서는 '문제 제기 → 예상 사태 제시 → 대책 제안 → 주장 강조'의 논지 전개 과정을 보이고 있다. 여기에서 특징적인 것은 현재의 문제와 관련된 조정의 대응이 가지고 올 예상 사태를 구체적으로 제시하고 있다는 점이다. 일반적으로 문제해결 구조의 글이 문제 제시와 대책 제안으로 구성되는 경향을 보인다면 병자봉사 1과 2에서는 그 사이에 예견되는 문제적 사태들을 분석적으로 제시함으로써 상황의 심각성과 해결책 마련의 필요성을 제고하는 효과를 거두고 있다.

> 대체로 간원이 말한 의견을 받아들여 싸우거나 지키거나 하는 계책으로 결정하지도 않을 뿐 아니라 신의 말을 받아들여 병화(兵禍)를 늦추는 계책으로 삼지도 않고 있으니, 하루아침에 오랑캐의 기병들이 휘몰아 깊숙이 쳐들어오면 체신(體臣)은 강화도로 들어가 지키고 수신(帥臣)은 정방산성(正方山城)에 물러가 있을 수밖에 없을 것이옵니다. 청천강(淸川江) 이북의 여러 고을들을 진실로 장차 오랑캐에게 맡기다시피 던져주면 안주성(安州城) 한 곳만 형편상 필시 홀로 온전할 수 없으리니, 생령(生靈)은 어육이 될 것이고 종묘사직도 파천(播遷)하게 될 것이옵니다. 이런 지경에 이르면 그 허물은 장차 누가 떠맡겠습니까?[17]

인용문은 병자봉사2에서 최명길이 조정의 말뿐인 척화론에 대해 문제를 제기하고 난 후, 이러한 상황이 지속될 때 발생하게 될 예상 사태를 진술한 부분에 해당한다. 즉 싸울 준비도 하지 않고, 전쟁을 늦출 계책도 마련하지 않은 채 시간만 보내면 적병이 쳐들어 왔을 때 조정은 강화도로 파천하고, 절도사들은 산성에서 농성하는 와중에 백성들은 도륙이 될 것이란 분석이다.

---

17 최명길 저, 신해진 역(2012), 『병자봉사』, 역락, 32면. 이하 본문 인용은 면수만 표시하겠음.

최명길의 이러한 분석은 실제 병자호란이 발생한 후, 조선이 당면해야 했던 상황을 매우 유사하게 예견하고 있다.[18] 최명길의 식견에 바탕을 둔 이러한 분석은 당시 상황의 심각성과 이를 해결하기 위한 대책 마련의 필요성을 더욱 강화시키고 있다. 이처럼 병자봉사1과 2에 나타난 '예상 사태 제시'는 문제 제기와 해결책 마련의 연결 고리를 강화시켜 글의 설득력을 높이는 효과를 거두고 있다.

병자봉사3은 최명길이 경연 자리에서 한 발언을 계기로 자신에 대한 비난이 쏟아지자 해당 발언에 대해 해명하고 줄곧 견지해 왔던 주화론을 정당화한 변무소의 성격을 띤 장편의 상소문에 해당한다. 이 글은 다루는 내용이 복합적인데, 상소문에 나타나는 의례적인 머리말과 맺음말 부분을 제외하고 글에 나타난 주요 논지를 정리하면 다음과 같다.

[표 2] 병자봉사3에 나타난 논지 전개

내용 구분		중심 내용
1. 사죄의 말		자신의 경솔한 언행으로 물의를 일으킨 데 대해 사죄함.
2. 자 기 변 론	1) 경연 발언에 대한 해명	(1) 문제 제기 - 국가 기밀과 관련된 사항이 대각의 논의에 의해 좌우되고 있음. (2) 관련된 근거 제시 ① 나덕헌의 죄를 청한 사례 ② 밀정 파견의 논의를 공표한 사례 (3) 자신의 발언 해명 - 경연 발언은 국가 기밀 논의의 중요성을 강조한 것임.

---

18 병자호란 때 적의 빠른 내습으로 조정이 미처 강화도로 들어가지 못하고 남한산성에서
    농성하다 항복한 것을 제외하면 거의 맞아떨어진다고 할 수 있다.

2) 주화론에 대한 정당화	(1) 주화에 대한 신념 피력 (2) 주화의 정당성과 관련된 근거 제시 ① 중국의 역사적 사례 제시 ㉠ 사실- 척화를 부르짖다 거란에 멸망당한 석진의 경우 ㉡ 논평- 척화론자에 대한 주자와 호안국의 비판 ㉢ 해설- 호안국의 비판에 대한 최명길의 부연 설명 ② 조선의 역사적 사례 제시 ㉠ 사실- 임진왜란 당시 성혼의 강화론 주장과 당대의 비 난, 성혼의 해명 ㉡ 논평- 임란 당시 국가를 보전한 것은 성혼과 같은 강화 론자들의 공이 큼. ㉢ 해설- 순임금 등과 같은 성인도 상황에 따라 정도보다 권도를 따르기도 함. (3) 역사적 사례와 현재 상황 비교 ① 형편- 석진보다 병력이 약하고, 구원병을 기대할 수 없음. ② 의리- 신하의 치욕이 없고, 조종의 원수도 아님.
3. 상대 비판	(1) 칭제건원 인정 불가 관련 - 형제 관계가 지속되는 이상 우리가 관여할 바가 아님. (2) 정책 전환의 거부 관련 - 사소한 신의를 고집하는 것보다 잘못이 있으면 고치는 것 이 마땅함.
4. 상황 정리	(1) 자신의 행동 요약 - 지속적으로 주화론을 제기했으나 받아들여지지 않음. (2) 임금과 대신의 행동 비판 - 미온적 대응으로 신진들의 과격한 주장에 빌미를 제공함. (3) 비난에 대한 해명 - 화친에 대한 주장은 국가를 위한 충정임.

제시된 표에 잘 나타난 것처럼 병자봉사3은 '사죄의 말→자기 변론→
상대 비판→상황 정리'의 논지 전개 과정을 보이고 있다. '1. 사죄의 말'
부분에서 최명길은 자신의 발언으로 인해 발생한 소란에 대해 사죄의 말을
하는 것에서부터 논의를 시작한다. 물론 이러한 사죄의 변은 자신의 신념과

행동에 대해 잘못을 인정하는 것이 아니라 소요를 일으킨 데 대해 임금에게 유감을 표명하는 것에 지나지 않는다. 상소문의 핵심적 내용에 해당하는 '2. 자기변론 부분'에서 최명길은 논지를 펼치기 위해 자신의 입장을 정당화하는 근거를 나열하거나 비교·대조 구조를 전략적으로 활용하는 양상을 보이고 있다. 먼저 국가 기밀 논의와 관련된 경연의 발언을 해명하기 위해 그는 젊은 신료들의 신중치 못한 언행에 의해 발생한 문제적 사례들을 나열하고 자신의 언급은 이러한 사태를 미연에 방지하기 위한 목적을 띠고 있음을 강조하고 있다. 또한 주화론의 정당성을 주장하기 위해 그는 이민족과의 분쟁 상황과 관련된 중국과 조선의 역사적 대응 사례를 살펴보고, 이를 현재 상황과 비교하는 작업을 수행하고 있다. 여기에서 최명길은 척화를 부르짖다 나라가 망한 석진(石晉)과 강화를 시도해 나라를 보존한 조선의 사례를 비교하고 이를 당시 상황에 적용시킴으로써 주화론이 최선의 방책임을 입증하고자 하였다.

최명길은 자신의 입장을 변론하는 데에만 그치지 않고 '3. 상대 비판' 부분에서 상대 담론이 지닌 문제점을 제기함으로써 자기 주장의 우위를 확보하고자 하였다. 이는 전쟁 발발이라는 긴급한 상황 앞에서 융통성 없이 대결만을 추구하는 척화파의 논리에 대해 맹공을 퍼붓는 형식으로 나타나고 있다. 마지막으로 '4. 상황 정리'에서 최명길은 그 간에 있었던 일들을 돌아보면서 자신의 일관된 주장을 확인하고, 미온적 대응을 보였던 임금과 대신들을 비판하면서 자신의 행동이 구국의 충정에 있음을 강조하고 있다. 이처럼 병자봉사3에서 최명길은 임금에게 송구함을 표명하되 자신의 정당성은 분명히 하고, 상대의 잘못을 매섭게 추궁하되 자신의 진정은 부각시키는 치밀하고 완결된 논지 전개를 나타내고 있다.

병자봉사에 나타난 텍스트 구조의 특성을 살펴보면 먼저 시무소에 해당하는 병자봉사1과 2는 문제해결 구조를 근간으로 하되 문제 제기와 대책 제안 사이에 예상 사태를 제시하는 방식을 취하고 있다. 이러한 '예상 사태 제시'는 문제의 심각성을 환기시키고 해결책 마련의 시급함을 부각하는 효과를 거두고 있다. 병자봉사3은 변무소의 성격을 지니기 때문에 자신의 입장을 해명하고 비난을 퍼붓는 상대보다 자신의 우위를 확보하려는 목적을 띤다. 이를 실현하기 위해 최명길은 임금에게 사과하고, 자신을 변호하며, 상대를 비판하고, 자신의 우위를 부각하는 4단계의 치밀하고 완결된 논지 전개를 통하여 설득력을 높이고 있다.

3.2. 논증 도식의 측면

논증 도식은 논증적 소통의 도구로서 역할을 한다. 논증자는 특정한 논증 도식에 바탕을 두고 주장을 전개하며, 수용자는 어떤 논증 도식이 사용되었느냐에 유의하면서 그 타당성을 평가한다. 논증 도식과 관련해서는 Kienpointner의 분류가 널리 받아들여지고 있다. 그는 Toulmin의 논증 모델을 바탕으로 하여 논증 도식을 크게 포함 도식, 비교 도식, 대당관계 도식, 인과 도식, 귀납적 예시, 설명적 예시, 유추 도식, 권위 도식의 8가지로 분류하고 있다.[19] 한편 Perelman은 논증 도식을 연결 논증과 분리 논증으로 구분하고, 그 하위 양상을 구체화하는 방식을 취하고 있다.[20] 이를 Kienpointner의 분류와 비교해 보면 분리 논증을 설정하고 있다는 것이 특징적이다. 이에 본고에서는 병자봉사에 나타난 논증 도식을 살펴보기 위해 Kienpointner의 분류에다 Perelman의 분리 도식을 더한 9가지 유형을 바탕으로 분석 작업을 수행하고

---

19   민병곤(2004), 「논증 교육의 내용 연구」, 서울대학교 박사학위논문, 65~67면.
20   브르통 외 저, 장혜영 역(2006), 『논증의 역사』, 커뮤니케이션북스, 46~47면.

자 한다.[21] 논증 도식의 분석은 문장 단위의 연결 관계에서부터 그 범위를 점차 확대하여 살펴볼 수 있다. 여기에서는 미시적 단위의 논증 도식 분석은 지양하고, 전체 글의 논지를 고려할 때 두드러진 논증 도식의 활용 양상을 중심으로 논의를 진행하고자 한다.

논증 도식의 측면에서 봤을 때 병자봉사1에서 두드러진 것은 분리 도식의 활용이라 할 수 있다. 병자봉사1에서 최명길이 논파해야 했던 주장은 황제를 참칭한 후금과 이를 지지한 몽골을 일절 상대해서는 안 된다는 강경한 목소리였다. 이러한 무시 전략은 의리론과 화이론이란 당대의 절대적 가치 체계에 바탕을 둔 주장이어서 이의를 제기하기가 쉽지 않았다. 이로 인해 최명길은 절대적 가치는 건드리지 않으면서도 실제 상황을 고려하여 분리 대응이 필요하다는 입장을 나타내고 있다.

> 또 듣건대, 용골대(龍骨大)의 행차는 오직 춘신사(春信使)와 조제(弔祭)를 명분으로 삼았을 뿐이고, 한(汗)의 국서에도 별다른 말이 없습니다. 이른바 패서(悖書)란 것은 팔고산(八高山)과 몽고 왕자의 글입니다. 그 가운데 전례를 따른 글에는 답하시고 이치에 어긋나는 말은 거절하시어, 군신 간의 의리, 이웃나라의 도리를 둘 다 보전하는 것이 계책으로 마땅할 것입니다. …… 금나라 차인(差人)은 불러들여 만나보아도 해로울 것이 없사오나, 만나보아서는 안 될 것은 서달(西㺚)일 뿐입니다. 서달도 박대할 필요는 없고, 마땅히 엄하게 물리칠 것은 이치에 어긋난 글일 뿐입니다.[22]

---

21 토론 담화에 나타난 논증 도식을 분석한 연구를 살펴보면 토론 과정에서 귀납 논증, 인과 논증, 권위에 의한 논증 등과 함께 분리 논증도 빈번하게 활용되는 것으로 파악되었다. 이와 관련한 자세한 사항은 '서영진(2012), 「TV 토론 담화 분석을 통한 논증 도식 유형화」, 『국어교육학연구』 43, 국어교육학회' 참조.

22 『병자봉사』, 19면.

청의 사신이 조선을 방문한 공식적인 목적은 인조의 비인 인열왕후의 죽음에 조의를 표하기 위한 것이었다. 그로 인해 한(汗)의 국서에는 칭제건원과 관련된 공식적인 언급이 없었으나 팔기군의 수장인 버일러들과 몽골 왕자들의 서신에 이에 대한 지지를 요구하는 내용이 담겨 있었다. 최명길은 사신 일행을 모두 오랑캐로 매도하여 일절 상대하지 말고 배척해야 한다는 획일적 주장에 맞서 공식적인 문서에는 답하고, 부당한 요구에 대해서는 거절하며, 공식 사절은 불러서 만나고, 몽골 왕자들도 박대해서는 안 된다는 의견을 제시하고 있다. 이는 공식 문서와 패서를 구분하고, 공식 사절과 비공식 사절을 분리하여 대응해야 한다는 뜻을 나타내고 있다. 최명길의 이러한 분리 논증은 전화를 피하기 위해 감정적인 대응에서 벗어나 냉철한 이성적 대응을 촉구하고자 하는 의도를 띠고 있는 것이다.

병자봉사2에서 최명길이 주로 활용하고 있는 논증 도식은 대당 관계 도식 가운데 모순을 부각시키는 것이라 할 수 있다. 병자봉사2에서 최명길이 논파해야 했던 대상은 전쟁의 위기가 고조되는 상황 속에서 척화를 부르짖으면서도 전쟁에 대비하지 않고, 그렇다고 전쟁을 피하기 위해 외교적 노력을 기울이지도 않는 조정의 무책임한 태도에 있었다. 이러한 상황에서 최명길은 정책 결정을 위한 조정의 입장을 명확히 해야 한다는 주장을 펼치기 위해 현재의 대처 방식이 지닌 모순을 부각시키는 방식을 활용하고 있다.

> 이를 놓아두고 도모하지 않으면서 언제나 어정쩡하기만 한다면, 나아가 싸우자고 말하려고 하니 의심하고 두려워하는 생각이 없지 않고, 기미(羈縻)할 계책을 말하려고 하니 또 비방의 소리를 들을까 두려워하여, 전자도 후자도 하지 못한 채 벼슬길에 나아가고 물러나는데 근거가 없게 된 것입니다. 강물이 장차 얼어붙으면 병화가 눈앞에 닥칠 것이고, 소위 '너희들의 의론이 정해지기를 기다리다가는 우리들은 이미 하수(河水)를 건넜을 것

이다.'라고 한 말은 불행히도 오늘에 가까우니, 신은 삼가 통탄하게 여깁니다.[23]

인용된 부분에서 최명길은 조정이 말로만 척화를 부르짖으면서 대청 문제에 대해서 애매한 태도를 취하며 시간만 보내고 있다고 주장한다. 이를 뒷받침하기 위해서 그는 조정 대신들이 싸움을 하자고 하니 두려움이 앞서고, 유화책을 쓰려고 하니 의리를 저버렸다는 비방을 들을까 염려하여 말과 행동이 모순된다는 근거를 들고 있다. 이러한 태도는 결국 전쟁에 대비할 수 있는 기회를 상실하게 하여 국가적 재난을 초래하게 될 것이라는 비관적 전망과 연결된다. 즉 최명길은 현재의 지지부진한 상황 대처를 야기한 모순을 부각하고, 그것이 가져올 비극적 사태를 제시함으로써 이를 타개할 대책 마련의 시급함을 강조하는 논의를 펼치고 있다.

병자봉사3에서 최명길이 논증해야 했던 주장은 '국가 기밀은 임금과 대신이 은밀히 논의하여 결정해야 한다.'는 것과 '청과의 관계에 있어서 조선은 화친을 선택해야 한다.'는 두 가지였다. 먼저 전자의 주장을 살펴보면 이는 국가의 중요한 정책을 소수의 사람들이 비밀리에 결정해야 한다는 내용을 담고 있어서 언로를 중요하게 여기고 공론 정치를 추구했던 당시의 풍토에 비춰보면 큰 반발을 야기할 수밖에 없었다. 원칙적으로 수용하기 힘든 주장을 펼칠 때에는 그렇게 할 수밖에 없는 합당한 사유를 제시해야 하는데, 최명길은 이를 해결하기 위해 설명적 예시 도식을 활용하고 있다.

그런데 두세 젊은 신진들은 칙사와 같은 깊은 꾀가 있지도 않으면서 묘당의 고심(苦心)을 생각지도 않고, 방사하게 의견을 아뢰어 허물을 조정

에 돌렸는데, '우리 백성들을 속이고 황제의 조정을 배반했다.'는 말을 조
보(朝報)에 발표하여 가까이는 물론 멀리까지 전파하였으니 …… 이제 젊
은 신진들이 망언을 한 까닭에 장차 황제의 조정으로부터도 비방을 들을
것이고, 이웃 오랑캐로부터도 의심을 받을 것입니다.[24]

인용된 부분은 신진 관료들이 명나라에서 요청한 밀정 파견과 관련된 논
의를 비난하고 조보에 기재하여 말썽을 일으킨 일을 최명길이 국가 기밀이
지켜지지 않는 사례로 제시한 것이다. 그는 이러한 사례들을 통해 신진 관료
들이 기밀을 취급하는 부주의한 행동과 그로 인한 문제점을 부각시키고 있
다. 이는 국가 기밀을 임금과 대신이 은밀히 다루어야 한다는 자신의 주장을
정당화하는 동시에 이러한 주장이 자신을 비난하는 신진 관료들의 잘못된
행동에서 비롯되었음을 밝히려는 이중의 목적을 지니고 있다.

청과의 화친을 정당화하기 위한 주장은 당대의 절대적 가치 체계인 의리
론과 맞서야 하는 측면을 지니고 있어서 더욱 복잡하고 치밀한 논증이 요구
되었다. 이를 수행하기 위해 최명길이 활용한 방식은 설명적 예시 도식, 권위
도식, 비교 도식을 긴밀하게 연관시키는 작업이었다. 먼저 그는 현재의 상황
과 관련된 올바른 대응책을 모색하기 위해 이와 유사한 역사적 사례로 중국
과 조선의 경우를 각각 선택하였다. 중국의 경우는 석진의 경연광이 거란에
게 칭신하는 치욕을 없애기 위해 도발했다가 나라를 망하게 한 사례이고,
조선의 경우는 임진왜란 중에 성혼이 강화를 주장했다가 갖은 비난을 겪은
사례를 들었다. 이러한 사례의 제시 뒤에 그는 이와 관련된 권위 있는 논평을
언급하고 자신의 해설을 덧붙임으로써 역사적 사건이 지니는 의미를 자신이
의도한 대로 규정하고자 하였다.

---

24 『병자봉사』, 77면.

상유한의 간언은 지혜(智慧)에 가깝습니다. 그러나 당초에 잘못 생각하여 주군(主君)을 오랑캐에게 신하 노릇하게 인도하여서 중국이 겪어야만 했던 어려움의 원인을 만든 것입니다. 경연광의 건의는 정언(正言)에 가깝습니다. 그러나 그 당시의 사정에 알맞은지 헤아리지 않고 경솔히 오랑캐와 틈을 만들어서 패망의 화(禍)를 가져왔습니다. 그 사안이 비록 다르지만 그 죄가 똑같습니다. 그러므로 주자(朱子)는 <자치통감강목(資治通鑑綱目)>에서 그들의 관직을 삭제하고 간언과 건의 둘 다를 폄하하였습니다. 만일 상유한이 오랑캐에게 신하 노릇을 하게 한 죄가 없었고, 단지 전투를 중지토록 간하는 말만 있었다면 장차 석진의 충신이 되었을 것이니, 어찌 석진을 망하게 한 경연광과 똑같이 폄하되고 삭직될 까닭이 있겠습니까?[25]

인용된 부분을 살펴보면 최명길은 거란에게 신하를 칭하고 군사를 빌려 후진을 건국하게 한 상유한과 거란에게 당하는 굴욕을 없애기 위해 도발하여 후진을 망하게 한 경연광의 행위를 비교하고 있다. 이들의 행동을 평가하기 위해 그는 당대 사회에 절대적 권위를 가진 주자의 언급을 인용하여 둘의 행동은 방향은 다르지만 죄는 같다는 규정을 하고 있다. 그런 다음 애초에 주군을 잘못 인도한 죄가 없었다면 화의를 주장한 상유한이 싸움을 도발해 나라를 망친 경연광과 같이 취급될 이유는 없을 것이란 자신의 생각을 덧붙이고 있다. 또한 최명길은 제시된 인용문 뒤에 당대 사회에서 권위를 지녔던 호안국의 견해를 인용하여 다시 경연광의 경솔한 행동에 대한 비판적 관점을 부각시켜 자신의 주장을 강화해 나가고 있다.

　이러한 역사적 사례 제시와 권위적 견해 인용, 필자의 해설 부가와 같은 논증 도식은 임진왜란과 관련된 사항에 대해서도 마찬가지로 적용되고 있다.

25　『병자봉사』, 81면.

즉 최명길은 임진왜란 당시에 명나라에 의해 촉발된 강화 논의에 동조했던 성혼의 사례를 제시하고 강화 논의에 쏟아졌던 당대의 비난과 이에 대한 생각을 밝혔던 성혼의 견해를 인용한 후, 조선이 나라를 보전할 수 있었던 것은 비난을 무릅쓴 성혼과 같은 신하들의 충정 덕분이었다는 해설을 덧붙이고 있다. 이는 앞선 중국의 경우와 마찬가지로 화의의 중요성을 강조하는 근거로 작용하고 있다.

> 요즈음의 일은 또 그것과 크게 다른 면이 있습니다. 시기와 형편으로써 말하면 석진(石晉)의 병력처럼 강성하지도 않은데다가 또 임진왜란 때 명나라 군대와 같은 구원병도 믿을 수가 없으며, 의리로써 말하면 애초에 아들이니 신하니 칭하던 치욕이 없었던 데다가 조종의 잊기 어려운 원수도 아니었습니다. 만일 주자와 호씨 같은 두 어진 이와 성혼·류성룡·이덕형·이정암 등 여러 신하가 오늘날 다시 태어난다면, 그 옳고 그름과 잘잘못이 어디에 있는지를 결정하기가 어렵지 않을 것입니다.[26]

최명길이 이민족과의 분쟁과 관련된 역사적 사례를 제시한 궁극적인 목적은 병자년 당시의 상황에서 어떤 방책이 나라를 위기에서 구할 수 있는가를 말하기 위한 데 있었다. 즉 역사적 사례의 분석은 당시의 문제를 살펴보고 해결 방안을 마련하기 위한 것이었다. 이를 위해 최명길은 제시된 인용문에 잘 나타난 것처럼 두 역사적 사례와 당시의 상황을 비교하는 작업을 수행하고 있다. 이에 의하면 병자년 당시의 상황은 조선의 형편상으로 보면 석진과 같은 강한 군대가 없고 임진왜란 때와 같이 구원군을 기대할 수 없으며, 청과의 의리상으로 보면 석진과 같이 신하를 칭하는 치욕이 없고, 8도를 유린하

26　『병자봉사』, 88면.

고 왕릉을 파헤친 일본과 유사한 원한도 없었다. 최명길은 역사적 사례와 현재 상황에 대한 비교 분석을 통해 조선이 청과의 관계에 있어서 화의를 버리고 척화를 택하는 것은 이미 증명된 역사적 실패를 반복하는 데 지나지 않으며, 따라서 조선의 선택은 주화론이 되어야 한다는 주장을 효과적으로 펼칠 수 있었다.

논증 행위의 측면에서 보면 최명길은 의리론, 화이론, 공론 정치와 같은 당대의 절대적 가치 체계에 대항해야 하는 과제를 안고 있었다. 당대의 적지 않은 사람들이 청과의 관계에 있어서 전쟁을 피해야 한다는 생각을 지니고 있었다 하더라도 이와 같은 당위적 명제에 맞서 자신의 주장을 정당화하는 일은 쉽지 않은 과업이었을 것이라 추측된다. 최명길은 이러한 작업을 효과적으로 수행하기 위해 상황을 구분하거나 사례를 제시하고, 권위자의 목소리를 빌거나 비교 작업을 진행하면서 필요한 경우에는 여러 논증 도식을 결합하면서 자신의 주장을 체계화해 나갔다. 이처럼 상황에 적합한 논증 도식의 적용과 체계적인 운용이 가능했기 때문에 소수의 목소리에 불과했지만 최명길의 주장은 큰 울림을 지닐 수 있었다.

3.3. 표현 전략의 측면

상소문은 필자가 임금이 자신이 원하는 방향으로 행동할 수 있도록 설득하는 것을 목표로 한다. 그런데 설득은 논증 행위와 같은 이성적 측면만 강조한다고 해서 목적을 용이하게 달성할 수 있는 것은 아니다. 고전 수사학에서 흔히 언급되는 것처럼 설득에는 인간적 요소가 중요하게 작용할 때도 있고, 상대의 감정에 대한 고려가 결정적인 역할을 할 때도 있다. 병자봉사의 경우 주된 독자인 인조는 명나라와 청나라와의 관계, 이상과 현실의 차이, 대신과 삼사의 요구, 자존심과 두려움의 감정 사이에서 정책의 최고 결정자로서 깊은 고뇌를 하고 있었을 것이라 추측된다. 이에 최명길은 병자봉사에서 번민에 처한 인조를 자신이 원하는 주화의 길로 인도하기 위해 많은 노력을 기울였다. 아래에서는 이런 점에 주목하여 병자봉사에 나타난 표현 전략의 특징적 측면을 살펴보고자 한다.

첫째, 병자봉사에서 최명길은 대립어의 사용을 통해 쟁점을 부각하는 전략을 활용하고 있다. 주지하다시피 척화론과 주화론의 대립은 대의명분과 현실의 이해 사이에서 벌어지는 논쟁의 성격을 지니고 있다. 여기에서 척화론자들이 절대적인 윤리적 가치의 고수를 견지하는 입장을 취하고 있다면 최명길은 대의명분은 인정하면서도 당시의 상황에서는 현실적인 이해가 우선적으로 고려되어야 한다는 관점을 나타내고 있다. 병자봉사에서 최명길은 이러한 자신의 입장을 효과적으로 드러내기 위해 명분과 현실의 논리를 대변하는 핵심어를 제시하고, 이를 쟁점화 함으로써 현실론의 우위를 강화하는 전략을 취하고 있다.

> 보내온 편지에 이르기를, 『'강화를 하여 살기보다는 차라리 의(義)를 지키다가 죽는 것이 낫다.'고 하였으니, 이는 신하가 절개를 지키는 말일 뿐이네. 종묘사직의 존망은 필부(匹夫)의 죽고 사는 것과 다르거늘 이렇게 말하니, 나도 모르게 눈물이 뺨에 흘러내리네.』하였고,[27]

> 대체로 일을 수행하는 방도에는 정상적인 것(正道)과 임기응변적인 것(權道)이 있으며, 일에는 급히 처리해야 하는 것과 늦게 해야 할 것이 있으니, 때가 어디에 있든 의(義)도 때에 따라 달라집니다. 성인(聖人)께서 <주역>을 지을 때에 중도(中道)를 정도(正道)보다 귀하게 여긴 것도 진실로

---

27 『병자봉사』, 85면.

이 때문입니다.[28]

　인용문은 병자봉사3에서 성혼의 편지에 언급된 내용과 그와 관련된 최명길의 논평에 해당하는 부분으로 여기에는 '신하의 절개와 종묘사직의 존망', '정도와 권도'의 대비가 잘 나타나고 있다. 신하의 절개와 정도는 척화론자들이 내세우는 핵심어로 명나라의 번국인 조선이 명을 위해 신하의 절개를 지키는 것이 마땅한 도리라는 관념이 잘 드러난다. 이에 비해 종묘사직의 존망과 권도는 국가의 안위를 위해서는 정도를 고집하기보다 상황에 맞는 대처가 더 적절하다는 관점을 압축하고 있으며, 이는 성혼의 반응과 성인의 언급에 의해 그 타당성이 뒷받침되고 있다. 이외에도 시비와 이해를 대비시킨 후 조정의 일에는 '이해가 곧 시비이다.'라는 주장을 한 부분이나 국가의 안위와 신의를 대비시키고 국가의 안위를 위해서는 하찮은 신의를 고집할 필요가 없다고 주장한 부분 등은 대립되는 핵심어를 통해 쟁점을 분명히 하고 자신의 주장을 강화한 부분에 해당한다. 이처럼 최명길은 병자봉사에서 주장을 압축한 핵심어를 제시하고, 이에 대한 대비를 통해 자신의 입장을 효과적으로 펼치는 전략을 활용하고 있다.

　둘째, 병자봉사에서는 수사 의문문의 사용이 빈번하게 나타난다. 수사 의문문은 의문의 형식을 취하고 있지만 상대에게 답변을 요구한다기보다 화자가 말하고자 하는 바를 강조하여 나타내는 표현 기법이라 할 수 있다. 비록 답변을 요구하고 있지는 않지만 의문의 형식을 취함으로써 표면적으로는 상대의 의사를 묻는 존중의 기능을 나타내기도 한다. 상소문은 기본적으로 상대인 임금을 존중하면서도 필자의 의사를 강조하여 나타내야 하기 때문에

28　『병자봉사』, 87~88면.

수사 의문문의 활용이 용이한 환경을 지니며, 이러한 경향은 병자봉사에도
마찬가지로 적용된다.

> 사이좋은 이웃나라가 되기로 약속하면서 하늘에 고하여 맹서한 지 10
> 여년 사이에 별다른 말이 없다가, 이제 홀연히 이런 말을 꺼내는 것은
> 어째서이겠습니까? 또 오랑캐는 이미 만주 벌판에 걸쳐 차지하고 있는데
> 다 제재 받을 곳도 없어서 버젓이 황제라 칭하였으니, 누가 다시는 칭하지
> 못하도록 할 수 있겠습니까? …… 만일 교만한 오랑캐가 그 말한 내용을
> 뒤집어서 우리를 무함(誣陷)하면, 천하 사람들에게 장차 어떻게 스스로를
> 해명하시겠습니까?[29]

> 스스로의 역량을 헤아리지 못하고 경망하게 큰 소리를 쳐서 개와 양
> 같은 오랑캐의 노여움을 함부로 도발하여 마침내는 백성이 도탄에 빠지고
> 종묘사직에 제사지내는 일조차 못하게 된다면, 그 허물이야말로 어느 것
> 이 이보다 클 수 있겠사옵니까?[30]

앞서 살펴보았듯이 병자봉사는 당대의 주류 담론에 대항하여 문제를 제기
하는 것을 주된 내용으로 삼고 있다. 이때 문제를 제기하는 목적은 독자인
임금이 관련 현상을 비판적으로 인식하여 올바른 판단을 내리도록 만드는
데 있다. 이와 관련해 첫 번째 인용된 병자봉사1을 살펴보면 최명길은 한
문단 내에서 3번이나 수사 의문문을 활용하는 양상을 보이고 있다. 이는 인
조로 하여금 갑작스러운 청의 요구에 대해 감정적으로 반응해 이들에게 이용
당하는 잘못을 범하지 않으려면 어떻게 해야 하는지를 생각하게끔 만들기
위한 의도를 지니고 있다. 또한 두 번째 인용된 병자봉사3에서 최명길은 당

---

29 『병자봉사』, 18면.
30 『병자봉사』, 89면.

시 척화론자들의 행태와 그로 인해 발생할 수 있는 문제점을 수사 의문문을 통해 제기함으로써 그 위험성을 인조가 자각하게 만들려 하고 있다.

이처럼 최명길은 병자봉사에서 척화론의 입장에서 시태를 다루는 방식이 가져올 문제점을 수사 의문문 형식을 통해 지속적으로 제기하고 있다. 이는 인조가 어느 정도 인식하고는 있으나 상황의 심각성을 절실히 깨닫지 못하는 것에 대해 주의를 환기시키는 역할을 하고 있다. 상소문을 읽는 인조 입장에서는 최명길의 물음에 대해 그 대답을 다시 한 번 생각해 볼 수밖에 없고, 다른 대안이 없다면 최명길이 의도하는 해답에 동조할 가능성이 높아지게 된다. 즉 병자봉사에서 수사 의문문은 필자가 상황을 환기하고 독자 스스로의 수용을 유도하는 효과적인 전략으로 활용되고 있다.

마지막으로 병자봉사에서 최명길은 사태에 대해 명확히 진단하고 이를 확신에 찬 어조로 표현함으로써 자신의 메시지를 분명히 전달하려는 전략을 활용하고 있다. 상소문은 임금에게 올리는 글이기 때문에 필자가 부담을 느끼는 부분이 많으며, 최명길 또한 의례적인 부분에서는 겸양의 태도를 취하거나 완곡한 표현을 활용하는 경향을 보인다. 이에 비해 사태의 전개를 예측하거나 정책의 방향을 조언하는 부분에서 최명길은 단호한 어조로 자신의 주장을 분명히 하는 태도를 나타낸다.

> 신이 가만히 오늘날 오랑캐의 정세를 살피건대, 단지 늦느냐 빠르냐의 시기 차이만 있을 뿐 어차피 병화를 입는 것은 마찬가지이니, 괜히 어정쩡하게 처리하여 그들에게 이용당하는데 이르거니 쓸쓸하게 시신을 들러보내어 병화를 재촉해서는 아니 되옵니다.[31]

---

31 『병자봉사』, 19~20면.

그러므로 신이 이렇게 기미책(羈縻策)을 말씀드리는 것은 감히 시비를 돌아보지 않고 한갓 이해에 관계된 말만 하여서 임금을 그르치려는 것이 아니옵니다. 시기와 형편을 참작하고 의리를 재량(裁量)하면서 선대 유학자들의 정론(定論)에 고증도 하고 조종(祖宗)께서 행하신 사적을 참고도 하여, 이렇게 하면 나라가 반드시 위태로울 것이고 저렇게 하면 백성을 보호할 수 있을 것이며, 이렇게 하면 도리에 해로울 것이고 저렇게 하면 사리에 합당할 것임을 더할 수 없이 충분히 헤아려보니, 기필코 그렇게 되리라는 것을 믿을 수 있었습니다.[32]

첫 번째 인용된 병자봉사1에서 최명길은 시기의 차이만 있지 전쟁의 발발을 확신하면서 조선이 취해야 할 태도는 병화의 빌미를 제공하지 않는 데 있다고 단언하고 있다. 두 번째 인용된 병자봉사3에서 최명길은 자신이 주장하는 기미책은 심사숙고한 결과이며, 나라와 도리를 보존하기 위한 최선의 방책이라는 확신을 피력하고 있다. 최명길이 이처럼 확신에 찬 어조로 자신의 주장을 피력하는 것은 주된 독자인 인조의 심리 상태를 고려한 전략적인 선택으로 여겨진다. 앞서 언급하였듯이 인조는 이상과 현실 사이에서 우유부단한 태도를 취하고 있었으며, 현실의 엄혹함에 대해 외면하고 싶은 유혹을 느끼고 있었을 것이다. 이러한 상황을 타개하기 위해서 필자에게 요구되는 것은 상대를 설득시킬 수 있는 분명하고 단호한 태도와 메시지 전달이라 할 수 있다. 최명길은 이를 명확히 인식하고 있었으며, 병자봉사를 통해 자신의 확신을 강하게 전달함으로써 인조의 정책 전환을 이끌어내고자 하였다.

최명길은 병자봉사를 통해 절대적 가치 체계에 대항하면서 우유부단한 태도를 취하는 임금을 설득해야 하는 외로운 싸움을 전개해야 했다. 이러한

32　『병자봉사』, 90~91면.

싸움을 효과적으로 수행하기 위해 그는 척화와 주화의 관점을 드러내는 핵심어를 대비하여 논의를 쟁점화하고, 논의의 중요한 국면에서 수사 의문문을 활용하여 임금에게 상황을 환기하고 비판적 인식을 갖도록 유도하였으며, 결론을 내릴 때는 확신에 찬 표현을 사용해 임금의 동조를 이끌어내고자 하였다. 병자봉사가 갖는 뛰어난 설득력은 이처럼 최명길이 상황 맥락에 맞는 적절한 전략을 활용하여 성취한 결과라 할 수 있겠다.

4. 맺음말

본고에서는 전통적 글쓰기 양식인 상소문에 나타난 글쓰기 방법을 분석하여 학생들이 설득적 글쓰기를 수행하는 데 활용할 수 있는 방법적 지식이나 전략을 탐구하고자 하였다. 상소문은 오늘날 통용될 수 있는 글쓰기 양식은 아니지만 필자가 정책 결정자인 임금을 설득하기 위하여 치밀한 논리와 고도의 표현 전략을 활용하였다는 점에서 설득의 원리와 쓰기 방법을 파악하는 데 있어서 유효성을 지니고 있다. 특히 병자호란이라는 민족적 차원의 논쟁의 장을 배경으로 전문 필자로서의 위상을 지닌 최명길이 산출한 병자봉사의 글들은 문화적 가치와 함께 설득의 방법을 집약한 효용성을 동시에 지니고 있어서 그 가치가 크다.

병자봉사에서 최명길은 당대의 절대적 가치 체계에 대항하여 국가와 백성의 안위를 보존하기 위해 임금을 대상으로 고도의 설득적 글쓰기 작업을 수행하였다. 이는 논리적으로 완결되고 빈틈없는 논지 전개, 상황 맥락에 부합하는 다양한 논증 도식의 활용, 임금의 동의를 이끌어내기 위한 효율적 표현 전략의 구사를 통해 구현되었다. 최명길이 병자봉사에서 보여준 이러한

성취는 병자봉사를 설득적 글쓰기의 전범 텍스트로 가능하게 만들고 오늘날
의 작문 교육에 적용할 수 있는 많은 시사점을 제공하고 있다.

오늘날 작문 교육에서는 건의문이나 논설문 쓰기와 같은 과제를 학생들에
게 제시하여 자신의 의견을 논리적으로 서술하고, 이를 독자가 수용하도록
설득하는 것을 매우 중요하게 다루고 있다. 그런데 쓰기를 수행해야 하는
학생의 입장에서 보면 텍스트를 어떻게 구성하고, 논증을 어떻게 운용하며,
효과적인 설득을 위한 전략은 무엇인지에 대해서 구체적인 정보나 지식을
제공받지 못하고 있다. 이런 측면에서 볼 때 최명길을 위시한 글쓰기 대가들
의 쓰기 방법은 교육적으로 큰 의미를 갖는다. 따라서 학생들에게 쓰기 수행
을 원활히 이끌어내기 위한 장르와 텍스트 차원의 쓰기 지식 연구가 앞으로
더 강조되어야 할 것이다.

도망문(悼亡文) 쓰기 방법과 글쓰기 치료
─ 심노숭의 도망문을 대상으로

1. 쓰기 치료의 기제와 심노숭의 도망문 쓰기

글쓰기가 심리적 문제를 극복하는 데 도움을 준다는 것은 잘 알려져 있다. 이는 자신의 내적 고민을 억누르는 경우와 이를 글로 표현하는 경우를 비교할 때 글쓰기가 건강을 증진하는 데 도움이 된다는 실험 결과에 의해 뒷받침되고 있다. 이러한 결과는 글쓰기가 억압된 감정에서 벗어나는 해방감을 느끼게 하고, 자신의 감정을 이해할 수 있는 기회를 제공하기 때문이라고 설명된다. 이러한 기제는 주전자 속 끓는 물의 비유로 설명되는데 뚜껑을 열어야 물 온도를 낮출 수 있는 것처럼 글쓰기는 심리적 문제를 해결하는 단초 역할을 할 수 있다.[1]

이처럼 글쓰기를 통해 심리적 문제를 해결하고자 시도하는 쓰기 치료 (writing therapy)는 사람들이 쓰기를 통해 자신의 내적 고민을 자유롭게 기술하는 행위를 기반으로 성립된다.[2] 이를 위해 쓰기 치료에서 흔히 활용되는

---

1   Pennebaker 저, 김종환 외 역(1999), 『털어놓기와 건강』, 학지사, 10~58면.

것이 저널 쓰기이다. 저널이라는 말은 하루를 뜻하는 프랑스어 'journée'에서 유래한 것으로 17세기에는 하루의 여행과 하루 사건의 기록을 의미했다고 한다. 일기와 저널은 비슷한 뜻으로 사용되기도 하는데 일기가 삶 가운데 발생한 일상적인 기록의 의미를 지닌다면 저널은 정서적이고 내면적인 삶에 더 치중한다는 차이를 나타낸다. 즉 저널은 강렬한 정서가 즉각적인 표현을 요구할 때 이를 담아내는 준비된 도구로서 역할을 수행한다.[3]

저널 쓰기의 핵심은 원활한 글쓰기 수행에 있다. 자신의 내면 심리를 탐색하고 그 문제를 치료하고자 하는 사람은 종이의 빈 여백을 글로 채워나가는 작업을 수행해야 한다. 저널 쓰기가 효과를 가지려면 필자가 자신의 내면을 솔직하게 고백하고 이를 충분하게 기술하는 작업이 필요하다. 이로 인해 저널 쓰기에서는 필자의 글쓰기를 활성화하기 위해 다양한 기법을 제시하고 있다. 이와 관련된 것으로는 질문을 활용하여 심리적 문제를 기술하는 스프링보드, 마음속 생각을 나열하여 내적 고민을 탐색하는 100가지 목록, 인생의 중요한 사건을 선택해 의미를 구성하는 징검다리 등이 있는데[4] 이들은 내용생성을 위해 필자의 사고를 자극한다는 점에서 글쓰기 전략과 상통하는 측면을 지닌다.

---

2   심리적 문제를 해결하기 위한 방법으로는 쓰기 치료뿐만 아니라 미술 치료, 음악 치료와 같이 활용하는 매체에 따라 다양한 접근법이 존재한다. 쓰기 치료와 유사성을 갖는 접근법 중 하나로 문학치료(literary therapy)를 들 수 있는데, 문학치료학에서는 문학 작품이 지닌 '작품 서사'와 우리 삶에 내재한 '자기 서사'를 구분하고 작품 서사를 통해 자기 서사를 올바른 방향으로 변화시키는 것을 추구한다. 문학 치료가 문학 작품이라는 매개체를 통해 상징적이고 간접적인 방식으로 심리 문제에 접근한다면 쓰기 치료는 저널 쓰기와 같은 직접적인 접근을 통해 심리 문제에 직면하는 방식을 선호한다는 차이가 나타난다. 문학 치료의 접근 방식에 대한 설명은 '나지영(2009), 「문학치료학의 '자기 서사' 개념 검토」, 『문학치료연구』 13, 한국문학치료학회' 참조.

3   Bolton 외 저, 김춘경 외 역(2012), 『글쓰기 치료』, 학지사, 138~142면.

4   Adams 저, 강은주 외 역(2006), 『저널 치료』, 학지사, 99~256면.

　쓰기 치료에서는 필자가 심리적 문제를 글로 표현하도록 만드는 데 초점을 맞추고 있지만 표현 행위를 촉진하는 것만으로 문제를 해결하기는 힘들다. Pennebaker는 심리적 문세를 치료하기 위한 글쓰기 프로그램을 제안하였는데, 그가 제안한 프로그램은 자신에게 큰 영향을 준 심리적 외상이나 감정의 격변에 대해 하루에 20분 이상 4일에 걸쳐 글로 자유롭게 표현하는 것으로 구성되어 있다. 이에 의하면 필자가 글쓰기를 통해 부정적인 사건에서도 긍정적인 측면을 발견하거나 일관성 있는 이야기를 만들어내고 감정의 격변을 여러 관점에서 기술할수록 건강 개선의 효과가 나타났다고 한다.[5] 이처럼 쓰기 치료를 통해 심리적 문제를 효과적으로 해결하기 위해서는 쓰기 내용이나 방향성에 있어 일정한 방식이 필요할 것으로 여겨진다.

　이러한 측면에 주목하여 본고에서는 심리적 문제를 극복하기 위한 글쓰기 방법을 살펴보기 위해 이와 관련된 실제 텍스트를 대상으로 분석 작업을 시도해 보고자 한다. 이를 위해 본고는 조선후기의 문장가인 심노숭(沈魯崇, 1762~1837)이 아내의 사후 작성한 도망문(悼亡文)을 대상으로 하여 그가 갑작스러운 상처로 인해 겪게 된 심리적 문제를 글쓰기를 통해 어떻게 극복해 나가는지를 살펴볼 것이다. 심노숭은 1792년 동갑내기인 아내를 잃고, 이후 2년여 동안 그녀를 애도하는 시문을 다수 창작하였다. 이는 감정의 토로를 예(禮)가 아닌 것으로 치부하던 당대의 문화적 풍토에서는 매우 이례적인 일로 심노숭은 아내의 죽음으로 인해 겪게 된 심리 상태를 세밀히 기록해 나감으로써 심리적 문제의 발생과 해결에 이르는 완결된 사례를 잘 보여주고 있다. 이처럼 심노숭이 아내의 죽음으로 인해 경험하게 된 심리적 문제와 이를 글쓰기를 통해 극복해 나간 방식을 고찰하는 작업은 유사한 경우에 있어 쓰기 치료

5　　Pennebaker 저, 이봉희 역(2007), 『글쓰기 치료』, 학지사, 58~96면.

의 기제와 적용 방향을 탐색하는 데 도움을 줄 수 있을 것이라 기대한다.

2. 심노숭의 도망문 쓰기와 관련된 상황 맥락

2.1. 도망문 쓰기와 관련된 심노숭의 삶과 문장관

효전(孝田) 심노숭은 1762년(영조 38) 병조참의를 지낸 심낙수(沈樂洙, 1739~1799)와 한산 이씨 사이에서 2남 1녀 중 장남으로 태어났다. 그의 부친인 심낙수는 정조 연간 시벽(時僻) 대립의 과정에서 노론 시파의 선봉에 선 인물로 몇 번의 정치적 부침을 겪었는데 이는 심노숭의 생애에도 커다란 영향을 미치게 되었다. 심노숭은 부친의 강개한 정치적 행보를 계승하는 입장에 있었는데 정국 향방의 변화로 인해 점차 그 가문이 노론 내 핵심에서 밀려나는 상황에 처하게 되었다. 이러한 정치적 상황과 외골수적 성격이 맞물려 그는 사회적으로 고립되어 갔고, 이로 인해 아내와 동생 등 가족들에게 더욱 의지하는 성향을 나타내었다.[6]

심노숭은 1777년인 16세에 전주이씨 현감 이의술(李義述, 1737~1800)의 딸과 혼인을 하여 1남 3녀를 낳았으나 3녀를 제외하고 나머지 자식들은 모두 일찍 잃고 말았다. 1780년 태어난 첫째인 장녀는 출생 후 2달 만에, 1787년에 태어난 셋째인 아들은 출생 후 1년 만에 죽고 말았고, 1783년에 태어난 차녀는 1792년 5월 아내가 죽음을 맞기 직전 먼저 세상을 떠났다. 심노숭은 스스로에 대해 성격이 몹시 급하고 절제하지 못하는 병통을 지녔다고 자평하였고, 아내인 전주이씨가 이를 옆에서 바로잡아주는 일이 많았다고 기록을 남겼다.

---

6   한새해(2018), 「심노숭의 정치적 입장과 산문 세계」, 서강대학교 박사학위논문, 24~76면.

이러한 문면을 살펴보면 심노숭이 아내에게 심정적으로 크게 의지하는 상태였음이 잘 나타난다.[7]

심노숭은 1790년인 29세 때 진사시에 합격하였으나 노론 벽파 쪽의 세력이 강해짐에 따라 이후 8년이 지나도록 관직에 진출하지 못하였다. 이로 인해 그는 이 무렵 실의에 빠져 비슷한 처지에 있던 문우들과 모여 시주(詩酒)를 일삼으며 자신의 불우함을 토로하곤 하였다. 이러한 상황에서 1792년 맞게 된 차녀와 아내의 갑작스러운 죽음이 그에게 큰 심리적 충격을 안겨주었을 것임은 짐작하기 어렵지 않다. 사회적 측면에서의 실의로 자신의 처지를 낙담하고 있던 때에 심정적으로 크게 의지하고 있던 아내의 죽음은 심노숭에게 심리적 문제를 야기하였으며 이는 그가 아내를 대상으로 한 글쓰기에 매달릴 수밖에 없었던 요인이 된 것으로 보인다.

심노숭은 글쓰기에서 정(情)을 가장 핵심적인 요소로 강조하는 견해를 나타내었다. 그는 성리학적 시문관에서 탈피하여 다소 속될지라도 진의와 활기를 문학의 생명으로 간주했으며 그 결과 패사소품(稗史小品)들을 적극 옹호하는 입장을 취하였다. 그는 잡록과 일기류를 제외하고 600여 편의 산문을 남겼는데 그중 절반이 편지글이며 전통 고문에서 많이 지어지던 논변류(論辨類), 누정기(樓亭記), 증서류(贈序類) 등의 문체가 아주 적고 소(疏)나 차(箚)와 같은 관각 문체는 아예 존재하지도 않았다.[8] 이처럼 심노숭의 문학관은 정감의 표출을 강하게 긍정하고 이를 기반으로 한 글을 위주로 하는 특성을 나타내고 있다.

7   심노숭은 아내인 전주이씨를 '규방의 뻣뻣한 보좌관', '임금을 보필하는 어진 선비이자 힘센 정승'이라 표현하며 각별한 애정을 드러내었다. 심노숭 저, 안대회 역(2014), 『자저실기』, 휴머니스트, 35~36면·85면.
8   김영진(1996), 「효전 심노숭 문학 연구」, 고려대학교 석사학위논문, 24~36면.

심노숭이 보여주는 이러한 경향은 조선후기 문장관에 대한 시대적 변화와 밀접하게 연관되어 있다. 이는 소품문(小品文)의 문체 혁신이라는 말로 집약될 수 있는데 소품문의 대두는 내면, 신변잡기, 풍속 등 생활적 소재를 대상으로 구체적인 묘사와 진솔한 감정의 표현을 그 특징으로 하고 있다. 하지만 이러한 시대적 경향을 감안하더라도 심노숭의 도망문은 우리 문학사에서 그 유례를 찾아보기 어려울 정도로 독특한 양상을 나타내고 있다.[9] 이는 글쓰기에 대한 인식 및 역할과 관련된 시대적 변화를 넘어서서 한 개인이 자신의 심리적 문제를 해결하기 위하여 분투해 나간 흔적들을 고스란히 보여준다.

2.2. 심노숭의 도망문 쓰기 양상

도망문은 아내의 죽음을 슬퍼하는 글로 대체로 제문(祭文), 묘지명(墓誌銘), 행장(行狀) 등의 형식을 취한다. 심노숭은 아내가 죽은 1792년 5월부터 1794년 5월까지 2년간 일체의 시문을 그 죽음을 슬퍼하는 작품으로 지었는데 26편의 한시와 23편의 산문이 이에 해당한다. 그가 아내 사후 글쓰기에 매달리게 된 이유와 과정 등은 <침상집서(枕上集序)>에 압축적으로 잘 드러나 있다.

> 이전에 말한 "잠이 번뇌를 이긴다"는 것은 내가 일찍이 정말 큰 번뇌를 겪어 보지 못해 그랬던 것뿐이니, 작은 번뇌라면 이기겠지만 큰 번뇌에는 애초 전혀 잠이 들지 못하니 어찌 이길 수 있으리오? 열흘이 지나고 한 달이 다 가도록 끝내 잠들 수 있는 방법을 찾지 못하였다. …… 드디어 밤낮으로 베개맡에서 시문을 지었다. 처음에는 수심만 보태는 듯하고 잠도 들지 못하더니, 조금 있자 수심과 잠이 반반쯤 되었고, 또 조금 뒤에는

9 안대회, 「조선후기 소품문의 성행과 글쓰기의 변모」, 안대회 엮음(2003), 『조선후기 소품문의 실체』, 태학사, 28~39면.

잠이 많아지고 수심은 적어지게 되었다. 이제는 거의 수심을 잊은 채 잠들 수 있다. …… 그 삶과 죽음 사이에서 정은 아녀자 같고, 오래도록 만나지 못하는 사이에 자취는 나그네 같아, 때로 슬픔이 지나쳐 상(傷)함에 이르기도 하고, 후회가 극에 달해 원망이 일기도 하니 이러한 것들이 다 이 안에 담겼다.[10]

제시된 글은 심노숭이 아내의 갑작스러운 죽음으로 인해 겪었던 불면의 고통과 그 치유 과정을 잘 드러내고 있다. 심노숭은 평소에 사람들이 마음에 번뇌가 있으면 잠을 못 잔다고 말하는 것을 듣고 자신은 반대로 잠이 번민을 해결하는 방법이라고 생각하였다. 하지만 아내의 죽음으로 인해 자신에게 큰 번뇌가 발생하면서 그는 불면의 밤이 지속되는 고통을 겪게 되었다. 그러던 중 심노숭은 글을 쓰는 것이 문제를 해결하는 방법이라고 생각해 번민으로 잠이 오지 않을 때 지속적으로 자신의 심정을 글로 표현함으로써 잠을 잘 수 있게 되었다. 인용문에 잘 나타난 것처럼 그가 쓴 글의 내용은 슬픔과 후회, 원망 등 아내의 죽음으로 인해 그의 마음속에 일어난 감정의 소용돌이를 풀어낸 것에 해당한다. 심노숭이 스스로 밝힌 이러한 양상들은 바로 쓰기 치료의 본질을 대변하는 것으로 여겨진다.

심노숭이 아내의 죽음과 관련해 남긴 글 가운데 본고에서 분석 대상으로 삼은 작품은 23편의 산문이며[11], 해당되는 목록을 제시하면 아래와 같다. 원

---

10 원문은 '심노숭(2014), 『孝田散稿』 3, 학자원'의 자료를 인용하였다. 원문의 출전은 동일하며 이하에서는 원문과 글의 제목, 서명, 인용 면수를 표기하도록 하겠다. "所謂睡勝心煩者, 以余曾未有大煩, 故謂然也. 小可勝之, 而若其大者, 睡初不得, 又何勝之? 經旬閱月, 終無術可睡. (…) 遂日夜爲詩文於枕上. 始則若又添愁, 尤不能睡. 其後睡[愁]與睡半, 又其後睡多而愁少. 至今幾忘愁而睡矣. (…) 若其死生之際, 情近婦人. 契潤之間, 跡似行旅. 或哀過而至傷, 亦悔極而如怨, 皆集于此." 「枕上集序」, 『孝田散稿』 3, 940~945면. 번역은 심노숭 저, 김영진 역(2001), 『눈물이란 무엇인가』, 태학사, 28~30면.

11 본고에서는 아내의 죽음과 관련된 26편의 한시를 제외하고, 자신의 심정을 직접적으로

문에 대한 번역은 기 번역된 작품들은 검토를 거쳐 해당 번역을 인용하였으며, 번역되지 않은 작품은 새롭게 번역하여 분석하였다.[12]

[표 1] 심노숭 도망문 작품 목록

순서	제목	창작 시기	주요 내용
1	상장기서(喪葬記序)	미상	상례를 간약하게 치르겠다는 의견 표명
2	상장기(喪葬記)	미상	장례를 치르기까지의 과정을 서술
3	망실언행기서(亡室言行記敍)	미상	아내의 언행을 실정에 맞게 기록하겠다는 방향 제시
4	언행기(言行記)	미상	아내의 성격, 식견, 덕성 등에 대해 서술
5	망전제망실문(望奠祭亡室文)	1792.6.15.	아내를 잃은 슬픔, 자책, 상실감을 피력
6	발인고망실문(發靷告亡室文)	1792.6.24.	발인 전에 아내를 잃은 슬픔과 자책, 상실감을 토로
7	침상집서(枕上集序)	1792.8.10.	불면의 고통과 시문 짓기를 통해 이를 해결하였음을 밝힘
8	미안기서(眉眼記序)	미상	아내에 대한 죄책감으로 밤새 시문을 짓게 되었음을 언급
9	추석제망실묘문(秋夕祭亡室墓文)	1792.8.15.	상실감과 단절감으로 인해 살아있는 것이 죽는 것보다 못하다는 심정을 피력

드러낸 산문만을 대상으로 분석 작업을 진행하였다.

12 기 번역된 것을 인용한 작품은 <망전제망실문(望奠祭亡室文)>, <침상집서(枕上集序)>, <미안기서(眉眼記序)>, <해은병발(偕隱屛跋)>, <신산종수기(新山種樹記)>, <누원(淚原)>의 6편으로, '심노숭 저, 김영진 역(2001), 『눈물이란 무엇인가』, 태학사'에 수록된 것을 인용하였다. 이하 기 번역을 인용한 것은 서명과 해당 면을 제시하겠다. 나머지 17편의 작품은 자체 번역하여 분석하였다.

순서	제목	창작 시기	주요 내용
10	상친정서(上親庭書)	1792.8.19.	함께 은거하는 삶을 살고자 했던 다짐을 병풍에 새기고 곁에 두겠다는 의지를 피력
11	해은병발(偕隱屛跋)	1792.8.19.	서두에 <해은가>를 발견했다는 내용 외에 <상친정서>와 내용이 겹침
12	서행고망실문(西行告亡室文)	미상	서쪽 지방에 다녀오는 것을 아내 무덤에 고함
13	재서군정조참전고망실문(在西郡正朝替奠告亡室文)	1793.1.1.	서군에서 생전 아내와의 추억을 떠올리고 그리운 심정을 절절하게 서술함
14	서고제문후(書告祭文後)	1793.1.1.	제문을 행록처럼 쓰는 경향에 대해 비판
15	신산종수기(新山種樹記)	1793.4.3.	아내와 못다 이룬 고향에서의 삶을 신산 가꾸기를 통해 영원히 함께하고자 함
16	누원(淚原)	미상	진실로 슬퍼하는 마음이 있으면 신이 언제든 응하게 된다는 생각을 밝힘
17	망실대상전일일고문(亡室大祥前一日告文)	1793.5.26.	아내 사후 1년을 맞아 슬픔과 자책의 감정을 토로하고, 점점 멀어지는 것 같은 심정을 피력
18	생신고망실묘문(生辰告亡室墓文)	1793.10.9.	아내 생일을 맞아 자신의 적적한 심정과 사후 함께 하기를 기원
19	단오고망실묘문(端午告亡室墓文)	1794.5.5.	재혼 사실을 고하고 집안 소식을 알림
20	망실초기일천불소(亡室初朞日薦佛疏)	1794.5.27.	아내 사후 2년을 맞아 해남 대둔사에서 아내의 천도(薦度)를 기원
21	망실묘지(亡室墓誌)	미상	기일을 맞아 아우가 쓴 아내 행장 내용을 소개하고 가계와 삶 등을

순서	제목	창작 시기	주요 내용
			요약 제시
22	대둔사관음공반기(大芚寺觀音供飯記)	1794.5.28.	해남 대둔사에 시주하며 아내의 극락왕생을 빎
23	망실실기서(亡室實記序)	미상	부인의 일이 잊히지 않게 실기를 쓰겠다는 의도를 밝힘

제시된 표는 본고에서 분석 대상으로 삼은 도망문을 창작 시기에 따라 배열한 목록에 해당한다. 해당 글들은 필자가 지은 시기를 명확히 밝혀 놓은 것도 있고 그렇지 않은 것도 있는데, 시기를 밝혀 놓지 않은 글들은 당대의 상례 절차나 문집의 수록 순서, 글의 내용을 고려하여 대체적인 시기 추정이 가능하다. 특히 상례의 절차를 다룬 <상장기>나 망자의 삶을 서술한 <언행기>와 같은 글들을 제외하고 필자의 감정을 위주로 한 글들은 대부분 창작 시기가 밝혀져 있어 아내 사후 시간의 경과에 따른 작자의 심정 변화를 파악할 수 있다. 해당 글의 양식은 당대의 제사 관습이나 절기에 따라 지은 제문이 가장 많고, 문집의 서문 역할을 하는 서발문, 망자의 삶과 언행을 다룬 기나 묘지 등이 주로 나타나고 있다. 글은 아내가 사망한 후 1년여의 시간 동안 대부분이 쓰였고[13], 이후 급속히 감소하는 양상을 나타내고 있다.

위 표의 주요 내용에 나타난 것처럼 심노숭은 대부분의 도망문에서 아내를 떠나보낸 슬픔과 회한, 아내 생전과 사후 대비를 통해 깨닫게 된 고립감, 아내에 대한 절절한 그리움 등을 분출하며 자신의 감정을 여과 없이 드러내고 있다. 언행기나 묘지 등을 통해서는 주로 아내의 성품이나 식견 등을 제시

---

13 아내가 사망한 1792년 5월 27일에서 1년이 지나고 쓰인 <망실대상전일일고문(亡室大祥前 一日告文)>을 기점으로 도망문의 수가 급격히 줄어드는 양상을 보인다.

하고 아내가 자신에게 어떤 존재였는지에 대해 언급하고 있다. 또한 심노숭은 감정의 극한을 경험한 것을 통해 사후 세계와 영혼의 존재, 죽은 이와 살아있는 이의 교통 등에 대해 질문을 제기하고 그 의미를 탐색하며 자신의 생각을 정립하는 모습도 보여주고 있다.

심노숭은 2년여의 기간 동안 아내를 추모하는 집중적인 글쓰기 과정을 거친 후에 1796년에 지은 <박온전(朴媼傳)>에서 아내에 대한 그리움의 정을 표현한 것을 제외하면[14] 오랫동안 아내의 부재를 직접적으로 다룬 글을 짓지 않는다. 이후 아내의 죽음과 그로 인한 감정을 직접적으로 다룬 글은 아내 사후 24년이 지난 1816년 처음 고을 원이 되어 부임하기 직전에 쓴 <고망실묘문(告亡室墓文)>과 1822년에 회갑을 맞아서 쓴 <망실주갑일침참고문(亡室周甲日寢參告文)>에서 나타난다.[15] 이는 심노숭이 아내의 죽음 직후에 느꼈던 심리적 문제를 글쓰기를 통해 잘 극복하고 아내에 대한 기억과 추모의 정을 마음속에 간직해 왔음을 보여주고 있다.

심노숭의 글을 살펴보면 아내의 죽음으로 인해 회한과 슬픔이 지배하던 상태에서 시간의 흐름에 따라 짙은 그리움의 감정을 거쳐 세월이 흘러도 아내에 대한 애틋한 정을 잊지 않고 간직해 온 양상이 드러난다. 이는 그가 갑작스러운 상처로 생긴 트라우마를 도망문 쓰기를 통해 잘 극복하고 승화시켜 낸 결과로 해석할 수 있다. 본고에서는 이런 측면에 주목하여 심노숭의 도망문 분석을 통해 그가 자신이 겪은 심리적 문제를 글쓰기를 통해 어떻게

14　심노숭의 집에 드나들며 불교를 매개로 아내와 돈독한 관계를 맺었던 박온(朴媼)의 죽음을 계기로 지은 작품이 <박온전>이다. 이 작품에서는 식구와 다름없이 지낸 박온의 죽음을 애도하는 과정에서 아내에 대한 잊을 수 없는 그리움의 감정을 표현하였다. 자세한 내용은 '심노숭 저, 김영진 역(2001), 『눈물이란 무엇인가』, 태학사, 60~63면' 참조.

15　이 작품들에서는 아내의 죽음 직후 느꼈던 감정의 격변은 사라지고 아내가 살아있었으면 함께 누렸을 기쁨을 혼자 맞는 감회를 털어놓고 있다.

해결해 나갈 수 있었는지를 파악해 보도록 하겠다.

3. 심노숭의 도망문에 나타난 글쓰기 방법

3.1. 내면 심리에 대한 직접적 토로

쓰기 치료에서 가장 중요한 요소는 심리적 문제로 고통을 겪는 사람들이 이를 억압하지 않고 어떤 형태로든 표현하도록 만드는 것이다. 억압된 감정 은 정서적인 절차가 자연스럽게 흘러가지 못하고 멈춘 것이라 할 수 있는데, 이는 비유하자면 상자 속의 용수철과 같다. 즉 용수철의 힘이 분출되지 않은 감정이라면 상자는 이를 감추는 데 소비되는 에너지라 할 수 있으며, 이러한 에너지는 당사자에게 긴장과 고통을 야기하게 된다.[16] 따라서 심리적 문제를 극복하기 위한 첫걸음은 필자가 글쓰기를 통해 자신의 감정에 직면하고 이를 서술하는 데 있는데, 심노숭은 도망문 쓰기를 통해 이를 적극적으로 실천하 고 있다.

> 청송 심노숭은 상여를 붙들고, 이제 출발하려는데 상여 줄을 잡아끌며, 곡을 하면서 고한다. "마음에 걸려 자리에서 곡을 하는 것이 나인가? 적막 하게 침상에 누워 있는 것이 그대인가? 그대가 나를 알아보는 것이 이와 같은가? 내가 그대로 하여금 이런 지경에 이르게 했단 말인가?"[17]

---

16 Beth Jacobs 저, 김현희 외 역(2008), 『감정 다스리기를 위한 글쓰기』, 학지사, 106~108 면.

17 靑松沈魯崇扶輴, 將發停紼, 哭告曰 : "耿然哭于位者我耶? 窅然臥于寢者子耶? 子而知我之如 是耶? 我而使子而至此耶?" 「發軔告亡室文」, 『孝田散稿』 3, 973면.

그대는 "죽음이 살아 있는 것만 못하다."고 했던가? "살아 있는 것만 못한 것은 살아서는 즐길 수 있지만, 죽게 되면 이런 것이 없어서지요."라고 하였지. "죽음은 참으로 괴로운 것이니, 차라리 태어나서 즐겁지 않고 괴로운 게 죽어서 고통과 즐거움 둘 다 없는 것보다 낫다."라고 한 것은 아니지. 지금 나를 당신과 비교해 보면, 내가 당신만 못하다는 것을 알겠고, 당신이 나만 못하다는 것은 모르겠네. 나는 당신이 죽었을 때 처음에는 한스러웠다가 중간에는 원망했다가 마지막에는 부러운 마음을 이기지 못하였네.[18]

> 외로운 등불 앞에서 눈 소리 듣고
> 그리운 마음에 한밤중에 일어나지.
> 회랑에는 사람 하나 없고
> 모래밭엔 슬피 우는 바람 소리뿐.
> 다른 세상의 일이지만
> 꿈꾸는 혼이 오히려 놀라네.
> 　　　　　　　　　　……
> 새벽에 베개에 누워 말을 하다가
> 그 앞에 잠든 아기가
> 거적 덮은 걸 보고는 함께 눈물 흘렸으니
> 또 현인(賢人)도 이런 일을 겪었지.
> 내가 웃으며 이 말을 하니
> 그대도 맞다고 하였지.
> 정겨운 말들
> 기쁨이 한 없으니 잊기가 괴롭다네.[19]

18　子謂 : "死不如生"乎? 謂之 : "不如者, 以其生而可樂, 而死則無是也." 非謂 : "可苦其死也. 與其生而不樂而苦, 無寧死而苦樂之兩無." 今吾與子較看, 知吾之不如子, 而不知子之不如吾也. 吾於子死, 始恨而中怨, 而終不勝其羨慕. 「秋夕祭亡室墓文」, 『孝田散稿』 3, 978면.

19　孤燈聽雪, 耿然宵起, 回廊無人, 磧風哀鳴, 隔世之事, 夢魂猶驚. (…) 晨枕臥語, 兒眠其前, 牛衣對泣, 亦有前賢, 我笑而說, 子以爲然. 姁姁之言, 歡極苦忘. 「在西郡正朝替奠告亡室文」,

인용된 첫 번째는 아내의 시신을 죽음을 맞이한 친정에서 선산이 있는 파주로 옮겨가는 발인 전날에 쓴 글이다. 여기에서 심노숭은 상여를 부여잡고 마음에서 솟아나는 말들을 절규하듯 외치고 있는데 이를 통해 아내를 잃은 슬픔과 함께 자책의 감정을 여과 없이 드러내고 있다. 두 번째는 추석에 아내의 묘를 찾아가 쓴 글이다. 여기에서 심노숭은 아내가 삶이 죽음보다 낫다고 한 생전의 말을 떠올리며 자신의 처지를 돌아보건대 차라리 죽는 것이 더 낫다는 심정을 호소하고 있다. 이러한 그의 생각은 홀로 남은 상실감으로 인해 죽은 아내의 처지가 부럽게 느껴진다는 말로 집약되어 나타난다. 마지막은 서쪽 지방에 가서 정초를 맞아 무덤 속에 혼자 있을 아내를 위해 지어 보낸 글에 해당한다. 여기에서는 서쪽 지방에 가서 눈 오는 소리에 잠이 깨서는 생전에 아내와 눈 오는 밤을 함께 했던 기억을 떠올리며 아내를 그리워하는 절절한 심정을 피력하고 있다. 이를 통해 가난했지만 서로를 의지하며 지냈던 시간들을 추억으로 간직하고 있는 심노숭의 심정이 잘 드러나고 있다.

심노숭이 도망문에서 보여주는 감정의 직접적 노출은 당대의 문화적 풍토에서 볼 때 매우 이례적이고 비난의 여지가 큰 행위에 속하였다. 심지어 평생 지기였던 아우 심노암마저 심노숭이 지은 글들이 슬픔이 지나치고 시경에서 추구하는 성정의 바름에서 벗어나 있어 줄이고 생략해야 한다는 간절한 충고를 전하기도 하였다.[20] 하지만 회한과 자책, 슬픔으로 격심한 고통을 겪으며 불면의 밤을 보냈던 심노숭의 상태를 고려하면 유교적 절제는 억압의 기제이지 문제의 해결책이 될 수는 없다. 심노숭 또한 마음의 응어리를 풀어내는

『孝田散稿』 3, 986면.

20 심노숭 저, 김영진 역(2001), 『눈물이란 무엇인가』, 태학사, 30~31면.

글쓰기의 역할을 뚜렷이 인식하고 있었다.

> 일을 만나면 착수할 정신이 없고, 말을 하면 혀가 마음을 따르지 못한다. 이런 나는 이른바 살아 있는 사람이지만, 과연 죽은 자보다 나은 것이 있는 것인가? 그러나 그대의 골육이 두터운 땅에 묻히고, 신혼(神魂)을 시든 나무에 깃들게 하고, 부모께 근심을 끼치고, 사랑하는 사람들과의 은혜를 끊는 것을 보니, 이것은 내가 이런 것들을 틈을 잡아서 스스로 일컫기를 '고통스럽다'라고 말할 뿐만이 아니다. 이것은 내가 마음속에 담아둔 것이 마치 실처럼 엉켜있는 것 같다가 이것을 펼쳐서 말로 드러내는 것이 마치 (묶은) 줄을 푸는 것과 같은 것이다.[21]

인용문은 심노숭이 아내의 죽음을 겪은 지 1년이 되는 시기에 쓴 글이다. 여기에서 그는 넋을 잃은 듯한 자신의 모습을 제시하면서 글을 통해 심리적 고통을 언급하는 행위가 단순한 사실을 말하는 것이 아니라 마음속에 실타래처럼 엉킨 응어리를 풀어내는 것과 같다고 언급하고 있다. 이는 심노숭 스스로 자신의 감정에 직면하여 글로 표현하는 것이 치료적 효과를 지닌다는 사실을 인식하고 있었음을 드러내고 있다. 즉 그가 당대의 관습을 도외시하며 지속적으로 감정을 토로하는 글을 쓴 것은 쓰기 치료의 효과를 인식한 의도적 행위였음이 잘 나타난다.

심노숭의 도망문을 살펴보면 이러한 시도가 점차적으로 심리적 안정에 기여하고 있음을 확인할 수 있다. 이는 우선 도망문을 창작한 2년여의 시간을 두고 볼 때 아내 사후 1년을 기점으로 도망문의 창작이 급속히 감소하였다는

---

21 遇事則神不着手, 當言則舌不從心. 此吾所謂生者而果有勝於死乎? 然而視子之委骨肉於厚土, 寓神魂於枯木, 貽慽於父母, 斷恩於親愛, 不啻間然乃自謂苦乎. 此吾之貯之在心如絲之結, 發之爲言如繩之解. 「亡室大祥前一日告文」, 『孝田散稿』 3, 1006면.

점에서 드러난다. 총 23편의 도망문 중에 아내 사후 1년 이전에 17편의 글이
쓰이고, 이후에 창작된 글은 6편에 불과하다. 이는 시간의 경과에 따른 자연
스러운 현상으로 여길 수도 있지만 아내 사후 1년여의 시간 동안 집중적인
글쓰기를 통해 마음속의 응어리를 풀어낸 결과 나타난 현상으로 판단할 수
있다.

> 인간 세상의 성상(星霜)을
> 지금 또 한 번 보네.
> 의지할 곳도 없으며
> 연유(筵帷) 또한 철거되지.
> 마음속은 슬픔이 있으나
> 예법은 자질구레한 것은 개의치 않지.
> 말을 타고 혼자 와서
> 술잔 놓고 조촐히 올리네.[22]

그대가 죽고서, 내가 슬퍼한 이유는 그저 그대의 죽음을 슬퍼했기 때문
이라네. 그런데 지금 내가 아내를 두었다고 하니 처음에는 멍하고 스스로
놀랐지만, 끝에는 탄식하며 절로 슬퍼진다네. 저 사람(후처)이 현명하지
않다고 말하는 것이 아니라, 내 마음이 이와 같으니, 나는 스스로도 이제
무얼 할 수 있을지 모르겠네.[23]

엎드려 생각건대 노승의 죽은 아내 이씨는 사람됨이 인(仁)을 좋아하여
세상에 죄가 없고, 성품이 본디 도(道)에 가까워서 탐진애욕(貪嗔愛欲)에

---

22 人世星霜, 今又一閱. 依止無所, 筵帷亦輟. 情如有感, 禮不嫌屑. 匹馬獨來, 壺榼隨挈. 「生辰告
    亡室墓文」, 『孝田散稿』3, 1009면.
23 自子之死, 吾之所以爲悲者, 只悲子之死而已. 及今謂余有妻, 則始惘怳而自驚, 終感歎而自悲.
    非謂彼之不賢, 我心如此, 我自不知尙可爲. 「端午告亡室墓文」, 『孝田散稿』3, 1011면.

담박하였습니다. 명(命)이 실로 기구한 것이 많고, 가난하고 병이 들어서 가장 먼저 요절(夭折)한 사람입니다. 귀의할 곳이 있음을 지적하면서 일찍 이 나에게 이야기한 바 있습니다. 아, 이 세상에 자신을 기탁한 이가 제대 로 된 사람이 아니어서, 끝내 선보(善報)를 받지 못하였습니다. (…) 엎드려 바라건대 큰 자비를 보이시고, 널리 밝히는 빛을 내시어, 명이 짧아 죄 없이 죽은 혼을 가엾게 여기소서.[24]

인용된 첫 번째 글은 심노숭이 아내 사후 두 번째 생일을 맞아 묘소에 들러 자신의 심정을 피력한 내용을 담고 있다. 해당 글은 생일이 비슷한 시기 인 두 사람이 죽을 때도 함께 하기를 바랐지만 그러지 못한 아쉬움을 나타내 고 있는데, 인용된 부분에 잘 드러난 것처럼 아내가 죽은 후 표출되었던 감정 의 격변은 사라지고 담담한 어조가 주를 이루고 있다. 두 번째 글은 단오를 맞아 묘소에 들러 자신의 재혼 사실과 집안 소식을 전하는 내용을 담고 있다. 인용문의 앞부분에서 잘 드러나듯이 심노숭은 이제 슬픔이라는 자신의 감정 을 거리두기를 통해 분석적으로 제시하는 모습을 보이고 있다. 세 번째는 심노숭이 아내의 두 번째 기일을 맞아 해남 대둔사에 가서 아내의 명복을 빈 내용을 담고 있다. 해당 글에서 그는 유자(儒子)로서 부처에게 복을 비는 것이 적절하지 않다고 밝히면서도 불교를 독실하게 믿었던 아내를 위해 자비 를 구하는 모습을 보이고 있다. 이는 아내의 죽음을 수용하면서 마음의 집착 을 덜어내는 의미를 지닌 것으로 파악할 수 있다.

쓰기 치료는 심리적 문제를 감추는 것이 아니라 글을 통해 이를 털어놓는 것에서부터 시작되는데 이는 심리적 상처를 표현하면 혼란이 진정되고 위험

---

24 伏念魯崇亡婦李氏, 爲人好仁, 在世無罪. 性本近道, 貪嗔愛欲之泊然, 命實多奇, 貧病殀短之最 者. 指歸依之有所, 夙與成此. 嗟, 寄托之匪人, 終失善報. (…) 伏願示大慈愍, 出普光明, 憐薄 命之匪辜亡魂. 「亡室初忌日薦佛疏」, 『孝田散稿』 3, 1013~1014면.

이 약화된다는 기제에 토대를 두고 있다. 즉 스트레스를 야기한 사건과 그에 따른 감정을 서술하면 그것을 분석하게 되고 이는 해당 문제를 좀 더 쉬운 것으로 인식하게 만들어 사람들이 이해력과 통제감을 얻을 수 있도록 도움을 준다는 것이다. 이러한 과정을 거치게 되면 심리적 문제를 가졌던 사람들도 이에 집착해서 반복적으로 생각할 이유가 없어지게 된다.[25]

심노숭은 도망문 쓰기를 통해 감정의 분출이라는 말이 잘 어울릴 정도로 아내의 죽음으로 인해 자신이 느꼈던 심정을 직접적으로 토로하고 있다. 이를 도망문의 내용을 통해 살펴보면 아내가 죽은 직후에는 격렬한 슬픔과 자책의 감정이 주를 이루고, 시간이 지나면서 혼자 남은 것에 대한 외로움과 단절감이 두드러지며, 이후에는 아내에 대한 그리움과 사후를 기약하는 다짐이 나타나고, 마지막에는 담담한 어조와 함께 추모의 정이 부각되고 있다. 이처럼 심노숭은 시간의 변화에 따라 마음속에서 솟아나는 감정들을 직접적이고 구체적으로 표현해 나가면서 자신의 심정을 이해할 수 있었고, 이를 통해 아내의 죽음 직후 느꼈던 심리적 충격을 서서히 극복해 나갈 수 있었던 것으로 판단된다.

3.2. 망자를 향한 대화 형식의 활용

가족과 같이 밀접한 관계에 있는 사람과 사별했을 때 남겨진 사람들은 슬픔과 그리움으로 심적 고통을 겪게 된다. 이는 사별한 사람을 다시 볼 수 없다는 안타까움과 그와 못다 나눈 일들이 회한으로 남기 때문에 발생한다. 이러한 감정을 극복하기 위해서는 사별한 사람과 살아있는 사람 사이에서

---

25 Bolton 외 저, 김춘경 외 역(2012), 『글쓰기 치료』, 학지사, 46면; Pennebaker 저, 김종환 외 역(1999), 『털어놓기와 건강』, 학지사, 148면.

못다 한 이야기를 풀어내는 것이 도움이 될 수 있으며 쓰기 치료에서는 그
방편으로 '보내지 않은 편지 쓰기'와 같은 전략을 활용한다. 보내지 않은
편지 쓰기는 상대의 수신을 전제하지 않은 일방적인 소통 방법에 해당하지만
자신의 마음을 대화 형식으로 이끌어낼 수 있다는 점에서 효과가 인정되고
있다.[26]

심노숭 또한 도망문에서 죽은 아내에게 말을 건네는 대화 형식을 주로
활용하고 있다. 이는 그가 도망문을 기본적으로 아내에게 보내는 편지 성격
의 글로 인식하고 있었다는 사실을 드러낸다. 일반적인 도망문에서는 아내에
대한 감정을 현(賢)과 덕(德)이라는 예교 관념에 의거하여 의례적인 애도와
칭송으로 나타내는 경우가 많았지만[27] 심노숭은 이에 대해 명확한 비판 의식
을 보여주었다.

> 나는 일찍이 제문(祭文)은 가송(歌頌)이나 비지전장(碑誌傳狀)과는 다르
> 다고 생각했는데, 세속에서는 행록(行錄)을 짓는 사람이 많아서, 그 슬픔이
> 신(神)을 감동시킨 것을 보지 못했다. 이는 비유하자면 먼 길을 떠난 사람
> 에게 편지를 부치면서 그 홀로 떨어져 있는 것에 대한 안타까움을 말하거
> 나 여행길의 고통을 위로하지는 않고, 문득 평소 언행의 선함과 재덕(才德)
> 의 뛰어남을 장황하게 말하는 것과 같으니, 이러면서 말하길 "이와 같으니
> 그대를 잊을 수 없다"고 하니, 그 사람이 어찌 발끈하며 성을 내기를 "이건
> 나를 놀리는 것이다. 과연 서로 잊는 것이 더 낫다"라고 하지 않겠나?[28]

---

26 Adams 저, 강은주 외 역, 『저널 치료』, 학지사, 2006, 223~230면.

27 정우봉, 「조선후기 도망록의 편찬과 그 의미」, 『대동문화연구』 116, 성균관대 대동문화연
    구원, 2021, 168면.

28 余嘗以爲祭文異於歌頌誌狀, 而世俗多作爲行錄, 而告之, 未見其哀動感神, 比如寄書於遠征之
    人, 未嘗道其離索之戀, 勞其行旅之苦, 乃忽張皇說其平日言行之善才德之高, 而曰能如是, 故
    不能忘也. 其人豈不勃然怒曰, 是慢我也. 不如是果相忘乎云爾. 「書告祭文後」, 『孝田散稿』 3,
    989면.

인용된 글은 정초에 아내를 위해 쓴 제문 뒤에 덧붙인 것으로 심노숭이 도망문을 어떠한 인식을 가지고 서술했는지가 명확하게 드러난다. 제시된 글에서 그는 죽은 이를 추모하는 제문이 사자에 대한 슬픔의 감정을 표현하기보다 유교적 덕목을 칭송하는 경향을 보이는 것을 비판하고 있다. 여기에서 심노숭은 제문의 문제점을 편지의 경우에 빗대어 상대의 처지와 심정을 고려하지 않는 글이 지닌 무용함을 부각하고 있다. 이는 결국 도망문이 망자에 대한 남겨진 자의 진실하고 애틋한 감정을 건네는 형식이 되어야 함을 강조하고 있다.

> 파주(坡州)에 새 집을 꾸리던 그 오랜 계획을 당신 아직 기억하오? 사묘(祠廟)를 봉안하고 이어 어머니를 모셔 놓고 나서, 나는 남았다가 결국 관 속에 든 그대와 함께 이곳으로 오게 되었구려. …… 죽음이 진실로 슬퍼할 만하나 살아있은들 또한 무슨 즐거움이 있으리오? 유유한 시간 속 한바탕 꿈일러라. 그대 먼저 그 먼 곳을 구경하오.[29]

> 밤에 누워서 글을 기초하였는데, 닭이 울자 마쳤다. 문득 전년과 같아, 나는 서군(西郡)의 그대 집에서 그대에게 시사(時事)에 대해 편지를 쓰고 있었는데, 마치 그대가 장차 답을 할 것 같아서 나는 잠시 멍하니 기다렸다. 나의 마음 또한 슬프다. 삼가 고하였다.[30]

> 나는 그대가 죽었지만 살아 있으며, 내가 살아 있지만 죽었다는 것을 알아서, 그대의 죽음을 슬퍼할 겨를이 없고, 내 삶을 슬퍼한다. 그대는 일찍이 놀리며 말하길 내 말이 과장이라고 하였으니, 지금 읽는 것이 여기에

---

29 坡廬久計, 子或尙記? 旣安祠廟, 繼奉慈闈. 我留隨襯, 與子同歸. (…) 死固可悲, 生亦何歡? 悠悠一夢, 子先退觀. 「望奠祭亡室文」, 972면. 번역은 『눈물이란 무엇인가』, 35~36면.

30 夜臥草文, 鷄鳴而止. 忽若前年, 吾在西郡子舍, 寄子書時事, 若可以子將有答, 吾且佇俟. 吾之心亦慽矣, 謹告. 「秋夕祭亡室墓文」, 『孝田散稿』 3, 983면.

미치니, 그대가 "슬픔을 드러낸다고 하시니, 옛날의 기습(氣習)을 잊지 못하는군요."라고 환하게 웃으면서 내게 말하는 것 같다. 그러나 이 이치는 몹시 분명하니, 그대는 그렇지 않다고 말하지 말길.[31]

심노숭이 쓴 도망문의 대부분은 죽은 아내를 독자로 하여 쓴 편지 형식을 취하고 있다. 첫 번째 인용문에서 그는 아내와 함께 계획했던 파주 이주의 일을 언급하며 함께 이를 이루지 못한 회한을 이야기를 건네듯 서술하고 있다. 두 번째 인용문에서는 제시된 부분의 앞에서 아내를 잃고 홀로 살아가는 자신의 처지를 하소연하고 난 뒤에 예전에 편지를 주고받던 기억을 떠올리며 더 이상 답장을 기대할 수 없는 상황을 애석해하는 모습을 보여주고 있다. 마지막 인용문에서 그는 현재 상황에 대한 자신의 심정을 얘기한 후 이를 생전처럼 아내가 들어주고 대답하는 가상의 대화 상황을 묘사하고 있다. 이처럼 심노숭은 도망문 쓰기를 통해 죽은 아내에게 말을 건네고, 자신의 얘기에 귀 기울이고 대답하는 아내의 모습을 그려냄으로써 사자와 소통의 끈을 놓지 않으려 애쓰는 모습을 보여주고 있다.

사랑하는 이가 세상을 떠났을 때 남은 사람은 그의 부재를 쉽게 받아들이기 어렵다. 특히 일상을 같이 한 사람인 경우에는 죽음 이후에도 여전히 곁에 머무는 것 같아 죽은 이를 부르거나 이야기를 건네는 일도 발생하게 된다. 쓰기 치료에서 활용하는 '보내지 않은 편지 쓰기'는 답장을 받기가 불가능하지만 살아남은 자의 회한과 못다 한 이야기를 풀어내게 함으로써 감정의 정화와 위안을 가능하게 만든다. 심노숭은 이러한 효과를 인식하고 낭내의

---

31 吾知子之雖死而生 吾之雖生而死, 不暇悲子之死, 而悲吾之生也. 子嘗戲謂吾言夸, 今讀至此, 想見子笑粲然, 謂吾自謂敍悲, 乃不忘習氣, 然而此理甚明. 子無曰不然.「亡室大祥前一日告文」,『孝田散稿』3, 998면.

제문이 일반적으로 보이는 망자에 대한 일방적인 칭송의 말하기 방식을 벗어
나 그로 인해 느끼는 슬픔과 그리움의 감정을 대화하는 방식으로 변형하였
다. 이러한 변형은 그가 느끼는 절망적인 심정을 위로하고 고립감을 완화시
킴으로써 쓰기 치료의 효과를 거두게 한 것으로 판단된다.

3.3. 사색과 성찰을 통한 의미 도출

쓰기 치료의 목적은 심리적 상처로 인해 고통을 겪는 사람들이 글쓰기를
통해 심신의 안정을 되찾게 만드는 데 있다. 이를 위해 기본적으로 필요한
것이 자신의 감정을 직면하고 이를 쓰기를 통해 털어놓는 데 있다. 이는 심리
적 문제를 글로 표현하면 이를 분석하게 되고, 이러한 과정에서 그 문제를
좀 더 이해하기 쉽게 된다는 기제에 기인한다. 이처럼 글쓰기는 표현 행위를
통해 트라우마를 겪는 사람이 부정적인 감정에 매몰되는 것을 방지하게 만드
는 효과를 거둘 수 있지만 이것만으로 심리적 문제의 극복을 이끌어내기에는
미흡한 부분이 있다.

쓰기 치료와 관련된 연구에 의하면 심리적 문제를 겪는 사람들이 쓰기를
통해 이를 극복하는 것을 나타내는 징표가 몇 가지 존재한다. 우선 트라우마
와 관련해 일관성 있는 이야기 구조를 만들어내는 것이 있다. 이는 인과어와
같은 이야기 표지의 증가를 통해 나타나며 이러한 장치들은 필자가 힘들었던
사건들을 이해하려고 애쓴 과정을 보여준다.[32] 또한 쓰기에서 나타난 어휘를
살펴볼 때 긍정적인 단어 사용이 증가하고, 부정적인 단어의 수가 적절하게
제어될 때 건강 개선 효과가 나타난 것으로 보고되었다. 그리고 쓰기 텍스트

---

32 Pennebaker 저, 이봉희 역(2007), 『글쓰기 치료』, 학지사, 92~93면.

에서 사고어의 역할이 증가하여 통찰과 성찰의 양상이 증가할 때 쓰기 효과가 두드러지는 것으로 나타났다.[33] 이러한 현상은 당사자 스스로 문제 상황에서 벗어나기 위해 적절한 의미를 도출해 내었기 때문에 가능하다고 여겨진다.

그렇다면 심노숭은 도망문을 통해 아내의 죽음이 가져온 충격을 극복하기 위해 어떤 접근을 보이고 있을까? 이는 먼저 현세의 유한성을 인식하고 영원을 지향함으로써 의미를 발견하는 형태로 나타난다.

> 공인(工人)을 시켜 그림을 완성하게 하고 글을 덧붙이고 또 이 한 첩(疊)을 쓰게 한 후, 네 첩과 합하여 내 곁에 두는 수(隨)로 삼기로 한다. 그대가 비록 죽었지만, 이를 마주하면 언제나 그대와 함께 말하는 것과 같으니, 죽은 뒤에도 그대를 저버리지 않을 것이고, 보는 이들 또한 나와 그대가 부부이면서 붕우의 도리가 있음을 알 수 있을 것이다.[34]

제시된 글은 심노숭이 아내의 유품을 정리하다 자신이 지은 <해은가(偕隱歌)>라는 작품을 발견하고 아내 생전에 <해은가>와 그림 두 점을 합해 세 폭 병풍으로 만들려던 계획을 아내 사후 도망문까지 합쳐 네 폭 병풍으로 만든 일을 다루고 있다. 이전에 심노숭은 <해은가>를 통해 아내와 함께 은거하는 삶을 읊었고, 아내도 그 내용을 알고 몹시 기뻐했지만 결국 뜻을 이루지 못한 채 먼저 죽고 말았다. 그는 비록 아내는 죽고 없지만 <해은가>를 새긴 병풍을 만들어 곁에 둠으로써 아내와 생전에 했던 은거의 약속을 지키려는 모습을 보이고 있다.

---

33 Pennebaker 저, 김종환 외 역(1999), 『털어놓기와 건강』, 학지사, 147면.

34 倩工畵成附書, 又識此一疊合四疊, 爲余座隅之隨. 君雖死, 對此常如與君言, 爲沒身, 則庶不負君, 而覽者亦可知余於君夫婦, 而有友朋之道矣. 「上親庭書」, 『孝田散稿』 3, 985면.

영원의 지향을 통해 의미를 발견하려는 시도는 <신산종수기(新山種樹記)>에서 극대화되어 나타난다. 여기에서 그는 아내의 무덤 주위에 나무를 심는 행위를 통해 아내와 영원히 함께 하겠다는 의지를 적극적으로 표방하고 있다.

> 우리 산에는 아름드리 나무가 많아 그 울창함을 서도(西道) 여러 산들이 바라보고 있다. 아내 무덤 자리는 조부 묘 아래에 썼는데 나무를 더 심지 않아도 될 만했다. …… 지금부터 내가 죽는 날까지 봄·가을로 나무 심기를 의식으로 삼을 것이다. …… 살아서는 파주의 집을 얻지 못했지만 죽어서는 영원히 서로 파주의 산을 얻을지니 즐거움이 그지없다. 이것이 내가 신산(新山)에 나무를 심고, 집에다 심어본 것의 품등을 헤아려 하나같이 산에다 옮기는 까닭이니, 나의 뜻을 갖고 나의 슬픔을 부치는 것이요, 또 나의 자손·후인들로 하여금 내 마음을 알게 하려는 것이니 훼상치 말지어다.[35]

<신산종수기>에서 심노숭은 아내가 서울 집이 황폐해진 것을 보고 화수(花樹) 가꾸기를 권하자 고향으로 돌아가 새 집을 짓고 거기에 화수를 심어서로 즐기며 살자는 약속을 한다. 그러나 고향에 집을 지은 후 화수를 가꿀 계획을 세우려던 때에 아내는 병을 얻고 시신이 되어 선산에 묻히고 말았다. 제시된 글에 잘 나타나듯 심노숭은 나무를 심지 않아도 되는 신산에 지속적으로 나무를 심는 의식을 실천하고 다짐하고 있다. 그리고 이러한 행위가

---

35   吾山林木多拱抱, 鬱然爲西道諸山之望. 所卜在先祖考塋下, 樹不待種. (…) 始自今至余未死, 春秋視爲式. (…) 生不得於坡山之廬者, 死可以永相得於坡山之山, 而樂且未歎. 此余所以種樹於新山, 而約種於廬者. 按其品, 一移之於山, 償余之志, 寓余之悲. 又使余之子孫後人知余之心, 毋敢毁傷. 「新山種樹記」, 『孝田散稿』 3, 992~993면. 번역은 『눈물이란 무엇인가』, 43~44면.

단순히 미관을 장식하기 위한 것이 아닌 자신이 죽고 난 후 아내와 영원히 함께 할 공간을 가꾸는 것으로 의미를 부여하고 있다. 이는 현세의 유한성을 내세의 무한성으로 전환함으로써 상처를 극복해 나간 의미 도출에 해당한다.

또한 심노숭은 아내의 죽음으로 인해 품게 된 의문을 제기하고 그 해답을 찾기 위해 사고하는 과정을 보임으로써 자신만의 결론을 얻으려 노력하는 모습을 나타내고 있다. 이는 죽음 이후의 세계와 죽은 이와 살아있는 이 사이의 관계에 대한 철학적 탐구의 형태를 띠고 있다.

> 유세차 계축년(1793) 5월 임진삭 26일 정사에 청송 심노숭이 삼가 망실 완산이씨의 영전(靈前)에 고하기를, "죽은 사람은 지각(知覺)이 있는가 없는가? 죽은 사람이 지각이 있는지 없는지가 산 사람의 슬픔과 어떤 관계에 있는가? (죽은 사람이) 지각이 있으면 (산 사람이) 슬프지 않고, 지각이 없으면 슬픈가? 그러나 지각이 있다고 하면 오히려 산 사람에게 가까워 슬프지 않고, 지각이 없으면 산 사람과 몹시 먼 것 같아서 슬프다. 지각이 없으면 그저 지각이 없을 뿐이지만, 지각이 있으면 장차 자취가 있는가? 그대가 죽고 나서 나는 이 문제에 온 마음을 다하여 궁리하여, 밤에 자다가도 꿈에서 놀라고 아침 저녁밥을 먹기를 잊고, 슬퍼할 겨를도 없었던 것이 1년이었다.[36]

제시된 인용문에 잘 나타나듯 심노숭은 사후 망자의 지각 유무, 망자의 지각과 살아있는 사람의 슬픔과의 연관성, 망자의 자취 유무에 대해 1년 동안 궁리하고 답을 찾으려 노력했다는 진술을 하고 있다. 이러한 물음은 결국

---

36 維歲次癸丑五月壬辰朔二十六日丁巳, 靑松沈魯崇謹告于亡室完山李氏之靈, 日 : 死而有知乎無知乎? 死之有知無知, 何與乎生之悲乎? 將有知則不悲, 無知則悲乎? 然而謂其有知, 尙近乎生而不悲, 無知與生甚遠而悲也. 無知但無知而已, 有知將有其跡乎? 自子之死, 吾以此一心究索, 宵眠愕夢, 朝飱忘嚥, 不暇乎悲者, 碁歲. 「亡室大祥前一日告文」, 『孝田散稿』 3, 996~997면.

죽음이라는 것이 모든 것의 종결인지 아니면 일시적인 이별에 불과한지와 관련이 있고, 아내의 죽음으로 인한 슬픔에 대해 자신이 향후 취할 수 있는 태도와 연관된다. 심노숭이 "죽으면 아무 것도 알지 못한다는 말은 내가 진정 참을 수 없는 말이다."[37]라고 소리 높여 얘기하는 것도 이러한 질문과 밀접한 관련을 지닌다.

심노숭이 제기한 질문에 대한 해답과 결론을 집약적으로 보여주는 것이 <누원(淚原)>이라는 글이다. 원(原)이라는 한문학 양식은 어떤 개념의 시원을 궁구하는 것을 본질로 하고 있는데 심노숭이 지은 <누원>은 바로 눈물로 상징되는 아내의 죽음으로 인한 슬픔에 대해 자신이 어떤 태도를 취해야 할지에 대해 찾아낸 답을 제시하고 있다.

[표 2] <누원>의 논지 전개

1. 눈물은 눈과 마음(심장) 중 어디에서 나오는지 질문을 던짐

↓

2. 눈물을 내리는 비에 비유하여 논증을 펼침 - 비는 구름이나 땅 어느 한쪽에 있지 않음 - 이와 유사하게 눈물은 마음으로부터 나오고 눈으로부터도 나옴

↓

3. 감응한다는 것의 의미를 탐구함 - 느꺼움이 없으면 신이 응하지 않음

↓

4. 자신의 경험 제시 및 영혼과의 소통에 대한 생각 밝힘

---

37 謂死無知, 是余所不忍也. 「新山種樹記」, 『孝田散稿』 3, 993면. 번역은 『눈물이란 무엇인 가』, 44면.

여러 해를 지나 즐거운 마음으로 거문고·피리가 가득한 자리에 있을 때, 일 처리를 하느라 문건이 책상 위에 수북할 때, 술을 마셔 내 몸을 잊을 때 …… 신이 응하게 되는 것은 향을 사르고 처연해지는 제사 때에만 그러는 것이 아니라 어떠한 상황에든 있는 것 …… 때때로 느꺼움이 있어 눈물이 나면 신이 내 곁에 왔구나라 여기고, 그렇지 않으면 황천길이 멀구나라고 생각했다.[38]

[표 2]에 제시된 것처럼 심노숭은 <누원>에서 눈물이 눈과 마음 어디에서 생기게 되는지를 묻고 비가 하늘과 땅 사이의 감응에서 생기는 것처럼 눈물 또한 눈과 마음이 서로 감응하여 나오는 것으로 파악했다. 여기에서 중요한 것이 감응한다는 원리인데 망자와의 소통은 진실한 슬픔의 감정이 북받쳐 영혼과 감응할 수 있을 때 가능하다는 결론을 내린다. 이를 자신의 경우에 비추어 보면 아내에 대한 자신의 마음은 특정한 시기나 제사와 같은 의식적인 행위에 구애될 것 없이 음악을 듣거나 일을 하는 것과 같은 일상생활에서라도 문득 그리워하는 마음만 있으면 영혼과 만날 수 있다는 인식에 다다른다. 그렇다면 아내는 비록 저세상으로 떠났지만 나의 진실한 마음만 있으면 언제든 만날 수 있다는 결론에 이르고, 슬픔 또한 극복할 수 있게 되는 것이다.

쓰기 치료는 문제가 되는 내면 심리에 대한 토로를 기반으로 성립되지만 감정의 서술만으로 심리적 안정을 회복하기는 어렵다. 이러한 문제를 극복하기 위해서는 자신의 마음을 들여다보고 쓰기를 통해 사색과 성찰을 수행하면서 스스로 의미를 발견하는 과정이 필요하다. 즉 외부적 충격에 의해 발생했

---

38 久而碁月, 娛心而琴簾滿座, 應事而書疏堆案, 杯樽而爲忘形. (…) 其所以應之者, 不但止於焄蒿悽愴, 而無適不在. (…) 有時乎, 感而淚則日在左右矣. 否則曰泉路遠矣. 「淚原」, 『孝田散稿』 3, 995~996면. 번역은 『눈물이란 무엇인가』, 53면.

다 하더라도 심리적 문제가 자신의 내면에서 시작된 만큼 그 해결 또한 자기 내면의 힘을 통해야 하는데, 그 핵심은 사고 작용을 거쳐 문제 상황에 대한 의미를 발견해 내는 데 있다. 쓰기 치료는 결국 필자가 자신의 문제를 인식하며 이에 대한 자기만의 의미를 탐구하고 정립해 나가는 것을 본질로 한다.

심노숭은 도망문 쓰기를 통해 현세에서 못다 이룬 행복을 내세를 기약함으로써 이루고자 했고, 죽음에 대한 철학적 질문을 제기하고 이에 대한 해답을 모색함으로써 문제 상황에 대한 자신만의 의미를 구축하고자 했다. 이는 심리적 상처를 극복하기 위해서는 감정의 토로에서 더 나아가 이를 의미화할 수 있는 자신만의 방식이 필요하다는 사실을 보여주고 있다. 심노숭은 아내의 죽음으로 인해 자책과 회한, 슬픔의 감정에 휩싸였지만 그 감정에 매몰되지 않고 쓰기를 통해 의미를 발견하려고 노력하는 모습을 보여주었다. 이는 쓰기 치료의 목적을 달성하기 위해서는 필자 스스로 성찰을 통해 의미를 도출하는 과정이 필요하며, 쓰기 치료 또한 이를 활성화하는 전략을 마련해야 함을 시사하고 있다.

4. 맺음말

쓰기 치료가 심리적 문제를 해결하는 데 효과적인 도구가 될 수 있다는 것은 널리 알려져 있다. 이는 충격적 사건으로 인해 발생한 부정적 감정을 억압하고 감추는 것보다 이를 드러내고 표현하는 것이 심리적 긴장을 완화하는 데 도움이 된다는 사실에 기반한다. 이러한 관점을 바탕으로 쓰기 치료에서는 심리적 문제를 겪는 사람들이 자신의 감정을 글로 표현할 수 있게 만드는 다양한 기법들을 제시하고 있다. 그러나 쓰기 행위 자체를 활성화하는 단편적인 기법이나 전략에서 한 걸음 더 나아가 인간이 심리적 충격을 글쓰기를 통해 어떻게 극복해 나갈 수 있는지에 대한 종합적인 이해가 필요하다.

본고에서는 쓰기 치료에 대한 조망을 위해 조선후기 문장가인 심노숭이 쓴 도망문을 대상으로 그가 심리적 문제를 쓰기를 통해 어떻게 극복해 나가는지에 대해 다루었다. 이를 위해 그가 2년여의 시간 동안 쓴 23편의 도망문에 대한 분석 작업을 진행하였고 쓰기 치료와 관련한 글쓰기 방법 세 가지를 파악할 수 있었다. 우선 그는 도망문 쓰기에서 쓰기 치료의 기본 접근법에 해당하는 심리적 문제와 관련된 감정에 직면하고 이를 구체적으로 서술하는 모습을 보여주었다. 또한 도망문이 일반적으로 나타내던 일방적인 칭송 위주의 서술에서 벗어나 자신의 심정을 죽은 아내에게 전하는 대화 형식을 활용함으로써 마음에 남은 응어리를 풀어낼 수 있었다. 마지막으로 그는 심리적 문제에 매몰되기보다 아내의 죽음이 제기한 사후 세계와 영혼과의 소통 등에 대해 질문을 제기하고 이를 탐구해 나감으로써 유의미한 결론을 도출하였다.

조선 후기에 쓰인 도망문을 대상으로 한 작업이 시대적 환경과 문화가 다른 오늘날에 그대로 적용되기는 힘들 것이다. 그러나 여기에서 다루고 있는 가까운 이의 죽음은 인간이면 누구나 겪게 되는 사건이며 그로 인해 발생하게 되는 심리적 충격은 보편성을 지닌다. 오늘날 쓰기 치료에서는 심리적 문제를 겪는 당사자들의 진술을 이끌어내는 기법이나 워크숍 방식 등의 탐색에 많은 관심을 기울이고 있지만 쓰기를 통한 내면 심리의 변화 과정을 총체적으로 이해하는 것 또한 중요한 역할을 한다. 이런 측면에서 심노숭이 써 내려간 도망문과 이에 대한 분석 작업은 쓰기 치료의 시야를 확장하는 데 기여할 수 있을 것이다.

박종채의 <과정록>과 부모 전기 쓰기 교육

1. 글쓰기의 가치와 부모 전기 쓰기의 의미

최근 쓰기 행위가 지닌 가치 측면에 주목하여 작문 교육의 방향을 새롭게 모색하는 논의가 제기되고 있다. 이는 기존의 작문 교육이 실용적 가치를 중시하고 이를 실현하기 위해 기능과 전략을 강조한 경향에 대한 반성적 성찰에서 비롯되었다. 즉 작문 교육이 인지과학 중심의 패러다임을 받아들여 쓰기 기능(전략)을 정교화해 왔지만 글쓰기 주체가 지닐 수 있는 인문적 가치를 종속시킴으로써 전도 현상을 초래했다는 것이다.[1] 이러한 문제를 해결하기 위해서는 쓰기 행위가 지닌 본질적 가치를 회복하는 일이 필요하다.

쓰기의 가치를 회복하는 일은 쓰기 행위가 실용적 수단이 아닌 필자 스스로에게 의미를 지닐 수 있도록 하는 데 있다. 이와 관련해서 우선 글쓰기의 자기성찰적 측면에 주목한 논의가 있다. 여기에서는 개인의 삶을 이해하기 위해서는 서사화가 필요한데, 현재의 자기성찰적 글쓰기는 과거를 되돌아보고 표현하는 것에 그치고 있어 전통적 가치에 대한 대타적 탐구를 통해 윤리

---

1   박인기(2014), 「글쓰기의 미래적 가치」, 『작문연구』 20, 한국작문학회, 13면.

적 지향점을 발견해야 한다고 주장하였다.[2] 또한 필자가 지닌 고유성에 대한 강조를 통해 필자의 위상을 회복하고자 하는 논의도 제기되었다. 여기에서는 누구나 가지고 있는 고유성을 부각시켜 쓰기의 중심에 필자를 세우고, 이를 통해 글쓰기가 자아실현과 창조를 돕는 활동이 되어야 한다고 강조하였다.[3] 쓰기가 지닌 인문교육적 측면에 주목하여 삶에 대한 질문 제기와 이에 대한 탐구 활동을 강조한 논의도 제시되었다. 여기에서는 문학 작품을 가치 있는 타자 역할로 상정하고 필자가 비평적 에세이 쓰기를 수행함으로써 삶에 대한 다양한 지향과 탐색을 할 수 있다고 보았다.[4]

이들 논의에서는 쓰기의 가치와 관련하여 필자, 고유성, 자기성찰, 가치 탐구, 인문교육(인성교육) 등의 요소가 부각되었다. 즉 글쓰기의 가치는 필자가 삶의 문제를 인식하고, 고유한 질문을 제기하며, 새로운 의미를 탐구해나가는 과정에 있는데, 이러한 행위를 통해 필자는 인성의 계발이나 인문학적 가치를 내재화하게 된다는 것이다. 본고에서는 이러한 가치를 실현할 수 있는 글쓰기의 하나로 부모 전기 쓰기를 상정하고 이와 관련된 쓰기 방법을 탐구하고자 한다.

글쓰기의 대상은 수없이 존재할 수 있지만 인간 삶에 대한 기록은 쓰기와 더불어 시작된 것으로 그 역사와 전통이 길고도 넓다. 인간의 삶은 소통과 협력 없이는 이루어질 수 없기에 삶에 대해 많은 관심을 가지는 것은 자연스러운 일로 여겨진다. 이런 이유로 인간은 역사의 초기부터 다양한 인물의

---

2   이원봉(2015), 「글쓰기 교육을 통한 대학에서의 인성교육 가능성 모색」, 『작문연구』 27, 한국작문학회, 29~42면.

3   이재기(2020), 「새로운 시대 저자의 고유성과 타자성」, 『한국작문학회 제50회 학술대회 자료집』, 한국작문학회, 3~10면.

4   장지혜((2020), 「인성 교육을 위한 작문 교육의 방향」, 『국어교육연구』 46, 서울대 국어교육연구소.

삶에 관심을 가져왔으며 영웅적 업적을 이룬 사람이나 특이한 개성을 가진 인물, 자기 자신의 삶을 기록하고 전하려는 강한 욕구를 보여왔다. 즉 인간과 삶에 대한 쓰기 욕구는 본능적이라고 할 수 있는 측면을 지니고 있다.

인간은 수많은 사람들과 관계를 맺으며 살아가지만 관계의 밀도에 따라 그 영향력은 달라질 수밖에 없다. 인간을 둘러싼 존재 가운데 가장 밀접한 관계를 지니며 많은 영향력을 끼치는 존재가 부모라 할 수 있다. 부모는 존재의 근원이자 인격 형성의 바탕이 되기에 부모의 삶을 이해한다는 것은 자기 형성의 근원을 탐색하는 통로에 해당한다. 즉 부모의 삶을 서술하는 것은 부모를 이해하는 작업일 뿐만 아니라 자신에 대한 깊은 이해를 가능하게 한다. 이처럼 부모 전기 쓰기는 그 자체로 인문학적이고 인성교육적인 가치를 내포한 쓰기 대상이 될 수 있다. 전통사회에서 가장 강조해 온 윤리 덕목이 효라는 것을 고려하면 부모 전기 쓰기는 문화적 측면에서도 가치를 지닌다.

이러한 가치에도 불구하고 중등 국어과 교육과정에서는 따로 부모 전기 쓰기를 반영하고 있지 않다. '2012 교육과정'에서는 성취기준의 하나로 자서전 쓰기를 제시하였는데[5] 이는 부모의 보호 아래에 있다가 자아정체성을 찾아가는 청소년기의 발달적 특성을 고려한 결과로 보인다. '2015 교육과정'에서는 이마저도 제외하여서 전기 쓰기와 관련된 성취기준 자체를 채택하고 있지 않다. 이는 전기 쓰기가 전통적으로 지녀왔던 장르적 위상을 고려하면

5　(7) 자신의 삶을 성찰하고 계획하는 글을 쓴다. 글쓰기에는 자신의 체험에 대해 거리 두기를 통해서 반성적으로 성찰하게 하고, 건강한 자아를 형성할 수 있게 해 주는 힘이 있다. …… 자서전 쓰기와 같은 활동을 통해서 이제까지 살아온 과거의 경험을 현재의 시간 속으로 편입시켜 성찰의 대상으로 삼고, 앞으로의 삶을 진지하게 계획해 보는 쓰기 경험을 갖도록 지도한다. 관련 성취 기준은 '교육과학기술부 고시 제 2012-14호, 국어과 교육과정' 참조 바람.

아쉬운 부분이라 할 수 있겠다.

부모 전기 쓰기가 정규 교육과정의 대상으로 도입되지는 않았지만 이와 별개로 그 가치에 주목하여 이를 고취하려는 일련의 노력이 있었다.[6] 이러한 시도는 흔히 자식들에게 부모의 사랑을 깨닫게 하고 감사와 존경의 마음을 불러일으키려는 의도를 내세우는 경향이 있다.

> 솔직히 아버지와 어머니가 열심히 일하신 덕분에 우리는 어려움 없이 온실에서 자라기만 했다. 따뜻한 온실에서만 있어서였을까. 난 그만 내가 가진 잎으로 아버지 마음에 상처를 낸 적이 있다. 하지만 늘 웃으면서 자연스럽게 우리의 잘못을 스스로 깨닫게 만들어주시는 분이 나의 아버지이다. 아버지의 인생을 보면 항상 굳건한 신념이 있었다. 나는 줏대없이 픽픽 쓰러지지만 그런 아버지의 신념을 배우고 싶다는 생각이 들었고, 자연스럽게 다른 사람을 웃음으로 동화시켜 버리는 교육자로서도 아버지는 존경받을 만하다고 생각한다.[7]

부모 전기 쓰기에서 학생 필자들이 흔히 보이는 모습 중의 하나는 인용문에 나타난 것처럼 부모에게 감사와 존경을 표하고 효도하겠다는 다짐을 제시하는 것이다. 이는 윤리적 측면에서 보면 효 의식을 고취한다는 측면에서 의미가 있지만 전기 양식의 관점에서 보면 쓰기의 초점이 부모의 삶이 지닌 의미가 아니라 필자의 입장을 내세운다는 점에서 문제가 있다. 즉 부모 전기

---

6 EBS에서는 전국 초·중등학생을 대상으로 부모님 전기 공모전을 시행하였다. 관련 내용은 '박주현 외 지음(2002), 『EBS TV 전기문 나의 부모님』, 대산출판사' 참조 바람. 대학 신입생을 대상으로 한 시도는 '숭실대학교 베어드학부대학 학사지도실 엮음(2014), 『부모님 평전 : 부모님에게는 무언가 특별한 것이 있다』, 숭실대학교 출판국' 참조 바람. 대학생을 대상으로 한 부모 평전 쓰기 교육의 사례는 '이은미(2016), 「자기성찰을 위한 평전 쓰기 교육의 사례 연구」, 『어문연구』 44권 2호, 한국어문교육연구회' 참조 바람.

7 박주현 외 지음(2002), 같은 책, 64~65면.

는 부모의 삶을 서술의 중심에 두어야 하는데 필자의 입장을 내세우다 보면 자칫 수필화되는 양상을 보일 수 있다. 이는 청소년 시기에 부모의 삶을 총체적으로 파악할 수 있는 안목이 형성되기 어렵다는 점을 고려하면 자연스러운 현상으로 이해할 수 있다.

부모 전기 쓰기는 중등학교 교육과정에서 한시적으로 다룰 수 있는 과제의 성격을 넘어선다. 중등학교 시기에 부모 전기 쓰기를 수행하는 것은 부모의 삶에 관심을 가지고 그 의미를 생각하게 하는 계기가 될 수 있지만 진정한 의미의 부모 전기 쓰기는 성인으로서 삶의 역정을 경험하고, 부모의 삶을 이해하는 안목이 형성되었을 때 가능하다.[8] 그러나 부모의 삶에 대한 이해가 그대로 글쓰기로 이어지는 것은 아니어서 그 의미를 되새기는 작업이 어떻게 이루어져야 하는가에 대한 방법적 탐색이 요청된다. 본고에서는 이러한 문제를 해결하기 위해 전통 글쓰기에 주목하여 부모 전기의 대표작으로 평가받는 박종채의 <과정록>에 나타난 쓰기 방법을 분석해 보고자 한다. 비록 부모에 대한 인식이나 글쓰기 관습 등 시대적 거리에서 오는 차이는 존재하겠지만 전통 글쓰기가 이룩한 성과를 파악함으로써 오늘날의 부모 전기 쓰기와 관련된 시사점을 살펴나가도록 하겠다.

---

8   최근 병마와 싸우는 어머니의 마지막 모습들을 지켜보면서 남긴 말씀을 기록하고 그 의미를 되새긴 기록물이 출간되었다. 전통적인 의미에서의 전기 형태와는 거리가 있지만 과거와 현재를 넘나들며 어머니 인생의 의미를 탐구하고 구성했다는 점에서는 전기로서의 특성을 지닌다고 할 수 있겠다. 관련 내용은 "박희병(2020), 『엄마의 마지막 말들』, 창비" 참조.

2. 전기 쓰기의 전통과 박종채의 <과정록>

전통 한문학 양식에서 인물의 평생 사적을 기록한 것을 전기체(傳記體) 산문이라 한다. 사마천의 <사기> 이후 전기는 독립된 산문 문체로서 위상을 확보하고 발전하기 시작하였는데, 사실에 충실하고, 인물의 성격에 주목하는 등의 특성을 나타낸다. 전기체 산문은 입전 대상이나 서술 맥락 등에 따라 자신의 일생을 기술한 자전(自傳), 정사에 기록되지 않은 일사를 기록한 외전(外傳), 가까운 이가 고인의 일을 서술하여 시호 제정이나 묘지명 작성의 자료로 삼는 행장(行狀) 등의 유형이 존재한다.[9]

전기체 산문 가운데 전통사회에서 가장 많이 생산된 것은 가전(家傳) 혹은 사전(私傳)이라 불리는 개인 문집 속에 실린 실존 인물의 전이다. 여기에서 작자는 준역사가적인 태도를 견지하면서 대상 인물을 표창하여 그 행적을 후세에 전한다는 목적의식을 드러내었다. 이러한 의식으로 인해 사전에는 규범적 이념을 고취하려는 의도와 함께 재주나 덕성을 지니고도 불우한 생을 보낸 인물에 대한 연민의 감정이 나타나는 경향이 있다.[10] 본고가 다루고 있는 '과정록' 또한 정사의 인물이 아닌 부모의 행적을 기술하여 후대에 전함으로써 그 자취를 잊지 않으려는 의도를 지닌다는 점에서 사전과 비슷한 성격을 지닌다고 하겠다.

'과정록(過庭錄)'이라는 명칭은 『논어』에서 공자가 뜰 앞을 지나가는 자신의 아들에게 시와 예를 배웠느냐고 물었다는 일화에 기원을 둔 것으로 자식이 아버지의 언행과 가르침을 기록한 글을 의미한다. 우리나라에서 '과정록'이라는 명칭을 사용한 글들이 나타나기 시작한 것은 18세기 전반의 일로

---

9   진필상 저, 심경호 역(2001), 『한문문체론』, 이회, 87~100면.
10 박희병(1993), 『조선후기 전의 소설적 성향 연구』, 성균관대학교출판부, 14~35면.

이때의 작품은 인물에 대해 요약적으로 진술하거나 어록을 제시하는 등 비교적 짧은 분량으로 구성되었으며 독립된 책의 형태를 띠지 않았다. 그러던 것이 19세기 들어 인물의 형상이 구체화 되면서 분량이 늘어나고 독립된 책을 이루게 되는 변화를 나타내게 되었다. 본고에서 분석의 대상으로 삼고 있는 박종채의 <과정록>은 조선 후기 들어 발달하기 시작한 '과정록' 양식의 문학적 성취를 대표하는 작품으로 평가받고 있다.[11]

박종채의 <과정록>은 조선 후기 사회를 대표하는 문장가이자 실학파 지식인으로 평가받는 연암 박지원(1737~1805)을 대상으로 차남인 박종채(1780~1835)가 9년의 시간을 들여 완성한 전기에 해당한다.[12] 연암은 <열하일기>를 통해 당대의 지배적 담론인 화이론을 비판하고 북학론을 주창하였으며, <양반전> 등의 작품을 통해 당대 지배층의 무능과 위선을 풍자하여 사회적으로 큰 반향을 일으킨 비판적 지식인에 해당한다. <과정록>을 집필하는 데 걸린 9년이라는 시간이 말해주는 것처럼 박종채는 사회적 논쟁의 중심에 있었던 아버지 연암의 일생을 서술하기 위해 심혈을 기울인 것으로 평가할 수 있다.

자식이 부모의 삶을 전기 형식으로 서술하는 것은 효가 절대적인 가치로 여겨졌던 전통사회의 분위기를 고려하면 쉽지 않은 일이었을 것으로 여겨진다. 초기의 '과정록'이 짧막한 형식의 부교를 전하는 형태로 구성된 것은 이러한 부담을 덜어내려는 의도를 반영한 것으로 보인다. 그러던 것이 조선 후기 산문의 장편화 경향과 맞물려 '과정록'은 아버지의 삶을 형상화하는 전기로서의 형태를 갖춰나간 것으로 추측된다. 특히 연암의 경우처럼 그 삶

---

11   홍아주(2005), 「박종채의 <과성록> 연구」, 서울대학교 석사학위논문, 106~107면.
12   박종채는 1822년부터 1826년에 이르는 4년의 기간 동안 초고를 완성하고, 이후 1831년까지 5년의 시간 동안 초고를 수정하여 <과정록>을 완성한 것으로 파악되고 있다. 관련 내용은 '이현정(1996), 「과정록 연구」, 계명대학교 석사학위논문, 9~12면' 참조 바람.

의 궤적과 저술들이 사회적으로 알려져 있고, 또 많은 사람들에 의해 언급이 되는 공적 측면이 강한 삶을 서술하는 것은 매우 조심스러운 측면을 지닐 수밖에 없었을 것이다. 본고에서는 이러한 제반 사항을 고려하여 박종채가 아버지의 삶을 어떻게 형상화해 나갔는지 그 방법적 전략들을 분석해 나가도록 하겠다.

3. 전기 쓰기의 쟁점과 부모 전기 쓰기의 문제

부모 전기 쓰기를 수행할 때 필자가 부딪치게 되는 문제에는 어떤 것이 있을까? 이러한 측면을 살펴보기 위해서 먼저 전기 쓰기에서 필자가 직면하게 되는 쓰기의 어려움을 살펴보고 그에 비추어 부모 전기 쓰기의 특수성을 생각해 보고자 한다.

전기는 인물의 일생을 대상으로 필자가 그 의미를 재구성하는 작업에 해당한다. 먼저 전기의 필자가 부딪치게 되는 문제에는 인물의 삶과 관련된 정보를 수집하는 과제가 있다. 정보를 수집한 후에는 인물의 일생을 필자의 의도에 맞게 형상화하기 위해 자료에 대한 선택과 배제의 과정이 뒤따라야 한다. 자료에 대한 선별 작업이 완료되면 선택된 자료를 배치하고, 이를 독자에게 효과적으로 전달하기 위한 서술의 문제를 고려해야 한다. 마지막으로는 대상 인물에 대해 필자가 어떤 태도를 취할지와 관련된 관점과 정서 등의 조정이 필요하다.

본고에서는 전기 쓰기에 따르기 마련인 이러한 제반 문제를 자료의 선택과 배제, 인물형상화, 거리 조정의 측면으로 나누어 살펴보고자 한다.

전기는 우선적으로 인물에 대한 정보를 독자에게 알려준다는 측면에서 보면 정보 전달적 성격을 지니고 있다. 따라서 필자는 독자에 비해 정보의 측면에서 압도적인 우위를 차지할 필요가 있다. 전기를 쓰기 위해서 필자는 대상 인물에 대한 각종 정보—생애와 관련된 연대기적 사실, 저술, 회고담, 주위의 평가—를 최대한 수집하는 작업을 수행해야 한다. 이러한 자료 수집이 충실하게 이루어질 때 전기 쓰기를 위한 기초 작업이 완료될 수 있다.

자료가 확보되었다고 해서 전기 쓰기가 곧바로 이루어질 수 있는 것은 아니다. 수집된 자료는 필자의 집필 의도에 따라 선택과 배제 및 배치되는 과정을 거쳐야 한다. 전기 쓰기는 대상 인물의 삶의 면모를 드러내고 이를 평가하는 서술이 드러나기 마련이므로 민감성을 지니게 된다. 이 과정에서 대상 인물이 드러내고 싶지 않을 법한 사생활과 관련된 부분이 노출되거나 부정적 평가 등이 나타날 수 있다. 이러한 부분은 전기 필자들의 작업을 억제하는 힘으로 작용하며, 필자의 입장에서는 특정 정보를 생략하면 인물의 삶이 더 긍정적으로 보일 수 있다는 유혹에 빠질 수 있다. 즉 정보의 선택과 배제에는 대상 인물에 대한 배려의 문제가 작용하게 되며, 이는 진실과 거짓의 문제로 비화돼 전기 자체에 대한 신뢰의 문제와 연결될 수 있다.[13]

부모 전기 쓰기의 경우 정보 수집의 측면에서 보면 다른 인물을 대상으로 한 전기보다 용이한 측면을 지닐 수 있다. 부모와 자식은 생의 많은 시간을 함께하고, 그 유대 관계를 지속하는 것이 일반적이기 때문이다. 그러나 자료의 선택과 배제에 작용하는 필자의 의도 측면에 있어서는 그 신뢰성을 담보하기가 쉽지 않다. 부모를 대상으로 한 전기는 부모에 대한 긍정적 측면을 부각시키기 마련이므로 독자가 그 내용을 신뢰하며 수용하도록 만드는 것은 어려운 일에 해당한다. 따라서 부모 전기를 쓰는 필자는 이 점을 어떻게 극복

---

13 Alan Shelston 저, 이경식 역(1984), 『전기 문학』, 서울대학교출판부, 67~75면.

해 나갈 수 있을지에 대해 고민하는 작업이 필요하다.

전기는 인물이 어떤 삶을 살았는지를 독자에게 효과적으로 보여줄 수 있어야 한다. 이를 위해서 필자는 전기의 대상 인물을 독자가 실감할 수 있게 만드는 형상화 노력을 기울여야 한다. 전기는 사실에 대한 설명이 중심이 될 때 과학적인 것에 가까워지고, 인간의 체험을 포착하기 위해 언어를 활용하게 될 때 예술적인 것에 가까워진다. 이러한 기준에서 보면 전기는 크게 연대기적 전기, 초상화적 전기, 소설적 전기의 세 유형으로 구분될 수 있다. 연대기적 전기는 대상 인물과 관련된 자료를 나열하는 모습을 띠며, 초상화적 전기는 최소한의 배경만 사용하여 주어진 위치에서 중심인물에 초점을 맞춘 형상화 방식을 나타내고, 소설적 전기는 기록의 진실을 외면하지 않으나 세부적인 일을 적절히 활용하여 인물과 장면을 부각하는 양상을 나타낸다.[14] 전기가 인물과 관련된 사실을 단순 전달하는 것이 아니라 인물의 삶을 생동감 있게 그려내는 글이 되어야 한다는 점을 고려하면 소설적 기법의 적절한 활용은 전기 쓰기에서 중요한 역할을 한다.

부모 전기의 경우도 소통 맥락을 고려하면 인물에 대한 형상화가 중요한 문제가 된다. 자식인 필자의 경우는 부모의 형상을 일정 정도 생생하게 체감한 경험을 소유하고 있다. 그러나 독자가 될 수 있는 후손이나 제삼자의 경우 그 모습을 필자만큼 느끼기에는 어려움이 있다. 따라서 부모 전기 쓰기의 경우에는 필자가 체감한 부모 형상을 독자에게 생생하게 전달해야 하는 과제가 놓이게 되고, 이를 해결하기 위해서는 소설적 기법으로 대변되는 인물형상화의 방법이 적절하게 활용될 필요가 있다.

---

14   Leon Edel 저, 김윤식 역(1994), 『작가론의 방법(-문학 전기란 무엇인가)』, 삼영사, 21~27・185~197면.

전기 쓰기와 관련해 마지막으로 고려할 것은 대상 인물과의 거리 조정 문제라 할 수 있다. 전기는 다른 문학 형식과 같이 필자 자신의 감수성을 표현한 것으로, 필자는 일반적으로 공감하는 인물을 집필 대상으로 삼기 쉬우며 이로 인해 그만큼 자신을 노출하기가 쉽다.[15] 전기는 타인의 체험을 자신 속에서 융합시키는 작업을 수행한다는 측면에서 '영혼의 연금술'로 비유될 수 있는데 이 과정에서 필자는 대상 인물에 대해 애정을 지녀야 하는 동시에 거리감도 유지해야 하는 어려운 과제를 안게 된다. 따라서 전기 쓰기의 필자는 자기 인식에 철저할 필요가 있으며 타인이 자신의 모습으로 재형상화되지 않도록 끊임없는 주의를 기울여야 한다.[16]

부모 전기 쓰기의 경우 필자인 자식과 대상인 부모 사이의 거리 유지는 더 어렵기 마련이다. 필자는 부모와 삶의 일부를 공유해 왔기 때문에 그에 대해 객관적 태도를 취하기 힘들다. 부모 전기 쓰기의 목적이 자족적인 회고담을 서술하는 데 있다면 자신을 적극적으로 노출하고 거리 조정에 힘쓰지 않아도 될 것이다. 그러나 그 목적이 부모의 삶을 온전하게 서술하는 데 있다면 자신의 시각만으로 이를 재단하는 일이 발생하지 않도록 주의를 기울여야 한다. 이러한 거리 조정이 적절하게 이루어질 때 부모 전기가 독자에게까지 의미를 지닐 수 있게 된다.

이상에서 살펴본 자료의 선택과 배제, 인물형상화, 거리 조정의 측면은 일반적인 전기 쓰기보다 부모 전기 쓰기를 수행할 때 더욱 세심한 접근이 필요한 문제에 해당한다. 이는 내용의 신뢰성, 전달의 효과성, 수용의 보편성과 관련되는 것으로 부모 전기 쓰기를 수행할 때 필자가 적극적으로 고려해

---

15   Alan Shelston 저, 이경식 역(1984), 같은 책, 66면.
16   Leon Edel 저, 김윤식 역(1994), 같은 책, 28~31면.

야 하는 사항에 속한다. 아래에서는 이러한 문제를 박종채의 <과정록>에서
는 어떻게 해결해 나가는지를 구체적인 작품 분석을 통해 파악해 나가도록
하겠다.

4. 박종채의 <과정록>에 나타난 부모 전기 쓰기의 방법

4.1. 자료의 연쇄적 제시를 통한 인물 생애 구성

박종채의 <과정록>은 4권 1책, 216개의 조목으로 구성되어 있다. 권1에서
권3까지는 연암의 생애를 일대기적으로 조명하고 있으며, 권4에서는 연암의
특징적 면모를 제시하는 내용을 담고 있다. 이는 필자가 먼저 연암의 생애를
시간 순으로 살펴보고 나서 보충적 서술을 통해 그 의미를 정리하는 방식의
서술 체제를 취한 것으로 파악할 수 있다. 각 부분에서 다루고 있는 내용은
아래와 같다.

구분(해당 시기)	서술 내용
권1(1737~1788)	출생, 기질과 재능, 과거 포기, 저작물, 교우 관계, 권력의 탄압과 개성 생활, 가족 내 사건 및 상사, 관직 등용
권2(1789~1796)	중앙 관직 생활, 안의현감직 수행
권3(1796~1805)	중앙 관직 생활, 면천군수직 수행, 정조 승하, 양양부사직 수행, 관직 정리, 산변 사건, 사망
권4	문장론, 경세론, 가풍, 풍류, 훈계, 인물평, 성격, 작시법, 서체·그림 등

먼저 권1에서는 연암의 출생부터 관직에 진출하기까지의 50여 년의 시간을 다루고 있다. 여기에서 필자는 성장기, 과거 포기, 교우 관계, 가족사 등 연암의 생애와 관련된 여러 일들을 사실 중심으로 제시하는 데 초점을 맞추고 있다. 권2~권3에서는 연암이 10여 년간 관직을 수행하면서 겪은 사건과 관리로서의 면모, 정조와의 관계, 유씨 가문과의 갈등 등을 보여주는 데 힘을 쏟고 있다. 권4에서는 일대기 서술에서 미처 드러내지 못한 연암의 문장론, 경세론, 자식에 대한 훈계, 성격적 특성, 예술적 재능 등을 종합적으로 제시하여 그 인물됨을 부각하고자 하였다.

이처럼 박종채는 <과정록>에서 연암의 일생과 다양한 면모들을 독자에게 전달하고자 혼신의 힘을 기울이고 있다. 이를 위해서 필자는 연암과 관계된 자료를 총동원하여 그 삶을 형상화하는 모습을 보여주었는데, <과정록>의 서문에는 필자가 추구한 이러한 방향이 잘 드러나 있다.

> 일찍이 옛사람이 자기 부친에 대해 쓴 글, 이를테면 소백온(邵伯溫)의 『문견록』(聞見錄)이나 여씨(呂氏)의 『가숙기』(家塾記) 등을 읽어보니 자잘한 일이라도 버리지 않고 모두 기록하였는데 고인의 모습을 상상하기에는 근엄한 글보다 도리어 나았다. 이에 그것을 본떠 집필하여 조각글이나 짧은 메모라도 쓰는 대로 다 모았으니, …… 자못 들은 대로 기록하여 신중함이 결여된 듯도 하지만, 감히 함부로 덜거나 깎아내지 않은 것은 아버지의 풍채와 정신이 오히려 이런 곳에서 잘 드러난다고 생각했기 때문이다.[17]

제시된 글에서 잘 드러나듯이 박종채는 <과정록>을 집필함에 있어 자잘한

---

17 박종채 저, 박희병 역(2002), 『나의 아버지 박지원』, 돌베개, 13~14면. 『나의 아버지 박지원』은 박종채의 <과정록>의 완성본에 해당하는 『열상고전연구』 8집 수록본을 번역한 것이다. 이하 작품 인용은 페이지 수만 표시하도록 하겠다.

일도 버리지 않고 기록하여 함부로 덜어내지 않았다는 진술을 하고 있다. 이는 자신이 확보한 자료를 있는 그대로 제시하는 데 방점을 두었다는 의미로 여겨지는데, 필자는 그 목적을 아버지의 풍채와 정신을 밝히기 위해서라고 제시하고 있다. 인용문에 나타난 것처럼 박종채는 <과정록>에서 수많은 자료를 동원하여 연암의 형상을 그려내고 있다. 그 자료로는 연암의 직접적인 언급과 남긴 글들, 주변 인물들의 증언과 각종 기록, 자신이 직접 목격한 일과 들은 말 등이 활용되고 있다.

> 아버지는 늘 우리들에게 다음과 같이 훈계하셨다. "젊은이들이 정공부(靜工夫)를 하느라 혼자 있는 것은 좋은 일이기는 하다. 그러나 고요히 혼자 있는 중에 사악하고 편벽된 기운이 끼여들기 쉬운 법이다. …… 상고시대 사람들이 젊은이들로 하여금 학교에 모여 공부하게 한 뜻은 단지 공부에 서로 도움을 주고자 해서만이 아니었다."[18]

> 7월에 큰아버지께서 돌아가시자 연암골 집 뒤의 자좌(子坐) 자리에 장사지냈다. …… 그 시는 다음과 같다. "우리 형님 얼굴은 누굴 닮았나? 아버지 생각나면 형님을 봤지. 이제 형님 생각나면 그 누굴 보나? 시냇물에 내 얼굴을 비추어보네."[19]

> 송원(松園) 김이도(金履度)는 늘 사람들에게 이렇게 말했다고 한다. "연암처럼 매서운 기상과 준엄한 성격을 지닌 사람이 만일 우스갯소리를 해대며 적당히 얼버무리지 않았다면 아마 지금 세상에 위태로움을 면하기 어려웠을 게야."[20]

---

18 『나의 아버지 박지원』, 225면.
19 『나의 아버지 박지원』, 61면.
20 『나의 아버지 박지원』, 79면.

아아, 형벌이 혹독하건만 굳게 견뎌 꿈쩍도 않던 자가 단 한마디 타이르
시는 말에 깊이 뉘우쳐 눈물을 흘리다니! 참된 학문이 아니라면 어찌 깊이
미혹된 자를 이토록 빨리 깨우쳐서 바른 데로 돌아가게 할 수 있겠는가?
내가 당시 아버지를 모시고 있어서 그 시말을 직접 목도했으므로 이 일을
퍽 자세히 알고 있다.[21]

<과정록>은 연암과 관계된 각종 자료들이 연쇄적으로 제시된 글이라 할
수 있다. 첫 번째 인용문은 자식들에게 다른 사람과 어울려 다양한 경험하기
를 강조하는 연암의 교육관을 드러내는 말인데 <과정록>에서는 세상사나
스스로에 대한 연암의 언급들이 빈번하게 나타나고 있다. 두 번째 인용문은
형님을 여의었을 때 연암이 자신의 심정을 드러낸 시를 인용한 부분으로
많은 글을 남긴 문장가인 만큼 <과정록>에서는 연암의 생각을 엿볼 수 있는
편지, 제문, 시 등을 적지 않게 인용하고 있다. 세 번째 인용문은 연암이 우스
갯소리를 자주 사용한 연유를 타자의 언급을 통해 밝힌 부분으로 연암의
주변 인물들이 남긴 평가나 회고담 또한 <과정록> 서술의 주요 원천이 되고
있다. 네 번째 인용문은 연암이 면천군수 시절에 천주교 신자를 타일러 깨우
친 일을 박종채가 목격담 형식으로 보고한 부분으로 필자의 증언 또한 <과정
록>의 자료로서 역할을 하고 있다.

이처럼 <과정록>은 전기의 서술 방법 측면에서 보면 대상 인물과 관련된
자료를 끊임없이 이어나가며 인물을 형상화하는 방식을 취하고 있다. <과정
록>의 주목은 대개 이러한 자료를 제시하는 형태로 이루어져 있으며, 이러한
것들이 하나하나의 조각이 되어 대상 인물의 전체 형상을 그리는 효과를
나타내고 있다. <과정록>을 보면 연암의 생애를 밝혀내기 위해 자료를 발굴

---

21   『나의 아버지 박지원』, 133면.

하고, 필요한 질문을 제기하며 집요한 취재를 이어나가는 저널리스트 같은 박종채의 모습을 발견하게 된다. 이를 통해 <과정록>에서 독자가 우선적으로 느끼게 되는 감정은 박종채가 축적한 연암과 관련된 방대한 자료에 대한 경탄이라 할 수 있을 것이다. 박종채는 <과정록>에서 독자에게 연암의 다양한 면모를 보여주기 위해 자료 위주의 서술을 통하여 자신의 창작 의도를 구현해낸 것으로 파악할 수 있겠다.

4.2. 극적 기법을 활용한 인물형상화

웨인 부스는 <소설의 수사학>에서 '보여주기'와 '말하기'를 서술 양식을 양분하는 방법으로 제시하고, 이는 서술자의 중립적 역할과 적극적 개입의 정도와 밀접한 연관을 맺고 있다고 주장하였다. 그는 기존에 강조되던 극적 제시 기법의 우위를 비판하면서 서술자의 논평적 진술과 극적 제시는 서사적 상황에서의 적합성 여부에 따라 효과가 달라질 수 있다고 지적하였다.[22] 이러한 관점에서 보면 박종채의 <과정록>은 극적 기법을 활용하여 연암이 지닌 면모를 잘 드러내는 장면을 부각하는 방법을 주로 활용하고 있다. 이는 필자가 대상 인물인 아버지에 대해 논평적 진술을 하기 어려운 상황을 반영한 결과로 여겨진다.

<과정록>에서 극적 기법을 활용한 인물형상화는 주로 연암이 관직에 진출한 1780년대 후반의 생애를 다루는 부분에서 본격화된다. 이전 시기를 주로 다룬 <과정록> 권1에서는 50여 년에 이르는 연암의 생애를 사실 관계 위주로 직접 제시하는 형태를 취하고 있는데 비해 권2부터는 극적 기법을 활용한

---

22   Wayne C. Booth 저, 최상규 역(1999), 『소설의 수사학』, 예림기획.

연암의 면모 부각이 두드러지고 있다.

> 안의현은 비록 조그만 산골마을이었지만 환곡(還穀)과 향곡(餉穀) 및
> 호조(戶曹)의 저치미(儲置米)가 총 9만여 휘나 되었다. 그러나 아전들이
> 부정과 농간을 부려 포흠(逋欠)이 날로 늘어났다. 아버지는 새로 부임하시
> 자 가까이에 있는 창고를 점검해보셨다. 그때 아버지는 아전들을 닦달해
> 곤궁에 몰아넣어서 될 일이 아니라고 판단하셨다. …… "이제 6만 휘나
> 되는 막대한 포흠을 적발하였거늘 오늘 당장 감영에 보고하여 관찰사가
> 임금님께 이 사실을 알린다면 형법에 의하여 처벌받게 될 것이다. 그렇게
> 되면 몇 개의 목이 달아나고 몇 개의 무릎뼈가 바스러져 앞에서 당장 결딴
> 나고 말 것임을 알렸다?" "예이." …… 포흠한 곡식을 다 갚고 장부를 완전
> 히 정리하던 날 뭇 아전들은 기뻐서 발을 구르고 춤을 추면서 이렇게 말했
> 다. "우리는 이제 살았다!"[23]

제시된 인용문은 연암이 안의현감으로 부임한 1791년 경의 일로 고을의
양곡 운영 실태와 관련된 일화를 다루고 있다. 여기에서 박종채는 연암이
고을 양곡과 관련된 아전들의 농간을 인식하고, 이를 추궁한 후 문제를 해결
해 나가는 과정을 하나의 완결된 서사로 구현해내고 있다. 안의현감으로 재
직하던 시기에 연암은 아들들에게 서간을 자주 보내 소식을 전했고, 박종채
가 가끔씩 안의현에 왕래했다고 추정이 가능하지만[24] 그가 인용된 장면을
직접 목격했다고 보기는 힘들다. 아마도 박종채는 안의를 방문한 시기에 위

---

23 『나의 아버지 박지원』, 81~85면.
24 연암이 큰아들에게 보낸 서간 내용을 보면 "초여름 보름에서 20일 사이 만일 다른 우환이
없거든 내려왔으면 좋겠다. 네 동생하고 같이 와도 좋고, 오고 싶어 하는 다른 사람이
있으면 함께 와도 무방하다."고 하여, 아들들이 안의현에 방문하기를 요청하고 있다. 자세
한 내용은 '박지원 저, 박희병 역(2005), 『고추장 작은 단지를 보내니』, 돌베개, 35면'
참조.

사건을 아버지인 연암에게 전해 듣고, 인용문에서 보듯이 연암과 아전의 대화를 제시한다든가 문제를 해결한 아전들의 모습을 묘사한다든가 하는 추론적 작업을 통해 장면을 서술한 것으로 판단된다.

극적 기법을 활용한 장면 구성은 박종채가 연암으로부터 직접 들은 것에만 의존하지는 않는다. 필자는 연암의 면모를 생생하게 드러내기 위해서라면 간접적으로 얻은 정보도 적극적으로 활용하는 모습을 나타내고 있다.

> 정해년(1767)에 할아버지 상을 당하셨다. 이전부터 할아버지는 병환이 위중하셨는데, 이 해 삼월 초이튿날에는 하마터면 돌아가실 뻔했다. 당시 아버지는 화로에서 약을 달이고 계셨다. 온 집안이 난리가 났지만 아버지는 돌아앉아 숫돌에 칼을 갈았다. …… 그런데 당시 이 일은 아무도 본 사람이 없고 아홉 살 난 나의 큰누이만이 곁에서 목도했다. 그러나 어려서 영문을 몰라 아버지께서 왜 그러시는지 알지 못하고 울음을 터뜨렸다. …… 당시 아버지는 남들이 그 일을 알기를 바라지 않아 다친 곳을 감싸매지 않고 손을 꼭 움켜쥔 채 며칠동안 다니셨는데, 그 사이 상처는 저절로 아물었다.[25]

제시된 인용문은 <과정록> 권1에 나오는 것으로 연암이 부친인 박사유가 병환 중일 때 탕약에 손가락의 피를 흘려 넣어 차도가 있게 했다는 내용을 담은 일화에 해당한다. 앞서 언급한 것처럼 연암 생의 초반 50여 년의 시간을 다루는 권1에는 대부분의 서술이 사실 관계를 요약적으로 설명하는 경향을 보인다. 그러나 여기에서도 필자는 연암의 면모를 특징적으로 드러내고 싶은 부분이 있으면 인용문처럼 극적 기법을 활용하는 양상을 나타내고 있다. 인용문의 일화는 박종채가 태어나기 13년 전의 일이지만 필자가 이후에 관련

---

25 『나의 아버지 박지원』, 27~28면.

사건을 큰누이에게서 전해 들었고, 당시 상황을 추론하여 장면화한 것으로 추측할 수 있다.

이처럼 <과정록>에는 극적 기법을 통해 장면화된 연암 관련 일화들이 빈번하게 제시되고 있다. 이는 우선 조선후기 산문 양식의 변화된 경향에 따른 것으로 파악할 수 있다. 조선후기 전의 변모 양상을 살펴본 연구에 의하면 전 양식은 시대의 흐름에 따라 소설적 성향을 강화한 것으로 나타났다고 한다. 이는 전통적인 전이 자료의 범위 내에서 소극적으로 상상력을 발휘하는 데 그쳤다면 조선후기 전은 세부의 허구적 재현, 대화의 확장 등을 통해 작자의 허구적 상상력의 개입을 확대해 나갔다는 것이다.[26] <과정록>에서 박종채는 이러한 조선후기 전의 변화된 경향을 적극적으로 반영하여 연암의 성격과 면모를 독자에게 실감나게 전달하고 있다.

또한 이러한 장면화 전략의 활용에는 연암의 특정한 면모를 부각시키고자 하는 박종채의 집필 의도가 내재한 것으로 파악할 수 있다. <과정록>에서 장면화 전략이 주로 나타나는 곳은 연암이 관리로서 백성들을 위해 역량을 발휘하거나 유교적 가치를 수호하는 부분에 집중되어 있다. 이는 필자가 독자들에게 연암이 백성들을 위해 관리로서 책무를 다하고 당대의 가치 규범에 철저한 인물이었음을 강조하려는 목적을 띤 것으로 여겨진다. 박종채의 이러한 시도는 자신이 원하는 연암의 풍모를 독자에게 효과적으로 전달하고자 하는 의도에 따른 것으로 <과정록>에서는 이를 통해 소기의 성과를 거둔 것으로 판단된다.

---

26 박희병(1993), 같은 책, 95~103면.

4.3. 상황 맥락에 따른 거리 조정

연암은 18세기 조선 사회에 큰 영향을 끼치고 사회적 논쟁의 중심에 섰던 인물이라 할 수 있다. 벌열 가문의 일원으로 태어났지만 양반의 허위의식을 비판하는 저작들을 창작하고, 문장론에 있어 새로움을 강조하는 법고창신을 주창함으로써 사회적 논쟁을 낳기도 하였다. 이러한 이유로 당대에 많은 이들이 연암이 궤변인 우언과 해소를 써서 세상을 농락하고 조롱한다고 비난하였다.[27] 이런 점에서 보면 연암의 삶은 공적인 측면이 강조될 수밖에 없는 특수성을 지니며, 박종채는 <과정록>을 저술할 때 연암에 대한 사회적 평가를 염두에 두었을 것으로 여겨진다.

<과정록>을 살펴보면 전반적으로 박종채는 아버지의 삶을 평하는 데 있어서 직접적인 언급을 자제하는 태도를 취하고 있다. 이는 아버지의 인품이나 행동을 평가하기 어려운 아들의 입장에 의한 자연스러운 행위로 인식할 수 있다. 그러나 <과정록>은 한 인간의 생애 전체를 다루는 전기 문학에 해당하기 때문에 대상 인물에 대한 논평을 피하기는 어렵다. 박종채는 이와 관련해 크게 세 가지 방법을 활용하고 있는 것으로 파악된다.

먼저 박종채는 <과정록>에서 연암에 대한 논평을 자제하는 대신에 연암 본인이나 타자의 언급을 활용하는 양상을 보이고 있다. 이는 필자가 대상 인물의 자평이나 주변 인물의 입을 빈다는 점에서 '대신 말하기' 전략이라 할 수 있을 것이다.

그리하여 한번 누구를 위선적이거나 비루한 자로 단정하시면, 그 사람

---

27 정재철(2017), 「연암 문학에 대한 당시대인의 인식」, 『열상고전연구』 57, 열상고전연구회, 57~61면.

을 아무리 정답게 대하려고 해도 마음과 입이 따라주지 않았다. 한번은
이런 말씀을 하셨다. "이것은 내 기질에서 연유하는 병통이라 고쳐보려고
한 지 오래지만 끝내 고칠 수가 없었다. 내가 일생 동안 험난한 일을 많이
겪은 것은 모두 이 때문이었다."[28]

죽촌(竹邨) 이공(李公 : 이우신)이 언젠가 이런 말을 했다고 한다. "지금
사람은 연암 어른의 문장을 알지 못하고들 있소이다. 그 어른은 대상의
모습을 핍진하게 그렸으며 진부한 말을 절대 쓰지 않아요. …… 하지만
시간이 흐르면 흐를수록 더욱더 그 글을 알아주는 사람이 나올 거외다.
더군다나 그 글은 실용적인 면에 힘썼으니 후세에 가장 오래도록 전해질
겁니다."[29]

첫 번째 인용문은 연암이 자신의 성격에 대해 스스로 언급한 내용을 담고
있다. 여기에서 연암은 자신이 특정 인물에 대해 부정적 판단을 내리면 그것
을 숨기지 못해 화를 자초했다는 자평을 하고 있다. 보기에 따라서 유연성이
나 융통성이 부족하다는 성격적 단점으로 인식될 수 있는 부분으로 박종채는
연암의 말을 직접 제시함으로써 독자에게 그 판단을 맡기고 있다. 두 번째
인용문은 연암의 글에 대한 타자의 평가를 제시한 부분으로 <과정록>에서
연암에 대한 평가는 이처럼 대부분 타자의 언급으로 이루어지며 박종채는
이를 통해 객관성을 확보하려는 의도를 드러내고 있다. 또한 타자 가운데는
정조나 순조와 같은 국왕의 언급도 제시함으로써[30] 평가의 권위도 확보하려
는 모습을 나타내고 있다.

---

28 『나의 아버지 박지원』, 174면.
29 『나의 아버지 박지원』, 252~253면.
30 효명세자나 순조의 평가는 글의 마지막인 추기에 제시되어 필자의 저술 의도를 명백히
    하는 효과를 나타내고 있다. 관련 내용은 『나의 아버지 박지원』, 270~271면.

다음으로 박종채는 연암을 향한 사회적 비난에 대해서는 적극적인 변호의 자세를 취하고 있다. 연암은 당대 지배층에 대한 비판적 시각을 나타낸 여러 저작들을 창작하고, 북학론으로 대변되는 이용후생의 학문적 경향을 보임으로써 세상을 조롱한다거나 오랑캐의 습속을 숭상한다는 등의 비난을 받았다. 박종채는 연암의 생애에 대한 일반적인 평가는 대신 말하기의 방법을 활용했지만 부당하다고 인식하는 사회적 비난에 대해서는 자신의 생각을 드러내고 있다.

> 여행의 도정을 기록한 글로는 「도강록」(渡江錄)으로부터 「환연도중록」(還燕途中錄)에 이르기까지 여러 편의 글들이 있다. 이들 글에서 아버지는 지나온 길을 기록하는 한편 산천, 성곽, 배와 수레, 각종 생활도구, 저자와 점포, 서민들이 사는 동네, 농사, 도자기 굽는 가마, 언어, 의복 등 자질구레하고 속된 것을 가리지 않고 모두 기록하여 하나도 빠뜨리지 않으려 했다. 대개 풍속이 다름에 따라 보고듣는 게 낯설었으므로 인정물태(人情物態)를 곡진히 묘사하려다 보니 부득불 우스갯소리를 집어넣을 수밖에 없었다. …… 그러나 『열하일기』의 독자들은 이 책의 본질을 알지 못한 채 대개 기이한 이야기나 우스갯소리를 써놓은 책 정도로만 인식하고 있다. 비록 자신이 이 책의 애독자라고 자부하는 사람들조차도 이 책의 진수를 깊이 파악하고 있는 건 아니다. 그러므로 지계공은 아버지 제문에서 이렇게 쓰셨다. …… 아아, 이들이 어찌 우리 아버지를 제대로 알았다 하겠는가! 나는 이를 비통하게 생각한다.[31]

인용문은 연암의 대표적 저작인 『열하일기』와 관련된 사회적 비난에 대해서 박종채가 자신의 생각을 밝히면서 연암의 입장을 변호하는 부분에 해당한

---

31 『나의 아버지 박지원』, 48~49면.

다. 즉 우스갯소리로 세상을 조롱한다는 비난에 대해서는 인정물태를 드러내기 위한 불가피한 선택이었음을 밝히고, 역으로 당대의 독자들이 『열하일기』의 진수와 연암의 의도를 제대로 읽어내지 못한다는 비판적 입장을 드러내고 있다. 박종채의 이러한 의견 개진은 <방경각외전>의 9편의 작품이나 오랑캐의 연호를 쓰고 그 습속을 숭상한다는 세간의 비난 등에 대해서도 유사한 방식으로 나타나고 있다.

마지막으로 박종채는 <과정록>에서 연암의 삶에 대해 아들로서 지닐 수밖에 없는 안타까운 감정을 표출하는 방식을 활용하고 있다. 이는 주로 연암이 자신의 경륜을 마음껏 펼치지 못했다거나 의도했던 저술 활동을 마무리하지 못했다거나 아버지가 남긴 자료들을 제대로 보존하지 못했다고 자책하는 부분에서 두드러지게 나타난다.

> 아아! 세상을 경륜하고 구제하는 학문을 지닌 아버지께서 글을 숭상하는 임금님을 만났으니, 만약 경신년(1800)에 임금님께서 돌아가시지 않아 아버지로 하여금 서국(書局)에서 책을 저술케 하는 임무를 맡기셨다면 백성의 삶에 도움이 되는 방안을 강구하여 태평성대의 문헌으로 남긴 것이 어찌 이처럼 적막한 데 그쳤겠는가. 아아! 애통한 일이다.[32]

> 훗날 아버지는 벼슬에서 물러나 연암골에 다시 들어가 당시의 글들을 꺼내보셨는데 이미 눈이 너무 어두워져서 잔 글씨를 알아보실 수 없었다. 아버지는 슬피 탄식하시며 말씀하셨다. "안타깝구나! 벼슬살이 10여 년에 좋은 책 하나를 잃어버리고 말았구나." 이윽고 또 이렇게 말씀하셨다. "세상에 도움도 되지 않고 사람 마음만 어지럽힐 테지." 마침내 시냇물에 세초(洗草)해 버리게 하셨다. 슬프다! 우리들이 그때 곁에 모시고 있지 못한

---

32 『나의 아버지 박지원』, 143면.

탓에 그 글을 챙기지 못했으니.[33]

첫 번째 인용문은 정조의 급작스러운 죽음으로 연암이 자신의 뜻을 펼칠 수 있는 기회를 잃은 것과 관련된 내용을 담고 있다. <과정록>에서 박종채는 연암에 대한 정조의 각별한 관심과 연암의 정조에 대한 충심을 공들여 서술하고 있는데, 여기에서는 정조의 죽음으로 연암이 경륜을 펼칠 기회를 상실한 것에 대해 자식으로서 느끼는 애통한 심정을 토로하고 있다. 두 번째 인용문은 연암이 벼슬살이 전에 기록해 둔 자료를 끝내 글로 엮지 못하고 세초해 버린 일과 관련된 내용이다. 박종채는 그 당시에 자신이 곁에 없어서 연암의 원고를 지키지 못한 것에 대해 아쉬운 심정을 슬프다는 말로 표출하고 있다. <과정록>을 지배하는 주된 정서는 연암의 못다 펼친 경륜과 유실되거나 미완된 저작들에 대한 아쉬움이라 할 수 있는데, 박종채는 해당 부분에서 이런 심정을 적극적으로 표현하는 모습을 나타내고 있다.[34]

<과정록>에서 박종채는 연암의 삶을 평가하는 거리 조정과 관련해 세 가지 방법을 활용하고 있다. 먼저 연암의 생애에 대한 전반적인 평가는 주로 타자의 말을 빌린 '대신 말하기'를 활용하나 그에 대한 부당한 비난은 필자가 적극적으로 변호하는 방식을 취하고 있다. 또한 연암의 삶에 대한 안타까운 심정은 직접적인 정서 표출을 통해 자식으로서의 입장을 분명히 드러내고 있다. 즉 <과정록>에서 박종채는 상황 맥락에 따라 서로 다른 세 가지 접근법을 활용함으로써 대상 인물과 관련된 필자의 자기 노출과 거리두기를 적절히 조정해 나간 것으로 판단된다.

---

33 『나의 아버지 박지원』, 45~46면.
34 <과정록>의 마지막 조목이 연암이 계획했으나 저술하지 못했던 『삼한총서』와 관련된 사항으로 마무리 되는 것은 이러한 심정을 대변하는 것이라 할 수 있겠다.

5. 맺음말

본고에서는 쓰기 행위가 필자 자신에게 의미를 줄 수 있는 가치적 측면에 주목하여 이를 실현하는 방안의 하나로 부모 전기 쓰기를 제안하고 그 방법을 탐구하고자 하였다. 이를 위해 전통적 글쓰기에 주목하여 부모 전기 쓰기의 전범 텍스트로 평가받는 박종채의 <과정록>을 대상으로 여기에 나타난 글쓰기 방법을 분석하였다. <과정록>을 분석하기 위해서 전기 쓰기를 수행할 때 필자가 일반적으로 부딪치게 되는 자료 선택과 배제, 인물형상화, 대상 인물과의 거리 조정 측면을 중심으로 박종채가 이를 어떻게 해결해 나가는지를 살펴보았다.

박종채는 <과정록>에서 연암의 풍모를 독자들에게 전달하기 위하여 사소한 자료라도 놓치지 않고 수집해 제시하고자 하는 모습을 나타내었다. 그 결과 <과정록>은 자료의 연쇄적 제시를 통해 연암의 다양한 면모를 충실하게 보여주는 효과를 거두고 있다. 이는 전기의 기본적 목적이 대상 인물의 삶을 독자들에게 충실히 전달하는 데 있음을 고려하면 부모 전기 쓰기를 수행하는 현대의 필자들도 유념해야 할 부분이라 생각된다. 또한 <과정록>에서 박종채는 독자들에게 연암의 면모를 생생하게 전달하기 위해 극적 기법을 활용한 장면화 전략을 자주 활용하고 있다. 전기문이 단순한 연대기적 사실의 나열이 되지 않기 위해서는 인물의 면모를 실감나게 만드는 장면화 기법이 효과적으로 사용되어야 하는데, 박종채는 독자들에게 각인시키고 싶은 연암의 특징한 면모를 이를 활용해 제시함으로써 집필 의도를 실현하고 있다. 마지막으로 박종채는 전기에 요구되기 마련인 대상 인물에 대한 논평을 상황 맥락에 따른 거리 조정하기를 통해 수행하고 있다. 즉 박종채는 연암에 대한 직접적인 논평은 타자의 언급을 빌어 서술하되 부당한 비난에 대해서는 적극적으로 변호하고, 자식으로서 느끼는 감정은 숨기지 않고 표출하는 방법을 활용하고 있다. 부모의 삶에 대한 평가적 언급이 현대의 필자에게도 쉽지 않은 상황임을 고려하면 <과정록>에 나타난 거리 조정의 방법은 오늘날에도 적용 가능성이 높다고 판단된다.

박종채의 <과정록>은 연암 박지원이라는 공적 위상을 지닌 인물을 다루고 있고, 부모 자식 간의 관계에 대한 인식이나 인물의 삶을 서술하는 쓰기 관습 등이 오늘날과 달라서 현대의 부모 전기 쓰기에 이를 그대로 적용하는 것은 무리가 있다. 그러나 현대의 부모 전기 쓰기가 자식인 필자의 입장에 치중해 부모의 삶을 서술하는 경향이 있다는 점을 고려하면 <과정록>은 이를 성찰하고 인식의 지평을 넓게 만드는 계기가 될 수 있을 것이다. 또한 부모의 삶을 서술한다는 공통적인 과제를 생각하면 시대적·문화적 관습의 차이에도 불구하고 박종채가 <과정록>에서 활용한 글쓰기 방법들은 현대의 필자에 의해 창조적으로 적용될 수 있으리라 기대한다.

Ⅱ. 근대의 어문 운동과 의사소통 교육

근대 토론의 탄생과 국어교육적 의의
─ 협성회 토론과 독립협회 토론을 중심으로

1. 언어 민주주의와 토론 교육의 문제

국어교육의 사회적 역할과 관련하여 그 목표를 언급할 때 강조되는 요소로 민주시민으로서의 소양을 갖추도록 한다는 명제가 있다. 이는 국어교육을 통해 학생들이 공동체의 문제에 관한 의사소통 과정에 적극적으로 참여하고 합리적인 해결책을 모색하는 태도를 기르도록 한다는 의미를 담고 있다. 이는 2022 개정 국어과 교육과정에서도 그대로 이어져 "민주시민으로서 의사소통에 적극적으로 참여하여 개인과 공동체의 문제를 해결한다."는 서술로 명시되어 있다. 이처럼 언어활동을 통해 민주적 의사결정과정에 참여하는 태도를 기르는 것은 국어교육의 중요한 목표로 자리하고 있다.

이러한 상황을 고려하면 자연스럽게 '현재의 국어교육이 학생들이 민주시민의 자질을 갖추도록 제대로 교육하고 있는가?'라는 질문을 떠올리게 된다. 이와 관련해 한 연구에서는 국어교육과 언어 민주주의의 관계를 논하면서 국어교육이 학생들을 언어의 주체로 활동하도록 교육하고 있는지를 묻고

그동안의 국어교육이 언어 민주주의를 소홀히 하였다는 비판적 인식을 드러
내었다.[1] 본고는 이러한 문제의식에 공감하면서 국어교육이 학생들에게 민주
시민으로서의 역량을 갖추도록 만들기 위해 어떠한 교육적 접근을 해야 하는
지 그 방향을 모색해 보고자 한다.

국어교육에서 언어 민주주의 교육과 가장 밀접하게 관련된 분야는 화법
교육이라 할 수 있다. 민주주의 사회는 다양한 사회 집단과 구성원들 사이에
서 발생하는 갈등을 합리적인 의사소통 과정을 통해 조정하고 해결하는 것을
본질로 하고 있다. 화법 교육의 중요한 부분인 집단 화법은 이와 직접적으로
연계되어 있으며, 특히 토론은 참여자가 찬반 입장을 토대로 동등한 위치에
서 사회적 문제를 다룬다는 점에서 민주적 의사소통의 핵심을 이루고 있다.
본고에서는 민주주의 사회에서 토론이 지닌 사회적 가치와 역할에 주목하여
토론 교육의 올바른 방향성을 살펴보고자 한다.

현재의 토론 교육 양상을 살펴볼 때 문제가 되는 것은 토론 교육이 소수의
학생들이 참여하여 논증 대결을 벌이고 그 결과로 승패를 가리는 방식에
치중하고 있다는 점이다. 이는 대회식 토론 모형을 기반으로 한 경쟁 구도를
바탕으로 하고 있으며 이로 인해 학생들은 토론을 논리 게임으로 인식하는
경향이 강해지고 있다. 이러한 경향은 대다수 학생들에게 토론을 어려운 것
으로 여기게 만들고, 토론이 본래 가지고 있던 공론 논의의 장으로서의 성격
을 약화시킬 위험이 있다.

본고에서는 이러한 문제를 해결하기 위하여 근대적 형식의 공적 말하기가
도입되기 시작했던 근대계몽기[2]에 서구의 토론 형식을 수용하여 우리 사회

---

1 김종철(2004), 「국어교육과 언어 민주주의」, 『국어교육』 115, 한국어교육학회, 1~22면.
2 1876년 개항 무렵부터 일본에 병합되는 1910년까지의 시기를 이르는 용어로는 구한말,
   개항기, 개화기, 애국계몽기 등의 용어가 사용되고 있으며 여기에는 시기나 개념 등에

의 소통 문화를 혁신하고자 했던 시도들을 살펴보고 이에 내재한 국어교육적
의미를 분석하고자 한다. 근대계몽기는 우리 사회의 전 분야에서 봉건사회의
구습을 타파하고 신문물을 수용(受容)하기 위해 치열한 노력을 전개해나간 시기이
다. 이는 의사소통 분야에서도 마찬가지여서 이 시기에는 신분제를 기반으로
한 소수 지배층의 폐쇄적 의사결정 구조가 붕괴되고 이를 대신하기 위해
시민의 참여를 기반으로 한 개방적 소통에 대한 욕구가 분출되기 시작했다.

이러한 시대적 분위기에 발맞춰 우리 사회에 근대적인 공적 말하기의 대
표 형식인 토론을 도입하고 이를 확산시키려는 노력이 협성회와 독립협회에
의해 이루어졌다. 본고에서는 이들이 우리 사회에 토론 문화를 정착시키기
위해 어떠한 노력을 기울였는지 살펴보고, 이들의 시도가 지닌 국어교육적
의의를 조명하여 이것이 오늘날의 토론 교육에 어떠한 시사점을 줄 수 있는
지 분석하고자 한다. 이러한 작업을 통해 사회적 역할의 측면에서 토론 교육
에 대한 인식 지평을 넓히고, 학생들의 주체적인 참여와 소통에 기반을 둔
토론 교육이 강화될 수 있기를 기대한다.

2. 근대계몽기 토론의 사적 전개 과정

우리나라에서 근대적 방식의 토론이 시작된 것은 서재필의 지도 아래 배
재학당의 학생들을 중심으로 조직되었던 협성회(協成會)에 의해서이다. 배재

있이시 몇 가지 문세섬이 나타나고 있다. 본고에서는 이 시기 우리 사회가 지향했던
시대적 목표와 양상을 잘 드러내고 있다는 점에서 '근대계몽기'라는 용어를 사용하고자
한다. 이와 관련된 논의는 '이윤상(2006), 「한말, 개항기, 개화기, 애국계몽기」, 『역사비
평』 74, 역사비평사, 300~304면' 참조 바람.

학당은 1885년 미국의 선교사 아펜젤러가 서울 정동에 설립했던 최초의 근대
식 학교로 고종이 교명을 지어 현판을 하사하고 정부에서 학생들의 교육을
의뢰할 정도로 인정을 받은 교육기관이었다. 당시 학생들의 나이는 대부분
20세 이상으로 신분상으로는 일찍 개화한 선비 집안이나 영어를 배워 관직
으로 진출하려는 중인층의 자제가 대부분이었다. 협성회는 배재학당에서 서
구 문화를 강의하면서 학생 토론을 지도하던 서재필이 본격적인 토론회 개최
를 위해 양홍묵, 주시경, 이승만 등을 주축으로 조직한 우리나라 최초의 학생
조직에 해당한다. 협성회는 활발한 토론회 활동을 통해 이후 협성회 회보와
매일신문 발행과 같은 언론 활동, 가두연설회 등을 통한 민중계몽 운동을
수행하고 독립협회의 중심 세력으로 성장하는 성과를 거두었다.[3]

협성회는 창립일인 1896년 11월 30일에 "국문과 한문을 섞어 씀이 가함"이
라는 논제를 가지고 1회 토론회를 개최하였으며 1898년 7월 2일에 열린 50회
토론회를 끝으로 중단되었다. 토론회 논제는 처음에는 학생복장, 여성교육,
체육교육 등 학생과 직접적으로 관련되는 내용이 많았지만 점차 정치, 경제,
사회 전반으로 확대되는 양상을 나타내었다.[4] 협성회는 창립 후 매주 토요일
오후 2시에 배재학당에서 토론회를 개최하였고, 방청을 완전히 개방하여 국
민들의 참여를 유도하고 회원이나 찬성원으로의 가입을 통해 그 영향력을
확대해 나갔다.[5] 그 결과 협성회의 토론회는 횟수를 거듭할수록 대성황을
이루어 토론회가 열리는 날 배재학당의 운동장은 초만원 상태가 되었다.[6]

협성회의 토론회 성공은 근대계몽기에 큰 위상을 지녔던 단체인 독립협회

---

3   윤성렬(2004), 『도포 입고 ABC 갓쓰고 맨손체조』, 학민사, 15~22면·155~174면.

4   전영우(1991), 『한국 근대 토론의 사적 연구』, 일지사, 104~109면.

5   협성회(2022), 『협성회회보 믹일신문』, 한국학자료원, 25면.

6   윤성렬(2004), 같은 책, 157면.

의 토론회 개최에 영향을 미치게 되었다. 독립협회는 창립 초기에 독립문 등의 건립을 위한 고급·중견 관료들의 실무적 모임으로서 성격을 가졌는데, 협성회 토론회의 성공에 자극을 받은 서재필과 윤치호의 주도로 토론회 조직을 결정하면서 변화된 모습을 보였다.[7] 독립협회는 1896년 7월의 창립에서 1898년 12월의 해산에 이르는 시기 동안 고급관료주도기, 민중 진출기, 민중 주도기, 민중 투쟁기의 4단계 발전 과정을 보인 것으로 파악되는데 제2기인 민중 진출기에(1897.8.~1898.2.) 토론회를 통해 확고한 대중적 기반을 형성하고 단체의 성격을 근본적으로 탈바꿈시킨 것으로 평가받는다.[8]

독립협회는 1897년 8월 29일 독립관에서 "조선의 급선무는 인민의 교육"을 논제로 하여 1회 토론회를 개최하였고 이후 토론회 참가자와 방청인 수가 계속 증가하여 8회 토론회부터는 약 500여명이 참가하기에 이르렀다. 독립협회의 토론은 1898년 12월 3일까지 34회에 걸쳐 진행되면서 큰 성공을 거두었는데, 그 시기적 특성은 두 부분으로 구분할 수 있다. 전기 토론회는 1회부터 20회까지로(1898.8.26.) 이 시기에는 주로 계몽적 논제를 중심으로 논의가 전개되었으며 토론회를 통해 사회적 과제를 파악하고 공동의식을 형성해 나간 것으로 파악된다. 후기 토론회는 21회 토론회부터(1898.2.13.) 마지막 토론회까지로 이 시기에는 자주독립과 관련된 논제를 중심으로 논의가 전개되었고 토론회에서 검토된 사항이 만민공동회 안건으로 이전되고 자주민권자강운동의 대중적 지반을 형성하는 역할을 수행했다.[9]

근대계몽기에 협성회에 의해 시작되고 독립협회에 의해 발전된 토론회는

---

7   이황식(2007), 「근대 한국의 초기 공론장 형성 및 변화에 관한 연구」, 『사회이론』 32, 한국사회이론학회, 17~18면.
8   신용하(2006), 『신판 독립협회 연구(상)』, 일조각, 117~135면.
9   위의 책, 322~337면.

1898년 2월 경성학당 등의 학생들이 결성한 단체인 광무협회에 수용되면서 확산되기 시작했다.[10] 이를 필두로 토론회는 다른 모든 개화 운동 단체와 애국 계몽운동단체에 도입되면서 우리 사회에 하나의 제도로서 정착하게 되었다.[11] 이와 같은 과정을 통해 근대계몽기에 도입된 토론회는 청년 지도자 발굴 및 양성, 대중의 여론 결집, 정치적 공론 형성에 기여함으로써 우리 사회에 이전에는 존재하지 않았던 근대적인 공론장을 형성하는 성과를 가져오게 되었다.[12]

3. 근대계몽기 토론의 국어교육적 의의

3.1. 근대계몽기 토론의 사회문화적 가치

근대계몽기에 토론회가 도입되고 본격화되기 이전인 봉건사회에서도 공론 형성을 위한 제도적 장치와 노력이 존재하였다. 이는 일찍이 언론의 중요성을 인식한 유가 사상에 의해 발전되었는데 유가에서는 왕은 신하들의 보좌를 받아서 당대의 올바른 견해인 공론에 따라야 한다는 관념이 형성되어 있었다. 주자는 무엇이 옳은가에 대해서는 충분하고 자유로운 논의가 필요하며 군자는 공론 형성에 참여해야 할 의무가 있다고 보았다. 이를 실현하기 위해 조선 시대에는 대간제(臺諫制)와 경연제(經筵制) 등을 두었으며 신하들은 상소나 경연 참여 등을 통해 자신들의 의견을 개진하였다.[13] 이러한 중세의

---

10 협성회(2022), 같은 책, 26~27면.
11 신용하(1989), 「(자료 해제)독립협회 토론회 규칙」, 『한국학보』 55, 일지사, 310면.
12 김용직(2006), 「개화기 한국의 근대적 공론장과 공론 형성 연구」, 『한국동북아논총』 38, 한국동북아학회, 343~348면.

공론 논의는 치열한 양상을 보여주었지만 그 주체가 사대부로 대변되는 지배
층에 한정됨으로써 근본적인 한계를 지닐 수밖에 없었다.

우리 사회에 근대적 의미의 공론장이 마련되고 토론 문화가 형성되기 시
작한 것은 서재필의 노력에 의한 바가 크다. 서재필은 갑신정변의 주역 중
한 사람으로 정변 실패 뒤 미국으로 망명해 10여 년 동안 노동과 학업을
병행하며 미국 사회와 교육 제도 등을 경험하였다. 그는 갑신정변의 실패를
통해 민중의 동의가 없는 급진적인 정책은 실패할 수밖에 없다는 것을 깨닫
고 계몽과 교육을 통해 후진을 양성하고 개화 정책을 성공시키려는 목적을
가지고 귀국했다. 이를 위해 서재필은 1896년 4월의 독립신문 발간과 7월의
독립협회 조직이라는 중요한 과제를 수행하는 도중에도 5월부터 배재학당
학생들을 대상으로 서구 사회의 정치 및 문화와 관련된 강의를 진행하였다.
그는 민주적 정치 제도와 시민 문화를 교육의 중점에 두면서 이를 실현하기
위한 방안으로 연설과 토론을 핵심으로 여겼다.[14]

이처럼 근대계몽기의 협성회와 독립협회의 토론회는 아래로부터의 변화
를 목표로 한 거대한 교육적 기획의 성격을 띠고 시작되었으며 변화를 바라
는 시대적 분위기와 맞물려 큰 성공을 거두었다. 여기서 중요한 점은 토론회
의 성과가 이를 기획한 단체나 일부 지식인들의 영역에 한정되지 않고 사회
적으로 확산되면서 우리 사회에 근본적인 변환을 가져왔다는 것이다.

우선 근대계몽기 토론회의 성과에서 주목할 점은 2년여의 짧은 실행 기간
에도 불구하고 우리 사회에 수준 높은 토론 문화를 형성하였다는 것이다.
하버마스에 따르면 서구 사회에서 근대적 공론장의 형성은 부르주아 계급의

---

13   김영수(2015), 「조선 시대 언론의 공정성 : 공론 정치론과 그 한계」, 『정치와 평론』 17,
     한국정치평론학회, 4~12면.
14   이황직(2020), 『서재필 평전』, 신서원, 112~138면.

발달과 함께 17~18세기 커피하우스나 살롱을 무대로 한 사적 개인들 간의
자유로운 소통에서 발생되었다고 한다. 여기에서 시민들은 정치적 문제에
대해 비판적이고 합리적인 토론을 수행하였으며 이러한 내용이 팸플릿 신문
등에 게재됨으로써 사적 의지가 공론으로 변화되고 여론을 형성하는 과정을
경험하였다고 한다.[15] 우리의 경우 서구 사회와 같은 순차적인 발전 단계를
거치지 못했음에도 불구하고 외세의 침탈과 그로 인한 민족적 위기의식으로
인해 짧은 시간 동안 괄목할 만한 성과를 보여주었다.

> 오후 3시에 배재학당의 졸업식을 보러 새 유니온 교회로 갔는데, 졸업
> 식은 아직 끝나지 않은 상태였다. 넓은 강당이 학생과 방문객들로 가득
> 찼다. 미국과 영국의 외교관들도 참석했다. 조선 정부의 각부 대신들도
> 있었다. …… 조선 독립에 관한 영어 연설은 훌륭했다. 하지만 청중들이
> 가장 좋아했던 것은 동양의 국가들이 서양의 문물을 받아들일 때 왔는
> 가라는 질문에 대한 열띤 논쟁이었다. 그렇다라고 대답한 측이 논쟁에서
> 이겼다.[16]

> 그 목적은 유용한 정보를 확산하고 관료 계급 사이에 우정을 쌓는 것이
> 다. 협회 회원들이 서로에게 나타내는 친절과 예의의 정신과 고상한 토론
> 의 성격은 이것이 달성되고 있다는 인상을 준다. …… 회장이 토론의 논제
> 가 "노비 제도는 도덕적 정치적으로 범죄이며 용납되어서는 안 된다"라고
> 알렸다. 토론은 가장 위엄 있는 방식으로 진행되었다. 찬성 측은 모든 것이
> 자기 뜻대로 되는 것처럼 보였지만, 반대 측은 토론이 부전승으로 흘러가
> 도록 내버려두지 않았다. 반대 측의 주요 논거는 그러한 도움이 필요한
> 제도이고 노비 제도는 도움의 한 형태일 뿐이라는 것이었다. …… 그런

---

15 조맹기(2007), 「하버마스의 공론장 형성과 그 변동 : 공중의 생활 세계를 중심으로」, 『한
    국소통학보』 8, 한국소통학회, 83~88면.
16 박미경 역(2016), 『국역 윤치호 영문 일기 4』, 국사편찬위원회, 72~73면.

다음 판정은 만장일치로 찬성 측의 승리로 끝났고 동의에 의해 찬성 측에
투표한 사람은 자신이 속박하고 있는 노비들을 해방시킬 의무가 있다고
결정되었다. 토론의 결과는 광범위했다. 적어도 백 명의 노비들이 그날
토론의 결과로 자유를 얻었다고 자신 있게 단언한다.[17]

첫 번째 인용문은 독립협회 토론회 결성에 결정적 역할을 하였던 윤치호
가 1897년 7월 8일에 열린 배재학당의 졸업식에 참석한 뒤 기록한 내용에
해당한다. 당시 졸업식에서는 한문 공개 암송, 영어 강독과 번역, 영어 연설
등 다양한 행사가 벌어졌는데 협성회의 토론회는 사람들에게 가장 주목을
받을 정도로 호응을 얻었다고 한다. 두 번째 인용문은 1897년 10월 31일에
아펜젤러가 독립협회의 8회 토론회를 참관하고 남긴 기록에 해당한다. 그는
토론회를 지켜본 뒤 이와 관련해 "고상한(elevated)", "위엄 있는 방식(dignified
manner)" 등의 수식어를 사용해 서술하면서 토론회에 나타난 진지한 분위기
와 사회적 파급력에 대해 감탄하는 모습을 보였다. 이처럼 근대 계몽기의
토론회는 짧은 실행 기간에도 불구하고 사회적으로 큰 관심을 불러일으키고
외국인들에게도 수준을 인정받을 정도로 성숙한 모습을 보였다.

다음으로 근대계몽기 토론회의 성과로 주목할 만한 사항은 토론회가 시대
적 과제를 주도하면서 근대적인 국민 참여를 이끌어내었다는 것이다. 근대계
몽기 토론회는 전반부에는 구습을 타파하고 국민을 깨우치기 위한 논제를
중심으로 진행되었지만 1898년 들어 외세의 간섭과 이권침탈이 노골화되면
서 자강독립의 시대정신을 대변하는 양상으로 전개되기 시작했다. 독립협회
의 23회 토론회에서는(1898.3.6.) 외국 세력의 토지 점유에 대한 문제를 논제
로 토론을 진행하였는데, 이러한 논쟁을 이어받아 종로에서 1차 만민공농회

---

17 The Korean Repository, Nov 1897, pp.437~438.

(1898.3.10.)가 개최되었고 만 명에 이르는 사람들의 참여로 러시아와 일본의 이권 침탈을 저지하는 성과를 거두었다.[18] 또한 독립협회는 25회 토론회에서 (1898.4.3.) "의회원을 설립하는 것이 정치상에 제일 긴요함"이라는 논제로 토론을 진행함으로써 근대적 정치 체제의 성립을 위한 운동을 전개하기 시작했다. 이는 민주적 절차에 의한 정치적 의사 결정을 제도화하기 위한 목적으로 독립협회, 개혁파 관료, 국민들이 합심하여 진행한 변혁 운동으로서 성격을 지니고 있지만 고종을 위시한 수구파의 저지로 실패하고 말았다.[19] 이처럼 근대계몽기의 토론회와 이에 기반한 사회 운동은 의회 설립이라는 제도화된 토론의 최고 형식을 도입하는 데에는 실패하였지만 시대적 과제에 충실히 대응하면서 토론회의 논쟁과 국민 참여, 사회 변화로 이어지는 근대적 정치 문화의 성립을 가능하게 만든 가치를 지니고 있다.

근대계몽기의 토론회는 민주적 의사 결정 체제를 우리 사회에 도입하려는 교육적 기획의 의도에서 시작되어 짧은 기간에도 불구하고 토론 문화를 성숙시켰으며 사회 변혁 운동으로 발전하여 국민적인 참여를 이끌어내는 매개체가 되었다. 이와 같은 근대계몽기 토론의 성과는 국어교육에 있어서 계승하고 발전시켜야 할 사회문화적 자산으로서의 가치를 지닌다. 서구 사회의 경우 자신들이 쌓아온 토론 전통을 존중하고 이를 사회문화적 자산으로 자리매김하려는 노력을 기울이고 있다. 예를 들어 1858년 상원의원 선거 기간에 펼쳐졌던 노예제 인정 여부를 둘러싼 링컨과 더글러스 간의 논쟁은 링컨더글러스 토론으로 유형화되어 미국 고등학교에서 교육되고 있고, 비판적 합리주의를 강조했던 칼 포퍼의 사상은 칼 포퍼식 토론으로 유형화되어 활발

---

18   이황직(2011), 『독립협회, 토론 공화국을 꿈꾸다』, 프로네시스, 109~115면.
19   신용하(2006), 같은 책, 443~461면.

하게 시행되고 있다.[20] 이를 고려할 때 근대계몽기 협성회와 독립협회의 토론회는 특정 정치인이나 사상가의 영역을 넘어서서 한 사회의 소통 문화를 근본적으로 혁신하고 전사회적인 참여를 이끌어냈다는 점에서 사회문화적 자산으로서의 가치가 더 크다고 하겠다.

3.2. 청중 참여 중심의 토론 활성화

근대계몽기 협성회와 독립협회의 토론은 사회문화적 가치뿐만 아니라 토론 모형으로서도 교육적으로 큰 의의를 지니고 있다. 근대계몽기 토론회 시작의 가장 큰 목적 중 하나는 당대 사람들을 사고하는 주체로 만들고 이를 통해 시대적 과제를 내부적으로 추진하는 동력을 확보하려는 데 있었다. 이를 달성하기 위해서는 소수 엘리트 중심의 하향식 소통 방식은 한계를 지닐 수밖에 없었으며 국민들의 참여를 통한 전사회적인 변화의 흐름이 필요했다. 협성회와 독립협회의 토론 모형에는 이를 실현하기 위한 방법상의 고려가 담겨 있다.

협성회와 독립협회의 토론회 규칙과 토론 방식에 대한 사항은 문헌 자료로 남아 있어 그 세부 내용을 알 수 있다. 그 구체적 사항을 정리하면 아래와 같다.

---

20   박재현(2018), 『교육토론의 원리와 실제』, 사회평론아카데미, 71~77면.

[표 1] 협성회와 독립협회 토론회의 토론 규칙

	협성회 토론회		독립협회 토론회	
토론회 시기 및 장소	시기 : 매주 토요일 오후 2시~4시 장소 : 배재학당		시기 : 매주 일요일 오후 3시~6시 (4월~9월), 오후 2시~5시 (10월~3월) 장소 : 독립관	
토론회 진행 순서	개회 → 출석 점검 → 전회 기록 낭독 및 처리 → 전회 미결사건 논의 → 토론문제 알림 → 토론 진행 → 토론 판정 → 안건 논의 → 폐회		개회 → 출석 점검 → 전회 기록 낭독 및 처리 → 전회 미결사건 논의 → 토론문제 알림 → 토론 진행 → 토론 판정 → 안건 논의 → 차기 토론 문제 제출 → 토론자 선정 → 폐회	
	찬성 측	반대 측	찬성 측	반대 측
토론 방식	①정연의 연설(10분)	②정연의 연설(10분)	①우의1 논의(10분)	②좌의1 논의(10분)
	③좌연의 연설(5분)	④좌연의 연설(5분)	③우의2 논의(10분)	④좌의 2 논의(10분)
	⑤회원 연설(3분)		⑤회원 토론(5분)	
	⑥정연의 연설(10분)	⑦정연의 연설(10분)		

협성회 토론회 규칙[21]과 독립협회 토론회 규칙[22]은 서로 유사한 부분이 많다. 제시된 표에 잘 드러나듯 토론회 진행 순서를 보면 독립협회 토론회가 차기 토론 문제 제출과 토론자 선정을 명문화하고 있는 것을 제외하면[23] 둘

---

21 협성회(1896), 「협성회 규칙」. 협성회 규칙은 '한흥수(1977), 『근대 한국민족주의 연구』, 연세대학교 출판부, 6~14면'에 사진자료로 수록된 것을 인용.

22 독립협회(1897), 「독립협회 토론회 규칙」. 독립협회 토론회 규칙은 '학회 자료(1989), 「자료소개 독립협회 토론회 규칙」, 『한국학보』 15, 일지사, 1~9면'에 수록된 것을 인용.

23 이는 학생회 조직을 근간으로 한 협성회에 비해 더 광범위한 계층의 참여가 예상되는

다 전회 기록 낭독 및 처리와 새로운 안건을 논의하는 정식 회의 절차 가운데 토론을 진행한다는 공통점이 나타나고 있다. 이는 독립협회가 성공적으로 개최되고 있던 협성회의 토론회 규칙을 수용하면서 나타난 결과로 보인다.

협성회 토론회와 독립협회 토론회의 중요한 차이는 토론 방식에서 드러나고 있다. 협성회 토론의 경우 정연의(正演議)와 좌연의(佐演議)로 역할을 나누어 발언의 성격을 입론, 반론, 최종발언으로 구분하는 데 비해 독립협회 토론은 이러한 구분 없이 우의(右議)와 좌의(左議) 각 2인이 동일한 발언 시간을 가지고 대등한 역할을 부여받고 있는 것으로 보인다. 두 토론 방식은 공통적으로 청중의 참여를 보장하고 있지만 그 양상은 차이를 나타내고 있다. 즉 협성회의 토론이 토론 과정 중간에 청중 참여 시간을 주고 마무리는 토론자들에게 맡기는 반면 독립협회의 토론은 청중의 참여를 통해 토론을 끝맺는 방식을 택하고 있다. 이는 협성회의 토론이 완결된 형태의 토론 형식을 지향하고 있다면 독립협회의 토론은 토론자가 논제에 대해 논의의 물꼬를 트고 청중들의 참여를 통해 논의를 확산시키는 개방적 형식을 추구하고 있는 것으로 파악된다. 이는 토론 학습을 목표로 출발한 협성회의 토론과 사회 연대를 통한 개혁을 목표로 시작된 독립협회 토론의 성격적 차이에서 나타난 현상으로 여겨진다.

이런 세부적인 차이에도 불구하고 두 토론 방식의 특징적인 부분은 청중 역할을 하는 회원의 발언 기회를 보장하고 있다는 점이다. 이는 현대의 교육 토론(academic debate)이 진리 검증이라는 가치를 우선으로 논쟁 당사자 간의 치열한 논리 대결을 중심으로 하는 것과 달리[24] 근대계몽기 토론은 사회적

독립협회 토론회의 효과적인 소통과 홍보를 위해 마련한 절차로 보인다.
24 박재현(2018), 『교육토론의 원리와 실제』, 사회평론아카데미, 51~58면.

의제에 대한 공론 형성을 우선시하므로 나타난 결과에 해당한다. 이런 측면을 고려하면 협성회와 독립협회의 토론은 청중의 참여를 중요시 하는 참여중심의 토론 모형이라고 명명할 수 있을 것이다. 근대계몽기 토론회에 많은 사람들이 열의를 가지고 참석하고 토론 시간이 비교적 길게 정해진 것도 이러한 특성이 반영된 결과로 여겨진다.

이처럼 협성회와 독립협회의 토론은 청중의 참여를 기반으로 사회적 문제를 해결하기 위한 공론 형성의 통로가 되었다는 점에서 근대문화사에 모범이 될 만한 모습을 보여주었다. 이는 우리보다 먼저 근대화를 이행해 나간 일본의 공적 말하기 전개 양상과 비교해 봤을 때 의미가 더 부각된다. 근대적 양상을 띤 일본의 공적 말하기 도입은 계몽사상가로 유명한 후쿠자와 유키치에 의해 설립된 미타연설회(三田演說會)를 통해 본격화되었다. 여기에서는 평이한 구어체를 통해 다수의 청중에게 계몽적 메시지를 전달할 수 있는 연설에 중점을 두었으며, 이로 인해 토론을 위한 정립된 규칙을 제정하는 데 이르지 못했다.[25] 이는 미타연설회가 계몽적 목적을 우선으로 일방향 소통을 위주로 한 데 비해 협성회와 독립협회 토론회는 참여를 중시한 쌍방향 소통을 중시한 결과 나타난 차이로 여겨진다.

오늘날 학교에서 시행되는 교실 토론에 대해 많은 사람들이 소수의 학생들만 토론에 참여하고 교실의 모든 에너지가 이들에게 집중됨으로써 대다수 학생들은 듣기만 하는 수동적 상태에 놓이게 된다는 것을 문제점으로 지적하고 있다. 이를 타개하기 위한 방안으로는 학생들에게 메모하게 만들기, 심판자 역할 맡기기, 질의나 발언 기회 제공하기 등이 제시되고 있다.[26] 이 가운데

---

25   이정옥(2011), 「개화기 연설의 '근대적 말하기' 형성과정 연구」, 『시학과언어학』 21, 시학과언어학회, 226-227면; 이정옥(2015), 「협성회의 토론교육과 토론문화의 형성과정」, 『국어국문학』 172, 국어국문학회, 192면.

청중으로서 해당 논의에 질의나 발언을 통해 참여하는 것은 논의의 과정에 직접적인 영향을 미친다는 점에서 다른 방안과는 질적으로 차이가 있다. 근대계몽기의 협성회와 독립협회의 토론은 이러한 청중이 직접적인 참어를 보장하고 권장함으로써 함께 만들어나가는 역동적이고 활기 넘치는 토론 문화를 형성시켜 나간 것으로 판단된다.

3.3. 토론의 본질에 대한 성찰적 인식 강화

오늘날 토론 교육은 그 교육적 효용성에도 불구하고 많은 비판에 직면해 있다. 토론 교육에 대한 비판으로는 토론이 경쟁을 속성으로 하여 상대방의 약점을 분석하고 활용함으로써 협력적으로 문제를 해결하려는 자세를 약화시킨다는 견해가 제시되고 있다. 또한 CEDA 토론과 같이 토론 대회에 자주 사용되는 경직된 방식의 토론은 관련 능력을 갖춘 소수의 학생을 중심으로 운영되며 협력적 담화가 중요한 역할을 하는 실제 현실을 제대로 반영하지 못하고 있다는 측면도 제기된다. 이러한 관점은 화법 교육을 토의나 협상 중심의 협력적 담화 위주로 편성하자는 주장으로 이어지기도 한다.[27]

실제 학생들이 토론을 수행하는 양상을 살펴보면 상대의 말을 경청하기보다 자신의 논리에 골몰하는 경우가 많고 승리를 위한 과도한 경쟁심으로 인해 상대의 말을 자르거나 지나치게 몰아붙여 기분을 상하게 만드는 일도 적지 않게 발생한다. 이러한 양상은 치열해져만 가는 경쟁 위주의 사회 풍토에 상내를 승무에서 이겨내야 하는 대상으로 만드는 또 하나의 인식을 더하는 깃 같은 우려가 드는 것도 사실이다. 그러나 토론 교육이 찬반 대립과

26   Snider 외 저, 민병곤 외 역(2014), 『수업의 완성 교실토론』, 사회평론, 208~216면.
27   이남주(2011), 「토론 중심 고교 화법 교육 개선 방안 연구」, 『화법연구』 19, 한국화법학회.

승패 판정으로 인해 이러한 문제를 나타낼 수는 있지만 생각이 다른 집단 간에 소통을 중심으로 해결책을 모색하는 민주주의 사회에서 토론 교육이 지니는 가치는 부인할 수 없다.

특히 오늘날의 사회는 개인이 모래알처럼 파편화된 나노 사회로 접어든 것으로 인식된다. 이 속에서 개인은 비슷한 취향을 가진 집단과의 교류를 통해 서로 선호하는 정보만을 주고받아서 자기확증적 성향에 빠지기 쉽다. 또한 이러한 성향은 각종 미디어의 추천 기능에 의해 강화되어 선택하는 정보만 살아남는 방향으로 전환되었고 이로 인해 사람들은 자신의 생각이 옳고 주위도 다 같은 생각을 한다는 반향실 효과에 놓이게 되었다.[28] 이러한 현상은 일방적 주장이 난무하고 편협한 관점으로 나와 다른 사람을 적대시하는 사회 병리적 현상을 일으키는 원인으로 작용할 수 있다. 이를 극복하기 위해서는 타자와의 만남을 통해 소통하고 인식을 확장하는 일이 요구된다. 토론은 서로 대등한 입장에서 치열하게 논쟁하는 기회를 제공함으로써 나의 인식을 점검하고 확장하는 계기를 제공할 수 있다.

토론이 지닌 사회적 가치를 신장시키고 토론 교육이 나타내는 현실적 문제점을 개선하기 위해서는 오늘날과 다른 시각에서 이를 바라볼 수 있는 틀이 필요하다. 이런 점에서 근대계몽기의 토론은 적절한 성찰의 매개체가 될 수 있다. 근대계몽기의 토론은 토론의 목적, 논제의 성립, 소통 방식에 있어서 오늘날의 토론과 대비되는 지점이 많고, 이러한 관점을 통해 현재 토론의 시야를 확장할 수 있는 가능성을 제공한다.

근대계몽기 협성회와 독립협회 토론회가 토론을 수행한 목적은 무엇보다 시대적 과제를 해결하기 위한 공론장 형성에 있었다. 토론 교육이 추구하는

---

28   김난도 외(2021), 『트렌드 코리아 2022』, 미래의 창, 171~179면.

목적은 크게 민주시민으로서의 역량을 함양하는 것과 의사소통 및 사고력 향상을 위한 것으로 대별된다. 전자의 경우는 공론의 주체인 민주 시민의 역량을 함양하고 보다 설득력을 갖는 공론을 창출하는 데 중점을 두는 데 비해 후자의 경우는 논리적 사고와 표현을 통해 자기 입장을 관철하는 데 초점이 놓인다. 그 결과 전자의 경우는 합의에 이르는 소통과 실제적 교육을 지향하는 데 비해 후자의 경우는 규칙에 따르는 게임이라는 인식과 기능 교육에 치중하는 양상을 나타내게 된다.[29] 이런 측면에서 살펴보면 오늘날의 토론이 논증과 승패를 중요하게 여긴다면 근대계몽기의 토론은 공론 형성과 소통에 가치를 두는 차이점이 드러난다.

　토론이 올바른 사회적 역할을 수행하기 위해서는 소통을 통한 공론 형성과 논증을 통한 진리 검증이라는 양 측면이 조화를 이룰 필요가 있다. 그런데 오늘날의 토론 교육을 살펴보면 논증 능력과 스킬을 활용한 토론 승리에 집착하는 문제점이 나타난다. 이로 인해 토론에 참여하는 학생들은 자신이 공론화의 주체이며 토론이 공동체에 필요한 공론을 형성하는 과정임을 간과한 채 이를 논리적 승부라는 개인적 영역으로 인식하는 경향이 강화되고 있다.[30] 교육적 효용의 측면에서 보면 학생의 사고력과 표현 능력을 향상시킨다는 명제는 호소력이 크고, 승부를 가린다는 요소는 가시적 성과를 드러내는 데 매력적으로 다가온다. 이로 인해 현재의 토론 교육은 논증 능력과 토론 승리에 많은 방점을 두고 있다. 그러나 근대계몽기 토론 양상에서 잘 드러나듯 토론의 본질은 시대적 과제를 해결하기 위한 공론 형성에 있으며

29　박상준(2009), 「대학 토론 교육의 문제와 해결 방안 시론」, 『어문학』 104, 한국어문학회, 33~36면.

30　박숙자(2008), 「근대적 토론의 역사적 기원과 역할」, 『새국어교육』 78, 한국국어교육학회, 185~189면.

그 방법은 참여와 소통에 있다. 이런 점에서 근대계몽기의 토론은 오늘날의 토론 교육이 간과하고 있는 토론 정신을 되새기는 데 시사점을 줄 수 있다.

근대계몽기 토론에서 주목할 만한 또 다른 사항으로는 협성회와 독립협회 모두 임원으로 제의(提議)를 두고 그로 하여금 토론회에서 다룰만한 논제를 개발하는 임무를 부여한 것이다. 협성회 규칙을 보면 "提議는 諸般學問上에 有益홈과 會中에 實施홀만흔 事件으로 問題를 提出ㅎ야 會長의게 書呈홈"[31] 이라고 규정하고 있는데 여기에서 제반학문상의 유익함은 사회 변화의 지향점을, 실시할 만한 사건은 시의성을 의미하는 것으로 여겨진다. 이는 근대계몽기 토론회가 시대적 과제를 다루면서도 구성원들의 적극적인 참여를 이끌어내기 위해 많은 노력을 기울였다는 사실을 나타내고 있다.

토론에서 논제의 설정은 토론의 분위기를 형성하는 데 매우 중요한 역할을 한다. 협성회와 독립협회의 토론은 각각 50회와 34회에 걸쳐 다양한 논제를 가지고 진행되었다.[32] 이를 성격별로 분류하면 권력, 재정, 외교 등의 문제를 다룬 정치 분야, 사회 환경 및 제도 개선 등의 문제와 관련된 사회 분야, 교육이나 언론, 관습 등의 문제를 다룬 문화 분야, 회무와 관련된 일이나 가치 논쟁과 관련된 기타[33]로 대별할 수 있다. 이와 관련된 사항을 정리하면 아래와 같다.

---

31   협성회(1896), 「협성회 규칙」, 4면.
32   전영우(1991), 『한국 근대 토론의 사적 연구』, 일지사, 316~323면.
33   예를 들어 협성회의 29회 토론 논제인 "우리 회중에서 일주일간 회보를 발간함이 가함" 이나 독립협회의 30회 토론 논제인 "약한 이를 강한 자가 업신여기는 것이 천리와 인정에 당연함"이 이에 해당된다.

[표 2] 협성회와 독립협회 토론회의 논제 성격 분류

	협성회		독립협회	
	횟수	비율(%)	횟수	비율(%)
정치 분야	13	26	14	41.2
사회 분야	11	22	6	17.6
문화 분야	18	36	8	23.5
기타	8	16	8	23.5

　제시된 표를 보면 협성회의 토론은 문화 분야의 비중이 크고 독립협회 토론은 정치 분야의 비중이 큰 특성을 나타내고 있다. 이는 학생단체의 성격을 지닌 협성회의 토론이 사회문화적 인식의 계몽에 초점을, 정치 단체의 성격이 강한 독립협회의 토론이 정치적 과제 해결에 초점을 맞춘 결과 나타난 차이로 보인다. 두 토론회에서 논제가 겹치는 것은 10건 나타났는데 정치 분야에서는 의회 설립과 외국의 이권 개입 반대[34] 등이, 사회 분야에서는 도로 보수와 관련된 사항[35] 등이, 문화 분야에서는 국문 사용과 풍수지리 문제[36] 등이 사례에 해당된다. 이는 두 토론회가 단체의 성격에 따라 논제의

34　협성회의 24회 토론과 독립협회 26회 토론, 협성회의 41회 토론과 독립협회의 23회 토론이 이에 해당한다.

35　협성회의 6회 토론과 독립협회 2회 토론이 이에 해당한다.

36　협성회의 1회 토론과 독립협회 6회 토론, 협성회의 20회 토론과 독립협회의 11회 토론이 이에 해당한다. 풍수지리에 의거한 분묘 설정이 현대적 관점에서는 논생의 여지가 없는 비합리적 문제로 여겨질 수도 있다. 그러나 조상의 묘소를 둘러싼 산송 논쟁은 조선 후기의 삼대 소송인 '토지, 노비, 산송' 가운데에서도 가장 빈번하게 일어났던 소송일 정도로 심각한 사회 문제에 해당하였다. 이와 관련된 내용은 '전경목(1997), 「산송을 통해 본 조선후기 사법제도 운용 실태와 그 특징」, 『법사학연구』18, 한국법사학회, 5면' 참조. 전근대적 인식이 강했던 시대적 상황을 고려하면 이와 관련된 논제는 새로운 근대적 인식과 사회에 뿌리내린 관습적 인식 간의 치열한 논쟁으로 전개될 여지가 다분하다고

결을 달리하면서도 시급한 시대적 과제에 대해서는 공론 형성과 구성원들의 참여를 이끌어내기 위해 사회적 문제 제기를 적극적으로 수행한 결과 나타난 현상으로 파악된다.

이처럼 근대계몽기 협성회와 독립협회 토론회는 사회적인 합의를 이끌어내기 위한 공론 형성을 목적으로 토론회 구성원들의 논제 발굴을 제도적으로 규정하여 시의성 있는 문제 제기를 이끌어냄으로써 소통에 기반한 활발한 토론 문화를 형성하였다. 이에 비해 오늘날의 토론교육은 논증 능력이나 사고력 향상을 위해 주어진 논제에 대해 토론자의 입장에 관계없이 자료조사를 강조하는 양상을 나타내고 있다. 이는 토론 참여자를 논제로부터 소외시키고, 정보 나열 위주의 토론 행태를 심화시켜 공론 주체로서 진정한 목소리를 드러내는 것을 방해하는 요인으로 작용한다. 이러한 양상을 고려하면 근대계몽기 토론회가 보여주었던 토론의 사회적 역할에 대한 투철한 인식, 논제의 시의성에 대한 적극적 고려, 참여자의 주도성 강화를 위한 소통 노력 등은 오늘날의 토론 교육에 시사하는 바가 크다고 하겠다.

4. 맺음말

국어교육이 추구하는 언어교육을 통한 민주시민 양성이라는 목표는 학생들이 언어활동을 통해 공론 형성에 참여하는 주체적 태도를 지닐 때 달성이 가능하다. 그런데 오늘날의 토론 교육을 살펴보면 소수 학생들을 중심으로 논증 대결을 펼쳐 승패를 판가름하는 방식이 주로 나타나고 있다. 이 과정에

여겨진다.

서 토론 교육은 토론 승리를 위한 논증 능력과 기술 향상이라는 인지적 영역에 집중하는 양상을 보이고 있다. 이로 인해 토론이 본래 지닌 사회적 역할과 의미는 간과되고 대부분의 학생들은 토론 활동에서 소외되는 문제점이 나타난다.

본고에서는 이러한 문제를 극복하는 방안을 모색하기 위해 근대계몽기 협성회와 독립협회가 보여주었던 토론 활동의 양상과 의미를 분석하였다. 근대계몽기 토론회는 서재필 등의 선각자가 이끌고 이 땅의 수많은 사람들이 호응하여 민족적 과제를 해결하기 위해 분투해 나간 시대정신을 담고 있다. 이를 통해 국민들은 지배층 위주의 폐쇄적 의사결정 구조를 타파하고 민주적인 의사소통 문화의 혁신을 이루어내었다. 협성회와 독립협회 토론회는 이러한 혁신을 달성하기 위해 시대적 과제를 발굴하고 청중의 적극적 참여와 소통을 이끌어냄으로써 이들이 공론 형성의 주체로 설 수 있도록 만들었다.

근대계몽기 토론회가 보여주었던 이러한 모습은 개인적·인지적 측면이 강조되고 있는 오늘날의 토론 교육에 시사하는 바가 크다. 국어교육이 추구하는 언어교육을 통한 민주시민 양성이라는 목표를 달성하기 위해서는 근대계몽기 토론회에서 나타났던 토론의 사회적 역할에 대한 투철한 인식과 참여와 소통을 통한 공론 주체로서의 자각이 무엇보다 필요하기 때문이다. 물론 근대계몽기와 오늘날의 시대적 상황은 큰 차이가 있기 때문에 예전의 토론 양상을 현재의 교육에 그대로 적용하기는 힘들다. 그러나 근대계몽기 토론회가 보여주었던 시도와 성과들은 토론 교육에 대한 인식 지평을 확장하고 현재 토론 교육이 직면하고 있는 문제들을 해결하는 데 있어 도움을 줄 수 있으리라 기대한다.

<문장강화>에 나타난 작문 인식과 함의

1. 문제 제기

이태준의 <문장강화>는 일제강점기에 한국어 글쓰기를 수호하고 올바른 문장작법을 설파한 중요한 저서로 높은 평가를 받아왔다. <문장강화>는 한국어 문장의 모범이 되는 좋은 글을 선별해 제시하고, 이를 바탕으로 어떻게 글을 써야하는 지에 대해 실제적인 조언들을 제공함으로써 작문 교재의 선구적 모델로 인정받았다. 당대의 최고 산문가로 명망이 높았던 이태준의 위상과 글쓰기에 대한 필자의 확고한 관점을 바탕으로 서술된 <문장강화>는 해방 이후 우리 글쓰기 교육에 많은 영향을 미쳐왔다.

그동안 <문장강화>에 대한 연구는 크게 세 가지 방향에서 이루어져 왔다. 먼저 <문장강화>가 집필된 시대적 상황을 고려하여 근대적 어문운동의 관점에서 그 의미를 파악하려고 한 논의가 있다. <문장강화>가 나온 1930년대는 근대계몽기로부터 이어져온 어문운동이 결실을 맺은 시기로 1933년 맞춤법 통일안, 1936년 표준어 사정, 1938년 조선어 사전 발간 등이 이루어졌다. 1939년 2월부터 10월까지 <문장>지에 연재된 <문장강화>는 이러한 흐름의

연장선상에서 나온 것으로 근대적인 글쓰기 규범을 확립하려는 시도에 해당
하였다. 또한 당시는 일제강점기의 폭압이 절정에 이르고 내선일체에 의한
조선어 말살 정책이 본격화되던 시기로 이태준은 이러한 상황 속에서 조선어
가 민족어로서 어떻게 전수되어야 하는지에 대해 열정을 가지고 <문장강화>
를 통해 조선어문의 근대화와 보존을 추구하였다는 것이다.[1]

또 다른 경향은 <문장강화>에 나타난 작문관과 쓰기 접근 방법에 대한
논의이다. 이는 <문장강화>에 나타난 내용을 중심으로 이태준이 글쓰기에서
강조하고자 한 요소들에 분석적으로 접근하려는 시도에 해당한다. 여기에서
는 <문장강화>에 나타난 특징으로 개성적 관점 강조, 표현주의적이고 기교
적인 작법 중시, 미문 중심의 글쓰기라는 평가가 이루어졌다. 또한 언문일치
에 대한 인식에 있어서도 이중적인 태도를 보인다는 점이 지적되기도 했다.[2]
마지막으로는 <문장강화>를 이태준의 소설론이나 문학관과 관련시켜 이해
하려는 논의이다. 여기에서는 <문장강화>를 창작에 기초한 이태준의 문학론
이 집약된 것으로 파악하고 그의 소설이 나타내는 묘사중심·산문적 합리성
의 문장관이 투영된 산물로 언급하고 있다.[3]

이처럼 <문장강화>에 대한 논의는 다양하게 전개되어 왔지만 통시적 측면
을 고려하여 <문장강화>의 쓰기 인식과 내용을 살펴본 연구는 드문 편이다.[4]

---

1   이와 관련한 내용은 '최시한(2003), 「국문 운동과 문장강화」, 『시학과 언어학』 6, 시학과
      언어학회', '문혜윤(2006), 「1930년대 어휘의 장과 문학어의 계발」, 『상허학보』 17, 상허
      학회', '윤시현(2011), 「이태준 문장론 연구」, 이화여자대학교 석사학위논문, 50~59면'
      참조.
2   이와 관련한 내용은 '문혜윤(2008), 『문학어의 근대』, 소명출판, 182~247면', '백지은
      (2015), 「근대어문의 이념을 향하여」, 『한국근대문학연구』 16, 한국근대문학회' 참조.
3   천정환(1998), 「이태준의 소설론과 <문장강화>에 대한 고찰」, 『한국현대문학연구』 6,
      한국현대문학회.
4   이와 관련한 연구로 '최혁준(1997), 「<문장강화>에 나타난 이태준의 글쓰기에 대한 인식」,
      『문학 이론과 시교육』, 박이정'을 들 수 있으며, 여기에서는 <문장강화>에 나타난 이태준

그런데 <문장강화>의 내용을 살펴보면 이태준이 과거의 글쓰기에 대한 강한 비판 의식을 바탕으로 이를 극복하려는 의도를 공공연하게 드러내고 있음을 발견하게 된다. 즉 이태준의 <문장강화>는 과거의 글쓰기에 대한 대타 의식을 바탕으로 자신이 추구하는 글쓰기 규범을 세우려는 의도를 명확히 밝히고 있다.

이와 관련해 <문장강화>에 나타난 과거 글쓰기 전통에 대한 인식과 비판이 타당한지를 검토해 볼 필요성이 제기된다. 이런 측면을 고려하여 이 글에서는 <문장강화>에 나타난 고전 글쓰기 관련 내용을 살펴보고 이태준의 의도를 분석하며 이러한 접근이 정당성을 갖추었는지 살펴볼 것이다. 이러한 작업은 전통의 단절과 계승이라는 측면에서 쓰기 인식의 변화를 점검함으로써 바람직한 작문관과 교육적 접근법을 모색하는 데 도움을 줄 수 있으리라 기대한다.

2. <문장강화>의 체재와 지향점

<문장강화>에 나타난 고전 글쓰기 관련 인식을 살펴보기 전에 먼저 이태준이 <문장강화>에서 말하고자 했던 메시지와 그 의미를 파악할 필요가 있다. <문장강화>는 총 9개 장으로 구성되어 있는데[5] 각 장은 '1.문장작법의

의 고전 글쓰기 인식에 대해 비판적 견해를 나타내고 있다.

5 <문장강화>의 원고는 <문장>지에 1939년 2월부터 1940년 3월까지 총 10회 분량으로 연재되었으며, 또 다른 예문과 해석이 덧붙여져 1940년 단행본 <문장강화> 초판이 발간되었다. 이후 1947년에 해방 후의 상황을 반영해 몇 가지 예문이 교체되고 추가된 <문장강화>가 발간되었으며, 이태준이 월북한 후 사회주의 사상의 영향을 받아 개정한 <신문장강화>가 1952년 재일본조선인교육자 동맹 문화부에서 발간되기도 하였다. 본고에서 분석 대상으로 삼은 것은 1940년 발간된 <문장강화> 초판에 해당하며, 텍스트는 '상허학

새 의의', '2.문장과 언어의 제 문제', '3.운문과 산문', '4.각종 문장의 요령', '5.퇴고의 이론과 실제', '6.제재, 서두, 결사 기타', '7.대상과 표현', '8.문체에 대하여', '9.문장의 고전과 현대'의 제목을 달고 있다. 이를 살펴보면 이태준은 서론 격인 1장에서 자신이 생각하는 새로운 문장 작법에 대한 의의를 밝히고 결론 격인 9장에서 문장 작법의 과거와 현재를 대비하면서 지향점을 제시하는 방식을 취하고 있다. 그리고 이 가운데에 해당하는 본론에서는 자신이 생각하는 문장 작법의 규범을 구체적으로 제시하고 있다.

그렇다면 먼저 <문장강화>의 1장에 나타난 내용을 토대로 이태준이 생각하는 작문 인식을 살펴보도록 하자. <문장강화>에서 이태준은 글은 말을 중심으로 하고, 개인적인 것을 표현해야 하며, 새로운 것을 활용해야 한다는 주장을 제시하고 있다.[6] 이는 글쓰기가 언문일치를 토대로 필자의 개성을 드러낼 수 있는 새로운 표현을 활용해야 한다는 인식을 드러낸다. 이후 <문장강화>에 나오는 내용은 당대의 언어 현실을 바탕으로 이를 구체적으로 실현시키기 위한 이태준의 방법적 접근법을 다루고 있다.

<문장강화>에 나타난 가장 두드러진 특징은 필자의 의도와 개성을 드러내는 세밀한 표현의 강조에 있다. 이는 <문장강화>가 미학적이고 기교적인 접근을 보인다고 평가받는 가장 큰 이유에 해당한다.

> 그는 클락에서 캡을 찾아들고 트라비아타를 휘파람으로 날리면서 호텔을 나섰다.[7]
> 경산(耕山)과 조수(釣水)는 전원생활의 일취(逸趣)이다.[8]

회 편(2015), 『문장강화 외-이태준 전집 7』, 소명출판'을 인용하였다. 이하 <문장강화> 인용은 출전과 인용 면을 제시하도록 하겠다.
6   『문장강화 외-이태준 전집 7』, 24~25면.
7   『문장강화 외-이태준 전집 7』, 28면.

달이 밝다
달이 밝단하다
달이 훤하다
달이 환하다.[9]

<문장강화>에서 이태준은 여러 가지 양상을 바탕으로 사태를 표현하는 적확한 표현의 선택을 강조하고 있다. 인용문에 잘 나타나는 것처럼 현대인의 변화된 생활상을 나타내기 위해서는 신어와 외래어로 표현하는 것이 당연하고, 논리와 풍치를 자아내기 위해서는 한자어를 쓰는 것이 필요하며, 미묘한 분위기를 묘사하기 위해서는 어휘가 지닌 차이를 정확히 인지하는 것이 중요해진다. 따라서 좋은 글을 쓰기 위해서는 많은 말들을 알아야 하고, 세심한 관찰을 바탕으로 자신만의 생각과 느낌을 나타내는 어휘를 선택할 수 있는 능력이 있어야 한다.

이러한 이태준의 쓰기 접근법이 가장 잘 드러나고 있는 부분이 '5장 퇴고의 이론과 실제' 부분이라고 여겨진다. 퇴고라는 말이 탄생한 고사에서 잘 알 수 있듯이 퇴고는 세밀한 언어감각을 바탕으로 이루어진다. 이태준은 <문장강화>에서 하나의 실례를 고쳐쓰는 과정을 몇 단계에 걸쳐 제시함으로써 이러한 자신의 생각을 구체적으로 드러내고 있다.

교문을 나선 제복의 두 처녀, 짧은 수병복(水兵服) 밑에 곧은 두 다리의 각선미, 참으로 씩씩하고 힘차 보인다. 지금 마악 운동을 하다 돌아옴인지, 이마에 띰을 씻는다. 녈굴은 옹문하여 익은 능금빛 같고, 무엇이 그리 즐거운지 웃음을 가득 담은 얼굴은 참으로 기쁘고 명랑해 보인다.[10]

---

8   『문장강화 외-이태준 전집 7』, 69면.
9   『문장강화 외-이태준 전집 7』, 77면.

흰 돌기둥의 교문을 나온 푸른 수병복(水兵服)의 두 처녀, 짧은 스커트 밑에 쪽 곧은 다리들, 퍽 씩씩하게 걸어간다. 마악 운동을 하다 나선 듯, 책보를 들지 않은 팔로들은 그저 뻗었다 굽혔다 해 보면서, 땀들을 씻음인지 이마를 문지르기도 한다. 귀까지 꽃송이처럼 피어 가지고 골목이 왁자하게 떠들며 간다.[11]

인용된 사례는 교문을 벗어나는 두 여학생들의 건강하고 활기찬 모습을 묘사한 것으로 첫 번째가 퇴고 전에, 두 번째가 퇴고 후의 글에 해당한다. 이태준은 여기에서 현미경을 들이대듯 어휘 하나하나를 살펴 용어의 적절성, 표현의 논리성, 이미지의 선명성 등을 기준으로 수정하고, 필자의 시각을 토대로 소녀들이 가까이 오는 경우와 멀어지는 경우를 상정해 상황을 분리하면서 퇴고하는 과정을 보여주고 있다. 두 글이 전달하고자 하는 의미의 큰 변화 없이 표현론적 차원에서 이를 세밀하게 고치고 그 효과를 비교하는 서술은 <문장강화>의 지향점을 잘 나타내는 부분이라 판단된다.

<문장강화>에 나타난 표현주의적이고 기교적인 지향을 잘 보여주는 또 다른 요소로 '8강 문체에 대하여'를 들 수 있다. 여기에서 이태준은 현대의 쓰기에서 개성이 강조되는 경향을 언급하면서 현대의 문체론은 개인 문체에 초점을 맞춘다는 의견을 피력하고 있다. 이러한 전제 위에 그는 대표적인 문체로 간결 / 만연, 강건 / 우유, 건조 / 화려의 6가지를 들고 각각이 지닌 표현 효과를 상세히 서술하고 있다. 그에 의하면 각각의 문체에는 일장일단이 있기 때문에 어떤 문체를 선택할 것인가는 필자의 개성에 얼마나 부합하는 가를 고려해야 하며, 이상적인 것은 자신만의 문체를 창조하는 데 있다고

---

10 『문장강화 외-이태준 전집 7』, 188면.
11 『문장강화 외-이태준 전집 7』, 192면.

한다.[12]

이처럼 <문장강화>에서 이태준은 필자의 개성을 드러내는 표현의 성취에 최우선적인 가치를 두고 있다. 이를 위한 전제 조건으로 그가 설정한 깃은 말을 중심에 둔 '언문일치'의 문장이지만 이것이 그가 도달하고자 한 글의 지향점은 아니다. 그는 언문일치의 문장을 민중의 문장이자 실용의 영역으로 치부하였고, 여기에는 기록된 사실 외에 특별한 것이 없다고 지적하였다. 그가 궁극적으로 추구한 것은 개성이 살아 숨쉬고, 미적 요소가 내재한 예술가의 문장이었다. 이태준은 이 둘을 대조적인 관점에서 파악하였고, <문장강화>를 통해 언문일치의 문장을 완성하고 우리 글을 미적 창조의 세계로 이끌고자 하였다.

3. <문장강화>에 나타난 고전 글쓰기 인식

<문장강화>는 이미 있어온 문장 작법에 대한 비판에서 시작해 자신의 글쓰기에 대한 생각을 밝히고 문장의 고전과 현대를 비교하면서 마무리되는 구성 방식을 취하고 있다. 이러한 측면에서 잘 드러나는 것처럼 <문장강화>는 고전 글쓰기에 대한 대타적 비판 의식을 바탕으로 성립된 작문 지침서의 성격을 지닌다. 그렇다면 이태준이 <문장강화>에서 고전 글쓰기에 대해 비판하고자 한 요소가 무엇이며 그것이 어떤 함의를 지니는지를 밝히는 것은 <문장강화>를 이해하는 데 도움이 될 수 있다. 아래에서는 이러한 점에 주목하여 <문장강화>를 분석해 나가도록 하겠다.

12　『문장강화 외-이태준 전집 7』, 263~265면.

3.1. 언문일치 지향의 선택과 배제

<문장강화>에서 고전 글쓰기를 바라보는 데 있어 가장 두드러진 점은 한문 글쓰기를 배제하고 국문 글쓰기만을 선택해 논의를 펼친다는 것이다. 이는 <문장강화>에서 "우리 산문 문장에서 고전이라고 찾는다면 정음(正音) 이전엔 이두문(吏讀文)으로 전해 오는 가요뿐으로 아무래도 정음 이후의 것인데"[13]라는 서술에서 잘 드러난다. 여기에서 이태준은 산문 문장의 고전을 선택하기 위한 기준으로 표기 수단을 내세우고 있는데, 이는 사대부들이 축적해온 한문 글쓰기의 전통을 의도적으로 배제한 결과 나타난 언급에 해당한다.

근대 국가의 설립을 목적으로 전 사회적인 방면에서 근대화가 추구될 때 어문 정책의 최대 과제는 중세 보편언어인 한자와 한문을 배제하고 민족어인 한글과 국문을 중심으로 언문일치를 달성하는 일이었다. 이와 관련해 문법 연구 쪽에서의 결정적 업적이 1933년 제정된 '한글맞춤법 통일안'이라면 글쓰기 측면에서는 <문장강화>가 근대적인 의미의 글쓰기 개념 형성에 큰 역할을 수행하였다. 또한 <문장강화>의 내용이 저술된 1939년 무렵의 시대적 상황은 우리 언어의 보존 자체가 급선무인 상황에 해당하였기에 <문장강화>에서 언문일치를 강조하고 한문 글쓰기를 배제한 것은 납득이 가능하다.

이러한 상황을 감안한다 하더라도 <문장강화>에서 한문 글쓰기를 배제한 것은 글쓰기의 폭과 깊이를 축소시킨 결과를 초래했다. <문장강화>에서 이태준은 문장의 고전과 관련해 "일반으로 성(盛)히 실용해 온 듯한 내간문(內簡文)들은 본대 후세에 전해질 성질의 것이 희소했고, 흥부전, 춘향전 등 민담의 이야기책과 『한중록』, 『인현왕후전』 등 전기문(傳記文)뿐인데"[14]라고 언급하

---

13   『문장강화 외-이태준 전집 7』, 267면.

면서 그 대상을 한글로 쓰인 내간문과 소설, 실기(實記)로 한정하고 있다. 국문과 한문 글쓰기가 과거 어문생활에서 차지한 비중과 역할을 고려해 보면 국문 글쓰기만을 계승 대상으로 한정하는 것이 실상에 어긋난 편벽한 시각임을 문제 삼지 않을 수 없게 된다.

동짓달 기나긴 밤을 한 허리를 둘러 내여 춘풍 이불 아래 서리서리 넣었다가 어룬 님 오신 날 밤이여드란 구뷔구뷔 펴리라.	절취동지야반강(截取冬之夜半强) 춘풍피리굴반장(春風被裏屈蟠藏) 등명주난랑래석(燈明酒煖郎來夕) 곡곡포성절절장(曲曲舖成折折長)

　인용된 사례는 <문장강화>에서 언문일치의 관점을 토대로 한문 글쓰기를 배제한 이유를 단적으로 보여주는 부분에 해당한다. 이태준은 황진이의 시조와 이를 한역한 시를 병치하면서 "능역(能譯)이라 하나 '곡곡(曲曲)', '절절(折折)'로는 원시의 구체성은 제이(第二)하고 성향만으로도 '서리서리', '구비구비'의 말맛을 도저히 따르지 못하는 것"[15] 이라는 의견을 제시하고 있다. 이는 시어가 지니는 섬세한 느낌을 중요시 한다는 측면에서 타당성을 지니지만, 그렇다고 해서 한시(漢詩)를 제외하고 전통적인 운문 문학의 성취를 논하는 것도 한계가 있다.

　더욱이 언어가 주는 섬세한 느낌보다 사고와 의미를 더 중요시하는 산문에 있어서 사대부들이 쌓아온 한문 글쓰기의 성취를 부정하는 것은 문제가 크다. 당장 우리 산문 글쓰기의 성취를 내간문과 한글 소설, 실기에 제한하는 것은 몸통을 버리고 사지를 취하는 일과 다르지 않다. 이런 관점에 서면 이규

14　『문장강화 외-이태준 전집 7』, 267면.
15　『문장강화 외-이태준 전집 7』, 65면.

보나 박지원 등을 위시한 많은 문장가들이 이룩한 글쓰기에 대한 치열한
의식과 산물들이 배제되는 결과로 이어진다. 이는 곧 남성 대 여성, 지배층
대 민중, 국문 대 한문 등의 양자적 구도에서 한쪽의 성과만을 인정하는 편벽
된 인식으로 귀결된다.

글쓰기를 범박하게 사고와 표현의 두 축으로 구분한다면 <문장강화>는
표현의 측면에 편중된 서술을 보이고 있다. <문장강화>가 미문을 중심으로
하고 기교적인 부분에 치우친 양상을 나타내는 것은 여러 원인이 있을 수
있지만 고전 글쓰기에 대한 편벽한 인식도 크게 작용하고 있다. 한문 글쓰기
를 배제한 것은 단순히 표기 수단만의 문제가 아니라 과거의 지식인들이
사회적 문제에 대해 치열한 고민을 담아 써 내려간 글쓰기의 성과를 부정하
는 것에 연결된다. <문장강화>가 언문일치를 기준으로 고전 글쓰기를 재단
한 것은 사회적 측면에서 글쓰기의 내용과 역할을 간과하는 양상으로 나타났
고, 이는 근대적 글쓰기의 영역과 가능성을 스스로 축소시킨 결과를 초래하
였다.

3.2. 고전 수사학에 대한 신랄한 비판

<문장강화>에서는 고전 글쓰기에 나타난 수사학에 대해 신랄한 비판을
보이고 있다. 이와 관련된 요소에는 이미 있는 표현을 인용해 활용하는 전고,
인물 등을 묘사할 때 나타나는 과장, 낭독에 적합하도록 쓰인 대구가 해당된
다. 이태준은 고전 글쓰기에 나타난 이런 특징들로 인해 좋은 문장이 형성되
기 힘들고 따라서 좋은 작품이 없다는 견해를 밝히고 있다.[16]

---

16   『문장강화 외-이태준 전집 7』, 19-23면.

이태준이 <문장강화>에서 문제 삼고 있는 과장과 대구는 주로 고전소설에 나타난 묘사와 낭독조의 율문체와 관련이 있다. 이는 전통 사회에서 고전소설이 향유되는 방식으로 인해 발생한 현상으로 그는 이러한 특성을 산문체의 발달을 저해하는 문제적 요소로 인식하고 있다. 이로 인해 <문장강화>에서 이태준은 사실에 입각한 묘사와 의미 중심의 문장 작법을 강조한다.

> 허 씨를 취하매 그 용모를 논할진대 양협은 한 자이 넘고 눈은 퉁방울 같고 코는 질병 같고 입은 미에기 같고 …… 그 주둥이는 써을면 열 사발이나 되고 얽기는 멍석 같으니 그 형용을 차마 견대어 보기 어려운 중[17]

> 춘향이 집 당도하니, 월색은 방농(方濃)하고 송죽은 은은(隱隱)한데 취병(翠屛) 튼 난간 하에 백두루미 당(唐)거위요, 거울 같은 연못 속에 대접 같은 금붕어와 들죽, 측백(側柏), 잣나무요, 포도, 다래, 으름덩굴 휘휘친친 얼크러져 청풍이 불 때마다 흔들흔들 춤을 춘다.[18]

제시된 인용문은 이태준이 고전 글쓰기에 나타난 과장과 대구를 비판하기 위해 든 사례에 해당한다. 첫 번째 인용된 부분은 <장화홍련전>의 등장인물인 계모 허 씨의 외모를 묘사한 것으로 얼굴 모양과 관련해 실제 존재할 수 없는 과장된 표현을 사용하여 인물의 특성을 제시하고 웃음을 유발하고 있다. 두 번째 인용된 부분은 <춘향전>에서 이도령이 한밤중에 춘향이 집을 찾아간 내용으로 이를 읽어보면 4·4조의 율문체가 지니는 리듬감을 느낄 수 있다. 이러한 양상에 대해 이태준은 인물에 대한 과장적 묘사가 사실성을 떨어뜨리고, 율문체가 나타내는 리듬에 대한 고려가 의미 형성을 방해한다는

17　『문장강화 외-이태준 전집 7』, 21면.
18　『문장강화 외-이태준 전집 7』, 88면.

비판적 인식을 드러내고 있다.

고전 글쓰기에 흔히 나타나는 과장과 대구는 문화적 환경과 향유 방식의 차이에 의해 발생하는 현상이지 이태준이 지적하는 것처럼 그 자체가 문제 요소나 우열의 가치로 판단할 사항은 아니다. 이는 고전 글쓰기가 실제적인 독자를 대면하는 공동체적 독서 / 음독의 경향을 지니는 반면 근대 글쓰기가 추상적인 독자를 상정한 개인적 독서 / 묵독의 경향을 지니기 때문에 나타나는 현상에 해당한다.[19] 즉 <문장강화>에서 문제 삼는 고전 글쓰기의 과장과 대구는 구술 문화의 특성에 의해 발생하는 것으로 문자 문화의 시각에서 이를 재단하는 것은 적절하지 않다.

앞서 살핀 과장과 대구가 주로 고전 소설을 위시한 문학 작품에 해당하는 것이라면 전고의 문제는 고전 글쓰기 전반에 나타나는 현상으로 이태준이 <문장강화>에서 가장 강도 높게 비판하는 부분에 해당한다. 이는 필자의 개성을 드러낼 수 있는 새로운 표현을 강조하는 그의 입장을 고려하면 논리적으로 당연한 귀결이기도 하다.

> 금풍(金風)이 소삽(瀟颯)하고 옥로조상(玉露凋傷)한대 만산홍수(滿山紅樹)가 유승이월화진(猶勝二月花辰)이라 원상백운석경(遠上白雲石逕)하야 공영정차좌애풍림만지구(共詠停車坐愛楓林晩之句)가 여하(如何)오[20]

인용문은 <문장강화>에서 전고 글쓰기의 폐해를 드러내기 위해 척독대방(尺牘大方)에서 인용한 구절로 이태준은 이러한 표현이 두시(杜詩)나 당시(唐詩) 등의 고전을 따서 연결해 놓은 것으로 필자의 말이나 감정을 드러내지 못한

---

19   천정환(2003), 『근대의 책 읽기』, 푸른역사, 108~127면.
20   『문장강화 외-이태준 전집 7』, 20면.

다고 비판하고 있다. 즉 이는 필자가 글을 쓰는 상황과 관련이 적은 한문체를 단순 모방한 것으로 개성을 몰각한 잘못된 문장에 지나지 않는다는 것이다. 그러나 전고에 대한 이러한 인식은 이태준에 의해 처음 제시된 것이 아니라 고려시대 이규보의 신의론(新義論) 이래 연암 박지원의 법고창신(法古昌新)이나 조선후기 소품문(小品文) 필자들에 의해 고문 글쓰기를 비판하는 주요한 관점 으로 제기되어 왔다.

아, 제가 글을 지은 지가 겨우 몇 해밖에 되지 않았으나 남들의 노여움 을 산 적이 많았습니다. 한 마디라도 조금 새롭다던가 한 글자라도 기이한 것이 나오면 그때마다 사람들은 '옛글에도 이런 것이 있었느냐?'고 묻습니 다. …… 너는 아직 나이가 어리니, 남들에게 노여움을 받으면 공경한 태도 로 '널리 배우지 못하여 옛글을 상고해 보지 못하였습니다.'라고 사과하거 라. 그래도 힐문이 그치지 않고 노여움이 풀리지 않거든, 조심스러운 태도 로 '은고(殷誥)와 주아(周雅)는 하(夏)·은(殷)·주(周) 삼대(三代) 당시에 유 행하던 문장이요, 승상(丞相) 이사(李斯)와 우군(右軍) 왕희지(王羲之)의 글 씨는 진(秦) 나라와 진(晉) 나라에서 유행하던 속필(俗筆)이었습니다.'라고 대답하거라.[21]

미수(眉叟) 허목(許穆)은 성벽(性癖)이 옛것을 좋아하여 문을 지음 에 전모(典謨-『서경』)가 아니면 하지 않았고, 시를 지음에는 아송(雅頌- 『시경』)이 아니면 하지 않았습니다. 그의 문집을 보면 참으로 가소로운 것이 많으니 주차(奏箚)의 끝에는 꼭 '유전하무재무재(唯殿下懋哉懋哉)'라 쓰고 …… 단지 한 줄의 활기(活氣)도 없음과 한 점의 진의(眞意)도 없음만 을 볼 뿐이니 사람 가운데 활기가 없는 이는 나무인형이요, 문장 가운데 진의가 없는 것은 거짓문일 따름이니 글을 지음에 어찌 나무인형·거짓문

---

21 박지원 저, 신호열·김명호 역(2004), 『국역 연암집 2』, 민족문화추진위원회, 170면.

을 하겠습니까?[22]

인용문은 조선후기 대문장가인 박지원과 소품문의 대가인 심노숭이 전고를 모방하는 태도에 대해 비판적 견해를 드러낸 내용을 담고 있다. 첫 번째 인용문에서 박지원은 옛글을 따르지 않는다는 비판을 받고 고민하는 제자의 물음에 옛글도 당대에는 속문이었다는 견해를 드러내고 있다. 이는 박지원의 글쓰기를 다룬 담론 곳곳에 나타나는 주장으로 필자가 따라야 할 것은 옛 형식이 아니라 실제에 대한 자신의 생각이라는 의미를 내포하고 있다. 두 번째 인용문에서 심노숭은 고문의 대가로 일컬어지는 허목의 문장이 옛 글을 모방하는 데 그쳐 활기가 없는 나무인형이 쓴 거짓문일 따름이라는 견해를 밝히고 있다. 심노숭의 견해는 박지원의 견해보다 더 직접적이고 이태준이 <문장강화>에서 가한 비판에 뒤지지 않는 신랄함을 드러내고 있다.

이처럼 이태준이 <문장강화>에서 나타내는 전고에 대한 부정적 인식은 18세기 연암 박지원 이래 조선후기 문장가들이 고문 글쓰기에 가져온 비판적인 관점과 상통하는 측면을 지니고 있다. 즉 이 둘 사이에는 필자의 생각과 느낌을 서술하지 않고 옛글에 나타난 전고를 무비판적으로 사용하는 데에 대한 거부감이 드러난다. 이러한 공통점에도 불구하고 양자 사이에는 차이점도 존재한다.

자네는 물건 찾는 사람을 보지 못했는가? 앞을 바라보면 뒤를 놓치고, 왼편을 돌아보면 바른편을 빠뜨리게 되지. 왜냐하면 방 한가운데 앉아 있어 제 몸과 물건이 서로 가리고, 제 눈과 공간이 너무 가까운 때문일세. 차라리 제 몸을 방밖에 두고 들창에 구멍을 내고 엿보는 것이 나으니,

---

22   심노숭 저, 김영진 역(2001), 『눈물이란 무엇인가』, 태학사, 195~196면.

그렇게 하면 오로지 한 쪽 눈만으로도 온 방 물건을 다 취해 볼 수 있네.[23]

　인용문은 박지원의 <소완정기(素玩亭記)>에 나오는 내용 중 일부분으로 여기에서 연암은 깨달음의 방법을 묻는 제자 이서구에게 방 안에 있는 물건을 찾기 위해서는 방밖으로 나와 들창으로 안을 살펴야 한다는 대답을 내놓는다. 이는 대상을 제대로 인식하기 위해서는 아집에서 벗어나 마음을 비우고 사심 없이 보는 자세가 중요하다는 의미를 내포하고 있다. 즉 '나'라는 좁은 틀에서 벗어나 '대상'을 있는 그대로 바라볼 때 글의 의미가 새롭게 생성될 수 있다는 것이다. 연암이 보이는 이러한 관점은 글쓰기를 단순히 표현을 가다듬는 차원을 벗어나 세계를 인식하는 태도의 영역으로 확장하는 양상을 나타내고 있다.

　또한 조선후기 심노숭을 위시한 수많은 소품문의 필자들이 일상생활에 주목하고 이를 거리낌 없이 드러내는 표현을 중시한 것도 필자의 개성과 문장 표현 측면을 넘어선 사회 이념적 측면을 내포하고 있다. 이는 정조가 문체반정(文體反正)을 통해 소품문으로 대변되는 당대 문풍에 대해 경고의 메시지를 표출한 것에서 잘 드러난다. 정조는 당대의 글쓰기 경향에 대해 정서 표출이 과잉된 상태인 초쇄(噍殺), 언어실험의 과격성을 지적한 기궤(奇詭), 지극히 경미하고 가치가 없다는 뜻을 품은 섬미(纖微)·경박(輕薄) 등의 용어를 사용하며 비판하고 있다. 이는 당대의 새로운 문풍을 단순한 글쓰기의 영역이 아니라 주류 이데올로기인 성리학적 세계관을 약화시킬 문제적 요소로 우려했기 때문에 나온 반응이라 할 수 있다.[24]

　이러한 사실을 고려할 때 이태준의 <문장강화>에 나타난 전고에 대한 비

23　박지원 저, 신호열·김명호 역(2005), 『국역 연암집 1』, 민족문화추진위원회, 334면.
24　안대회 엮음(2003), 『조선후기 소품문의 실체』, 태학사, 63~70면.

판과 조선후기 문장가들이 전고를 비판한 것은 표면적인 공통점에도 불구하고 그 지향점에서는 큰 차이가 있다. 즉 이태준이 전고에 대한 비판을 통해 지향한 것이 개인의 개성을 드러내는 미문 글쓰기에 제한된다면 조선후기 문장가들의 비판은 봉건적 이념과 대상 인식에 있어 기존의 틀을 벗어나려는 거시적 지향점을 내포하고 있다. 박지원이 <열하일기>라는 문제적 글을 통해 조선사회의 세계관을 뒤흔들고, 심노숭 등이 틀에 박힌 고문의 영역을 벗어나 자유로운 감정을 표출한 것은 글쓰기에 있어 사회적 측면을 깊이 고려하였기 때문에 가능했다. 고전 글쓰기의 인식이 사회적이고 이념적인 측면을 내포하고 있다면 이태준은 개인의 개성과 미문 글쓰기에 제한됨으로써 글쓰기의 진폭을 축소시킨 한계를 갖는다.

3.3. 미문 중심의 문장관 강조

앞서 살펴본 것처럼 이태준은 <문장강화>에서 언문일치의 관점을 토대로 고전 글쓰기에 접근함에 따라 한문 글쓰기를 배제하였지만 기존에 존재했던 국문 글쓰기에 대한 언급과 판단은 밝히고 있다. 이와 관련된 부분을 살펴보면 <문장강화>에서 인용한 국문 글쓰기 자료는 크게 <춘향전>류의 고전 소설과 <한중록>류의 실기 문학으로 대별되며 이에 대해 이태준은 대조적인 관점을 나타내고 있다.

> 장화와 홍련의 계모 되는 허씨의 묘사다. 이런 인물이 사실로 있었다 하더라도 자연성을 살리기 위해는 그중에도 가장 특징될 만한 것만 한두 가지를 지적하는 데 그쳐야 할 것이다. 춘향전에, 이 도령이 춘향의 집에 갔을 때, 과실을 내오는 장면 같은 데도 보면, 그 계절에 있고 없고, 그 지방에 나든 안 나든 생각해 볼 새 없이 천하의 과실 이름은 모조리 주어섬

기는데, 그런 과장이 역시 과거 수사법이 끼친 중대한 폐해 중의 하나이다.[25]

　　『한중록』의 존재는 우리 산문의 금자탑이라 하겠다. …… 실로 치면 명주실이다. 짜르르 흐르고 챤챤 감쳐지고, 아껴 써 간결하기도 하다. 간결은 전아(典雅)한 고치(古致)를 지니며 절장(節章)이 길어선 정에 위곡(委曲)하다. 풍부한 속에서 세련된 궁중 어휘 어법이라 구슬을 섬으로 쏟고 고른 듯하다.[26]

　제시된 첫 번째 인용문에 잘 드러나듯이 이태준이 고전 글쓰기에 나타난 과장된 수사에 대해 문제의식을 지니고 있었다는 점은 앞서 살펴보았다. 이는 비록 국문 글쓰기의 유산이라 할지라도 과장된 수사법은 심각한 폐해라는 견해를 드러내고 있다. 그렇다고 해서 이태준이 고전 글쓰기에 대해 무조건적인 비판만을 가하는 것은 아니다. 앞선 사례와는 대조적으로 이태준은 고전 작품 가운데 <한중록>을 우리 산문의 금자탑이라 칭송하면서 이에 대해 간결, 전아, 고치 등의 단어와 '정에 위곡(委曲)하다', '세련된 궁중 어휘 어법'이라는 등의 언급을 통해 극찬하고 있다. 이를 살펴보면 이태준이 <한중록>을 높게 평가하는 이유가 세련된 어휘와 표현에 방점이 놓여 있음을 알 수 있는데, 이는 <장화홍련전> 등에 나타난 속된 어휘나 표현과 대비된다. 즉 이태준이 이전 국문 글쓰기를 바라보는 관점은 세련된 표현과 우아미에 높은 가치를 부여하고 속된 표현과 골계미 등에는 부정적 인식을 노출하는 경향이 있다.

　이태준이 <문장강화>에서 보이는 이러한 편향성은 많은 문제점을 내포하

25　『문장강화 외-이태준 전집 7』, 21면.
26　『문장강화 외-이태준 전집 7』, 268~269면.

고 있다. <문장강화>에서 비중 있게 다루고 있는 <춘향전>과 <한중록>의
특성을 살펴보면 <춘향전>은 민중 문학, 공연성, 저항성을 나타내는 데 비해
<한중록>은 궁중 문학, 기록성, 보수성을 지니고 있다. <춘향전>이 이태준이
지적한 과장성이나 비논리성을 나타내는 것은 적층 문학으로서 연행의 상황
에서 비롯한 결과이며, <한중록>이 우아하고 세련된 표현을 보이는 것은
최상위 지배층에 해당하는 특정 필자가 갖춘 자질에 기반한 측면이 크다.
이러한 대립적 구도 속에서 <한중록>에 대해 일방적인 가치를 부여하는 것
은 글쓰기가 지닐 수 있는 다양성과 가능성을 좁히는 결과를 초래하게 된다.

> 말을 그대로 적은 것, 말하듯 쓴 것, 그것은 언어의 녹음(錄音)이다. 문장
> 은 문장인 소이(所以)가 따로 필요하겠다. 말을 뽑으면 아무것도 남는 것이
> 없다면 그건 서기(書記)의 문장이 아닐까. 말을 뽑아내어도 문장이기 때문
> 에 맛있는, 아름다운, 매력 있는 무슨 요소가 남아야 할 것 아닐까. 현대
> 문장의 이상은 그 점에 있을 것이 아닐까.[27]

<문장강화>에서 이태준이 말하고자 한 궁극적 메시지는 언문일치의 실용
영역을 벗어나 미적 요소를 담지한 예술적 문장의 구현에 있다. 인용문에
잘 드러나는 것처럼 이태준은 의미만을 전달하는 문장은 서기의 문장에 불과
하며 문장은 의미를 제거하거도 곱씹을 수 있는 매력적 요소가 갖춰질 때
비로소 문장으로서 가치를 지닐 수 있다고 주장하였다. 이태준의 이러한 주
장에 대해서는 언문일치를 강조하면서도 이를 부정하는 모순점을 내포하고
있다는 문제점이 이미 지적되었다.[28]

---

27 『문장강화 외-이태준 전집 7』, 277면.
28 백지은(2015), 「근대어문의 이념을 향하여」, 『한국근대문학연구』 16, 한국근대문학회.

<문장강화>에 나타난 이러한 주장은 문학어의 위상이 매우 강했던 당대의 어문 현실을 감안하더라도 문제점이 많다. 즉 미적 문장에 대한 지나친 경사는 글쓰기에 있어서 편협한 인식을 불러일으켜 문장을 다듬는 것을 최우선으로 여기는 관념을 형성할 수 있다. 글은 내용과 형식, 사상과 표현의 두 측면의 조화가 필요하지만 우선적으로 생각할 것은 주제 의식의 정립과 내용의 충실성에 있기 때문이다. 이런 측면에서 <문장강화>는 뚜렷한 한계를 나타내고 있다.

> 대저 시는 시상이 근본이 된다. 다시 말하여 구상이 어렵고 어휘 선택과 문장 조직은 둘째인 것이다. 구상은 또한 그 사람의 기질의 높고 낮음에 따라 깊고 옅은 것으로 구별된다. 그런데 사람의 기질이란 본바탕에서 나오는 것이요, 배워서 되는 것은 아니다. 그러므로 기질이 낮은 자는 글귀를 주워 맞추는 데만 힘쓰고 구상을 앞세우지 못한다. 이렇게 지은 작품은 조각한 듯한 문장과 그림 그린 듯한 글귀가 참으로 아름답기는 하다. 그러나 내용이 깊고 두터운 의미를 품고 있지 못하기 때문에 처음 보기에는 잘된 듯하나 다시 감상하려면 감동이 없어지고 만다.[29]

인용문은 이규보가 시 작법을 포함해 글쓰기의 중요한 요소에 대해 자신의 생각을 밝힌 내용을 담고 있다. 제시된 글에 잘 드러나는 것처럼 이규보는 뜻을 세우는 구상과 필자의 기질, 글을 다듬는 행위 가운데 구상을 제일 중요한 요소로 인식했다. 즉 좋은 글은 굳건한 기질을 가진 필자가 뜻을 세우는 일에 중심을 둘 때 이루어질 수 있다는 것이다. 이에 비해 분상을 나듬는 데 치중하는 것은 처음에는 그럴 듯해 보이지만 결국 좋은 글로 이어지기 힘들다는 견해를 드러내고 있다.

---

29 이규보 저, 김상훈 외 역(2005), 『이규보 작품집 2 : 조물주에게 묻노라』, 보리, 295면.

<문장강화>는 해방 이후 이렇다 할 작문 교재가 부재한 상황에서 우리 글쓰기 교육에 큰 영향을 미쳐왔다. 그 결과 표현과 수사를 고려하여 문장을 다듬고 미문을 생산하는 것을 글쓰기 교육의 중심에 두는 관념을 조장한 혐의도 부인하기 힘들다. 좋은 우리 문장을 쓰도록 만드는 것은 글쓰기 교육에서 다루어야 할 중요한 내용임은 분명하지만 <문장강화>식의 접근이 가진 문제점과 한계 또한 분명하다고 할 수 있다. <문장강화>가 보여주는 이러한 접근법의 근원에는 이태준이 지닌 고전 글쓰기에 대한 편향된 인식이 자리하고 있다.

4. 맺음말

이태준의 <문장강화>는 근대계몽기 이후 우리 사회에서 진행되었던 어문운동과 방향을 같이하면서 근대적 글쓰기 규범을 확립하려는 의도로 저술되었다. 또한 <문장강화>가 쓰인 일제강점기 말의 시대적 상황을 고려하면 <문장강화>는 글쓰기 차원에서 우리 민족어를 보존하고 전수하기 위해 분투한 산물로서 의의를 지니고 있다. 이러한 저술 의도와 이태준의 위상을 바탕으로 <문장강화>는 당대부터 높은 평가를 받았고, 해방 이후 우리 작문 교육에 큰 영향력을 발휘해 왔다.

앞서 살펴보았듯이 <문장강화>는 고전 글쓰기에 대한 비판적 대타 의식을 바탕으로 근대적 글쓰기 규범을 확립하고자 하는 의도를 명확히 드러내고 있다. 이는 언문일치의 강조를 통한 한문 글쓰기의 배제, 고전 글쓰기에 나타난 수사학에 대한 신랄한 비판, 미문 중심의 문장관 강조로 나타났다. 즉 이태준은 <문장강화>를 통해 고전 글쓰기 유산에 대한 가치를 부정하고 개성을 드러내는 새로운 표현을 중심으로 한 미문 중심의 문장관을 확립하고자 하였다.

<문장강화>의 이러한 지향점은 민족어를 중심으로 한 글쓰기 규범을 형성하는 데 많은 기여를 하였다. 하지만 고전 글쓰기의 유산을 부정하고 표현과 수사를 중심으로 문장 작법에 치중한 <문장강화>의 내용은 한계를 지닐 수밖에 없었다. 이는 과거 오랜 시간 동안 많은 문장가들이 글쓰기에 대해 고민하고 성취해 낸 이론과 산물들을 간과하고 쌓아올린 결과이기에 그 범위와 깊이에서 제한점을 나타낼 수밖에 없었다. 많은 연구자들이 제기한 <문장강화>가 사회적·이념적 측면에 대한 고려가 부족하고 표현주의와 기교에 매몰되었다는 비판은 이미 고전 글쓰기를 인식하는 이태준의 관점에 내재되어 있었다고 할 수 있다. 이태준이 고전 글쓰기의 유산을 좀 더 폭넓게 인식하고 고찰했다면 <문장강화>는 좀 더 의미 있는 성과를 도출할 수 있었을 것이다.

문화에 대한 인식과 계승은 전면적인 수용이나 부정과 같은 양 극단의 지점에서 의미 있는 성과를 거두기는 힘들다. <문장강화>는 늦은 근대화 과정으로 인해 주권을 상실한 엄혹한 환경에서 저술되었기에 전통적 요소에 대해 균형감을 갖추기보다 전반적으로 부정에 가까운 인식을 바탕으로 산출되었다. 이로 인해 <문장강화>는 폭과 깊이를 갖춘 작문 지침서가 되기보다 미문 중심의 표현주의 차원에 한정되는 결과물이 될 수밖에 없었다. <문장강화>에서 이태준이 보여준 문화적 자산에 대한 인식 태도는 오늘날 올바른 문화 계승을 위해 우리가 지녀야 한 자세와 관련해 많은 시사점을 던져주고 있다.

Ⅲ. 고전 작품의 변용과 문학 창작

고전을 활용한 <남한산성>의 서사화 전략

1. 고전 변용에 있어 <남한산성>이 지닌 특성

고전 문학의 위기를 우려하는 목소리가 높다. 고전 문학은 현대의 대중들에게 시공간적 이질감으로 인해 공감을 얻기 힘들고, 따라서 대중들에게서 점점 소외되어 전문 연구자 집단의 연구 영역에 한정되게 되리란 걱정이 그것이다. 이는 고전 문학 작품이 현대의 독자들에게 흥미를 이끌어내지 못하고, 그래서 현대 독자들의 자발적인 독서와 향유를 기대하기 힘든 탓이 크다. 이런 이유로 고전 문학은 교육의 장에서 전통 문화의 수용과 계승이라는 이념적 정당성에 의해 그 명맥을 유지하고 있는 것이 현실이다.

고전 문학에 대한 흥미와 자발적 독서를 기대하기 힘든 상황임에도 불구하고 다른 한 편에서는 역사적 인물이나 사건과 같은 과거의 기록에 바탕을 두고 대중의 관심과 흥미를 이끌어내는 데 성공한 경우도 존재한다. 이른바 팩션소설이라고 불리는 것이 여기에 속하는데, 김훈, 김탁환, 김별아 등에 의해 수도된 이러한 경향은 2000년대 한국 소설이 보여준 새로운 움직임으로 인정받고 있다.[1] 본고에서는 그 가운데서도 대중적 관심과 아울러 작품성을 인정받고 있는 김훈의 <남한산성>에 주목하여 고전 문학과의 연관성 아래에서 작품이 지닌 의미와 성과를 분석해 보고자 한다.

고전 작품을 현대적으로 변용하려는 시도는 이전부터 있어 왔다. 근대 문학이 본격적으로 도입되고 나서 문명을 떨친 작가들에 의해 고전 작품에 대한 변용 시도는 심심치 않게 있었다. 이광수나 채만식, 최인훈 등은 <춘향전>, <허생전>, <흥부전>과 같은 대표적 고전 문학 작품을 인물 형상이나 사건 전개 등을 변용하여 새롭게 해석한 작품으로 내놓았다.

그런데 김훈의 <남한산성>은 이러한 시도와 몇 가지 구별되는 지점이 있다. 우선 앞선 작가들의 시도가 특정 작품을 대상으로 이를 개작하는 방향에서 진행되었다면, 김훈의 <남한산성>은 특정 작품이 아니라 역사적 사건과 관련된 다양한 자료를 바탕으로 하여 새로운 작품을 탄생시켰다는 점에서 차이가 있다. 또한 앞선 작가들의 작품은 고전을 재해석하려는 시도로서 의미를 지니지만 대중적으로 큰 반향을 얻지 못한 반면에 김훈의 <남한산성>은 대중의 큰 호응을 얻고[2] 해당 작가의 대표 작품으로 자리매김하고 있다. 이런 점에서 김훈의 <남한산성>은 고전의 현대적 변용과 독자의 적극적 수용이라는 측면에서 남다른 의미를 지닌다.

김훈의 <남한산성>은 병자호란과 관련된 기록들을 바탕으로 작가의 의도에 따라 이를 서사적으로 변용하여 새롭게 창작해 낸 작품에 해당한다. 이런 점에 주목하여 본고에서는 김훈이 <남한산성>을 창작하기 위해 옛 기록들을

---

1   이숙(2010), 「팩션소설 연구 서설」, 『현대문학이론연구』 40, 현대문학이론학회, 322~324면.

2   남한산성은 출간 2주 만에 5만 부, 한 달 보름 만에 10만 부가 팔렸고, 남성 독자가 여성 독자의 2배, 30대가 독자층의 30~40%를 차지했다고 한다. 차미령(2007), 「남한산성 리포트」, 『문학수첩』 2007 가을호, 문학동네, 32면. 그리고 현재에도 스테디셀러로서 꾸준한 관심을 받고 있다.

어떻게 활용해 나갔는지를 살펴보고, 그 가운데 작용하는 서사화 전략을 분석하고자 한다. 이를 통해 작가가 고전을 변용하여 말하고자 한 바가 무엇인지를 살펴보고 그것이 지닌 의미와 성과를 파악해 보고자 한다. 이러한 작업은 고전 문학이 현대적으로 계승되는 양상을 살피고, 그 의미와 개선 방향을 모색하는 데 도움이 될 것이라 기대한다.

2. <남한산성>과 고전 자료의 관계 양상

<남한산성>은 작품 첫머리의 '일러두기' 난을 통해 작품 창작을 위해 참고한 자료의 목록을 제시하고 있다. 이를 구체적으로 살펴보면 이긍익의 <연려실기술>[3], 조경남의 <속잡록>[4], 나만갑의 <병자록>[5], 석지형의 <남한일기>[6], 정약용의 <비어고>[7]를 국역한 자료와 작자미상의 <산성일기>[8]와 남평조씨의 <병자일기>[9]를 풀어 쓴 자료가[10] 이에 해당한다.[11]

---

3 이긍익(1967), <국역 연려실기술 Ⅵ>, 민족문화추진회. 이하 인용 부분은 인용 면수만 표기.

4 <남한산성>에서는 조경남의 <난중잡록>을 참고 자료로 제시하고 있으나 <난중잡록>은 임진왜란을 대상으로 한 기록물이며, 병자호란을 대상으로 한 기록은 <속잡록>에 나타나 있다. 자료 표기에 오기가 있었던 것으로 생각된다. <속잡록>은 <국역 대동야승>에 실린 것을 참고하였다. 민족문화추진회(1972), <국역 대동야승 Ⅷ>. 이하 <속잡록>의 인용 부분은 <국역 대동야승 Ⅷ>의 인용 면수만 표기.

5 나만갑 저, 윤재영 역(1985), <병자록>, 삼경당. 이하 인용 부분은 인용 면수만 표기.

6 서기형 저, 이효중 역(1992), <남한일기>, 광주문화원. 이하 인용 부분은 인용 면수만 표기.

7 정약용 저, 정해렴 역(2001), <임진왜란과 병자호란>, 현대실학사. 이하 인용 부분은 인용 면수만 표기.

8 작자 미상, 김광순 옮김(2004), <산성일기>, 서해문집.

9 남평조씨 저, 전형대·박경신 역(1991), <역주 병자일기>, 예전사.

10 <남한산성>에는 참고한 자료의 구체적 서지가 제시되어 있으며, 이 연구에서는 해당

<남한산성>이 참고하고 있는 고전 자료는 작자의 체험 양상이나 기록 시기에 따라 크게 세 가지로 분류할 수 있다. 첫째, 병자호란 당시 남한산성에서 자신이 직접 견문한 사실을 기록한 자료가 있는데, 이에 속하는 것으로는 나만갑의 <병자록>, 작자미상의 <산성일기>, 석지형의 <남한일기>가 있다. 둘째, 병자호란 당시 남한산성에 있지는 않았지만 다른 지역에서 전란을 간접적으로 체험하며 기록을 남긴 자료가 있는데, 이에 속하는 것으로는 조경남의 <속잡록>, 남평조씨의 <병자일기>가 있다. 셋째로는 후대의 시기에 병자호란과 관련된 기록을 엮어 편집한 자료가 있는데, 이긍익의 <연려실기술>과 정약용의 <비어고>가 이에 해당된다.

나만갑의 <병자록>과 작자미상의 <산성일기>, 석지형의 <남한일기>는 남한산성에서의 항전을 직접 경험한 입장에서 기록되었다는 공통점을 갖는다. 그런데 <병자록>과 <산성일기>는 특수한 관련이 있는 것으로 밝혀졌는데, <산성일기>는 후대인이 <병자록>의 내용을 발췌 번역한 작품으로 평가받고 있다.[12] 나만갑(1592~1642)은 병자호란 당시 공조참의 및 관량사를 겸하여 당상관의 자격으로 조정의 논의에 참여할 수 있었던 관료였던 만큼 <병자록>은 병자호란을 둘러싸고 산성 내에서 벌어졌던 사태의 전말을 파악하는 데

자료를 대상으로 하여 논의를 전개하였다.

11 이밖에도 <남한산성 문화유적 지표조사보고서>와 <남한산성 행궁지 시굴조사보고서>가 참고 자료로 제시되어 있지만, 이 자료들은 소설 창작을 위한 2차적 참고 자료로 보아 논의에서 제외하였다.

12 <산성일기>의 내용은 <병자록>의 해당 부분을 국역한 것으로, <병자록>에는 없지만 <산성일기>에 기록된 내용은 정온의 인품에 대해 평한 부분과 윤집·오달제에 대한 기술 뒤에 <삼학사전>을 지었다는 부분뿐이다. 이로 보아 <산성일기>는 송시열의 <삼학사전>이 지어진 1671년 이후 시기에 척화파를 동정하는 누군가가 <병자록>을 발췌 번역한 작품으로 여겨진다. 이와 관련된 자세한 내용은 '서종남(1988), 「산성일기와 병자록의 비교 연구」, 『새국어교육』 43~44, 국어교육학회'와 '장경남(2003), 「산성일기의 서사적 특성 연구」, 『고전문학연구』 24, 한국고전문학회' 참조 바람.

있어 매우 중요한 자료로서 위상을 갖는다. <남한산성>에서도 <병자록>에서 비중 있게 다룬 부분을 차용하여 서술한 부분이 곳곳에 나타난다.

> 비가 멎지 않아, 성 위에서 지키는 군사들이 죄다 비에 젖어 얼어 죽지 않을까 염려되었다. 전하께서는 세자와 함께 한데에 나와 서시어 하늘께 빌으셨다. "오늘 이 지경에 이른 것은 저희 부자가 죄를 지은 때문입니다. 성 안의 군사나 백성들이야 무슨 죄가 있습니까. 하늘이 재앙을 내리시려 거든 저희 부자에게 내리시고, 모든 백성을 살려 주시옵소서!"[13]

> 임금이 내행전 마당으로 내려섰다. 버선발이었다. 마당에는 빗물이 고여 있었다. 임금은 젖은 땅에 무릎을 꿇었다. 임금이 이마로 땅을 찧었다. 구부린 임금의 저고리 위로 등뼈가 드러났다. 비가 등뼈를 적셨다. 임금의 어깨가 흔들렸고, 임금은 오래 울었다. …… 임금이 울음 사이로 말했다. -우리 부자의 죄가 크다. 하나 군병들이 무슨 죄가 있어 젖고 어는가.[14]

인용된 첫 번째 부분은 <병자록>의 12월 16일자 기록으로 추운 날씨에 비까지 와서 고통받는 군사와 백성들을 위해 임금이 비를 맞으며 하늘에 호소하는 내용을 담고 있다. <남한산성>에서는 이를 차용하여 서술 내용으로 삼고 있는데, <병자록>의 내용이 백성들을 위한 임금의 직접적 발화에 초점을 맞추고 있다면 <남한산성>에서는 임금의 외양과 행동에 대한 묘사를 통해 비극적 형상을 강조하는 데 중점을 두고 있다. 이외에도 적진에 쇠고기를 보냈다가 거절당한 일이나 김류가 북성문으로 출전했다 패배한 일 등도 <남한산성>에 차용되어 비중있게 다루어지고 있다. 이처럼 나만갑의 <병자

록>은 <남한산성>의 이야기를 형성하는 기본 자료로서 충실한 역할을 하고 있다.

석지형(1610~?)의 <남한일기>는 병자호란 당시 공조좌랑으로 어가를 호종한 작자가 남한산성에 들어가 견문한 내용을 날짜별로 기록해 놓은 책이다.[15] <남한일기>는 임금을 중심으로 하여 신료들이 사태를 헤쳐 나가기 위해 논의한 내용을 담고 있는데, 여기에는 적진에 사신을 보내는 문제, 군사들의 사기 진작 대책, 근왕병을 독려하기 위한 방안, 전공자들에 대한 포상 논의, 화약 및 물자에 관한 걱정 등이 세세하게 서술되어 있다. 석지형은 이러한 조정의 논의들을 마치 옆에서 지켜본 것처럼 임금과 대신들의 대화를 구체적으로 제시하고 있다. 특히 <남한일기>에는 전쟁을 수행하고 농성을 유지하기 위해 고민한 실제적인 일들이 다양하게 다루어지고 있는데, 말먹이 풀의 부족이나 적의 공성을 대비한 돌덩이 수집, 군사들의 장비와 식량 배급, 가마니의 활용 및 관리, 성 밖으로의 밀사 파견 등이 이에 해당한다. 이처럼 <남한일기>는 농성 과정에서 조선 조정이 고민하고 대처해야 했던 일들을 구체적으로 보여주고 있으며, 김훈의 <남한산성>에서는 <남한일기>에 서술된 이러한 사항들을 서사의 주요 소재로 적극적으로 활용하는 양상을 보이고 있다.[16]

병자호란 당시 남한산성에 있지는 않았지만 다른 지역에서 전란을 간접적으로 체험하며 기록한 자료로는 조경남의 <속잡록>, 남평조씨의 <병자일기>

---

15 석지형은 남한산성에서의 체험을 기록한 것으로 <남한일기>와 <남한해위록>을 남겼는데, <남한일기>가 남한산성에서 있었던 일들을 세세히 기록한 반면에 <남한해위록>은 남한산성에서의 일들을 간략하게 기록한 대신 사태를 둘러싼 전후 사정을 보다 자세히 기록한 특징이 있다. 이영삼(2013), 「역주 <남한해위록>」, 전남대 한문고전번역협동과정 석사논문, 5~6면.

16 <남한산성>은 장별 제목을 제시하는 방식을 취하고 있는데, '말먹이 풀', '초가지붕', '바늘', '돌멩이' 등의 장들은 <남한일기>에서 전쟁 수행과 관련하여 빈번히 언급된 대상에 해당된다.

가 있다. <속잡록>은 임진왜란 당시 남원에서 의병장으로 활약했던 조경남 (1570~1641)이 엮은 4권 2책의 기록물로 병자호란 당시의 기록은 <속잡록>4 권에 수록되어 있다. <속잡록>에는 남한산성에서의 항전 외에도 산성 밖 근왕병들의 교전 내용, 전라도 지역을 중심으로 한 근왕병의 동태와 관청의 무능한 대응 등 군사 일에 대한 서술이 많은 부분을 차지하고 있으며, 적병들의 노략질과 백성들의 고통스런 상황 등도 서술하고 있다. 즉 <속잡록>은 남한산성의 위기를 접한 지방 관리들의 구원 노력과 대응, 지방의 혼란상 등을 엿볼 수 있는 자료로서 의미를 지니고 있다. 남평조씨의 <병자일기>는 남한산성에 임금을 호종하고 전란 후 소현세자를 따라 심양으로 간 남이웅의 부인인 남평조씨가 전란이 발발한 병자년 12월부터 4년여의 기간에 걸쳐 기록한 한글 자료이다. 전체 기록 중 병자호란과 직접적으로 관련된 내용은 극히 일부분이며, 여기에서는 전란이 발발하고 피란을 가며 겪은 갖가지 어려움을 서술하고 있다. 이를 통해 <병자일기>는 전란으로 인한 사회 혼란과 당대 사람들의 대응을 이해하는 데 도움을 주고 있다.

마지막으로 후대의 시기에 병자호란과 관련된 기록을 엮어 편집한 자료가 있는데, 이긍익의 <연려실기술>과 정약용의 <비어고>가 이에 해당된다. 전란이 있고 100년이 넘는 시간이 흐른 뒤 저술된 이 책들은 여러 기록들을 참고하여 병자호란의 전개와 조선의 대응 과정을 되돌아보고, 그 의미를 되새기는 작업을 수행하고 있다. 여기에는 병자호란이 발발하기 전 대청 외교와 관련된 조정의 논쟁, 전란 발발 후 남한산성에서 일어났던 여러 일들, 조선과 청 사이에 오고간 각종 문서, 근왕병들의 전투 상황, 강화도 함락의 과정, 3학사의 순절 등을 서술하고, 조선의 미비했던 대응에 대한 역사적 반성을 시도하고 있다. 이들 기록들은 전란을 직접 경험했던 당사자들의 기록과 달리 시간이 흐른 뒤 이를 조명하려는 목적으로 쓰였기 때문에 사태의 전모를 다각적으로 파악하는 데 도움을 주고 있다.

　김훈의 <남한산성>은 이들 고전 자료에 나타난 내용을 작가가 자신의 의도에 맞게 흡수하고 변형시켜 산출한 결과물에 해당한다. 이를 좀 더 구체적으로 살펴보면 <남한산성>을 산출하기 위해 작가는 <연려실기술>과 <비어고>를 통해 병자호란을 둘러싼 시대적 흐름을 이해하고, <속잡록>과 <병자일기>를 통해 산성 밖에서 벌어졌던 근왕의 노력과 사회의 혼란상을 파악하며, 무엇보다 <병자록>과 <남한일기>에 나타난 내용을 통해 산성 안에서 벌어졌던 일들을 형상화할 수 있었을 것이다. 그러나 <남한산성>이 하나의 완결된 텍스트로 산출되기 위해서는 옛 기록을 취사선택하고, 창작 의도에 맞게 변형하며, 이를 유기적으로 조직해 나가는 서사화 과정이 필요하다. 아래에서는 김훈의 <남한산성>이 하나의 작품으로 산출되는 서사적 기제들을 인물 형상화의 측면, 사건 진행의 측면, 서술 초점화의 측면을 중심으로 살펴나가도록 하겠다.

3. <남한산성>에 나타난 서사화 전략

3.1. 등장인물에 대한 파노라마식 서술

　<남한산성>은 적군에 의해 포위되어 고립무원의 극단적 상황에서 47일을 견뎌낸 다양한 인간 군상들의 반응을 담아낸 소설이다. <남한산성>에서 작가는 특정 인물에 초점을 맞춰 일관된 시점에서 서사를 전개하기보다 시선을 파노라마식으로 이동시켜 사태를 둘러싸고 벌어지는 인물들의 다양한 대응 양상을 소설 속에 담아내고자 하였다. 이로 인해 <남한산성>이 다루는 인물

들은 조선과 청군의 양측, 그리고 조선의 조정 신료와 군병, 백성들, 정명수와 같은 민족반역자에 이르기까지 안팎과 상하에 이르는 폭넓은 스펙트럼을 나타내고 있다. 작가는 이러한 인물들에게 성격을 부여하기 위해 옛 기록들을 참조하여 구체적 형상을 갖춘 인물로 재창조하고 있다. 여기에서는 작가가 인물의 성격을 형상화하기 위해 시도한 작업을 옛 기록과의 관련성에 따라 반영, 변형, 창조, 차용의 네 가지 양상으로 나누어 살펴보고자 한다.

[표 1] <남한산성>에 나타난 인물 형상화 양상

관계 양상	반영	변형	창조	차용
해당 인물	최명길, 이시백, 김 류, 정명수	인 조, 김상헌	서날쇠, 나루, 칸, 용골대	수찬, 교리, 정랑

먼저 옛 기록에 나타난 성격을 수용하여 형상화한 인물로는 최명길, 이시백, 김류, 정명수를 들 수 있다. 옛 기록은 최명길을 주화파의 대표적인 인물로, 이시백을 수성의 임무를 성실히 수행한 장수로[17], 김류를 무능하며 간사하고 시류에 영합하는 인물로[18], 정명수를 민족을 팔아 사익을 챙기는 반역자로 제시하고 있다. <남한산성>에서는 이들의 행동을 구체화하거나 내면을

---

17 이시백은 임금의 만류에도 군졸들이 모두 갑옷을 입지 않고 있어 자신도 생사를 같이 하겠다며 갑옷을 입지 않은 인물로 전투에 인해서는 화살을 맞고도 견디기 끝날 때까지 이를 감추었다고 한다. '<국역 연려실기술 Ⅵ>, 211면'과 '<임진왜란과 병자호란>, 136~137면' 참조.

18 옛 기록에는 김류가 전란 전에 척화를 강경하게 주장하다가 입장을 바꾸었으며, 자신의 아들인 김경징을 강도검찰사로 임명하여 강도 함락의 비극을 초래하였고, 북성 전투에서 적의 꾀임에 빠져 큰 패배를 당하고도 책임을 전가하려 하는 등의 부정적인 면모를 곳곳에서 서술하고 있다.

자세히 설명하는 방식을 활용하고 있지만 근본적인 측면에서는 큰 변화 없이 옛 기록에 나타난 인물의 면모를 수용하여 성격을 형상화하고 있다.

옛 기록에 나타난 인물 형상을 변형한 대상으로는 인조와 김상헌을 들 수 있다. <남한산성>에서는 인조를 말수가 적고, 무기력하며, 냉소적인 태도를 보이는 인물로 묘사하고 있다. 그러나 기록에 나타난 인조의 모습은 <남한산성>에서 묘사하고 있는 상과는 거리가 있다.

> 호조가 세찬이 되돌아온 일을 어전에 아뢰었다. 임금의 목소리가 떨렸다. -용골대가 뭐라 하더냐? 호조 관원은 내행전에 불려와 더듬거리는 목소리로 용골대의 말을 전했다. 임금의 머리가 천천히 숙여지더니 서안에 닿았다. …… 임금은 오랫동안 서안에 엎드려 있었다. 임금의 어깨가 흔들렸다. 신료들은 입을 열지 않았다.[19]

> 지금 나아가려 하는가? 城을 나오라는 한 가지 條件을 다시 따져 얘기하자고 저들이 말해오거든, 오직 '文書로 이미 곡진하게 말했으니, 오직 죽음이 있을 뿐이라'면서 엄히 거절하는 것이 좋겠소. 胡人의 욕심은 그칠 줄을 모르니 우리 쪽에서 餘地를 둔다면, 반드시 얻어내고 말기를 기할 것이니, 준엄하게 거역한다면 꼭 다퉈야 하게 될 것이오. 崔判書는 성질이 약해서 적이 공갈하고 나서면, 매양 겸손한 말로 이끌려 드니, 이것은 실로 생각이 깊지 못해서 그런 것이오.[20]

첫 번째 인용된 <남한산성>에서는 새해 인사를 구실로 보낸 세찬이 되돌아오자 흐느끼는 인조의 모습을 서술하고 있다. 그러나 실제 기록에는 분한 마음을 표시할 뿐 울음을 우는 등의 장면은 나타나지 않는다.[21] 즉 <남한산

---

19 <남한산성>, 248면.
20 <남한일기>, 318면.

성>에서 묘사한 울음을 우는 장면은 약소국의 군주로서 인조의 유약한 모습을 강조하려는 작가의 의도적 장치로 여겨진다. 이에 비해 두 번째 인용된 <남한일기>의 1월 21일자 기록을 보면, 인조는 적진으로 가려는 사신 일행에게 분명한 행동 지침을 내리고 최명길의 유약한 협상 태도를 지적하는 적극적인 모습을 나타내고 있다. <남한일기>의 다른 서술에서도 인조는 조정의 논의를 이끌어 나가고, 신하들의 공론을 질책하거나 적진에 보낼 문서를 검토하고 수정 지시를 하는 등의 적극적인 모습을 보이고 있다. 즉 <남한산성>에 나타난 인조의 유약한 형상은 강건한 이미지로 제시되는 칸의 형상과 대비되어 약소국의 군주로서 인조의 성격을 강조하기 위한 작가의 의도가 내재해 있다.

김상헌의 경우는 인조에 비해 변형의 폭이 더 넓게 나타난다. 옛 기록에서 김상헌은 척화파의 대표자로서 시종일관 청과의 교섭을 반대하고 죽음으로써 성을 사수할 것을 간언하는 신하의 모습을 나타내고 있다. <남한산성>에서는 옛 기록에 나타난 김상헌의 면모를 그대로 반영한 측면과 백성들의 처지를 이해하고 이들과 소통하는 자세를 갖춘 면모를 함께 그려내는 이중적 특성을 보이고 있다. <남한산성>에서 김상헌은 자신의 신념에 반하는 행동을 한 사공을 죽이기도 하고, 서날쇠와 같은 능력을 갖춘 백성과 협력하기도 하며, 자신이 죽인 사공의 딸인 나루를 건사하는 모습을 나타내는 등 백성과의 관계가 강조되는 형상으로 나타난다. 이는 옛 기록에서 전혀 근거를 찾을 수 없는 작가의 의도가 내재한 부분에 해당한다. 이는 현대적 관점에서 비판의 대상이 되기 쉬운 김상헌의 입장을 옹호하기 위한 작가의 의도적 배려로

---

21 <병자록>, <연려실기술>, <비어고>에는 관련 일에 대한 임금의 반응은 나타나지 않으며, <남한일기>에서는 분한 감정을 표현하고 있다. 관련 기록은 <남한일기>, 193면.

여겨진다. 김상헌과 백성들의 연계를 설정하는 것은 주화파의 논리에 경도되기 쉬운 현대 독자들에게 척화파를 위한 균형추의 역할을 하게 하여 작품의 의미를 단순 논리에 매몰되지 않도록 하는 효과를 거두고 있다.[22]

<남한산성>에서 작가에 의해 새롭게 창조된 인물의 유형으로는 칸, 용골대, 서날쇠, 나루를 들 수 있다. 이는 제한된 정보를 가지고 작가의 추론에 의해 그 형상을 창조한 유형에 속한다. 먼저 작가가 참조한 자료에서 칸과 관련된 정보는 매우 제한적이다. 칸은 조선에 보낸 문서와 항복 의식 때 비친 모습을 통해 그 면모를 엿볼 수 있다. 칸은 조선에 모두 4차례의 문서를 보냈는데 거기에는 신흥 제국의 군주로서의 자신감과 조선을 매섭게 추궁하는 직설적 화법 등이 나타나 있다.[23] 이런 자료를 토대로 <남한산성>에서는 칸을 날카로운 눈매를 지닌 행동이 민첩하고 호전적 기상을 지닌 인물로 묘사하고 있으며, 생각을 직설적으로 표현하는 것을 중요하게 여기는 인물로 나타내고 있다. <남한산성>에서 칸에 대해 많은 서술을 하고, 그의 언어 의식과 실용적 사고를 강조하는 것은 조선의 지배층의 의식과 대비하고자 하는 작가의 의도를 드러낸다. 용골대의 형상도 비슷한 양상을 나타내고 있다.

서날쇠는 적정을 정탐하고, 임금의 유지를 각처에 전한 공을 세워 옛 기록에서 빠짐없이 언급되고 있는 서흔남을 모델로 한 인물에 해당한다. 서흔남은 수어사영의 사노이자 기와장이라고도 하고[24], 일정한 일 없이 무당 노릇이나 대장장이 노릇을 한 인물이라고도 하는데[25], 미천한 백성으로 나라를 위해 큰 공을 세워 칭송받는 인물로 나타난다. <남한산성>에서는 서날쇠라

---

22   김상헌의 이러한 이중적 면모는 인물의 성격과 작품 전개의 완성도 측면에서 다소 어색한 조합으로 느껴지기도 한다.
23   <남한일기>, 374면.
24   <남한일기>, 169면·174면.
25   <병자록>, 106~107면.

는 이름을 지닌 대장장이로 그려져 김상헌과의 교감을 통해 병장기를 손질하
거나 성안의 각종 필요를 해결하는 실력을 갖춘 인물로 형상화되고, 김상헌
의 부탁에 의해 유지를 전달하는 중책을 수행하는 인물로 나타난다. 작가는
말로써 모든 것을 일삼는 지배층과의 대비를 위해 서날쇠의 형상을 구체화하
여 제시하고 있다.

나루는 <남한산성>에서 김상헌에 의해 죽임을 당한 송파강 뱃사공의 어린
딸로 제시된 인물이다. 이와 관련된 사항은 <속잡록>의 1월 8일자에 "사로잡
혀 갔던 아이가 도망쳐서 성문 아래 당도하므로 문을 열고 받아들이니 나이
가 8·9여세 가량이었다. 주상은 불러서 적의 동태를 물어보고 본주(本州)에
명하여 급료(給料)를 주게 하였다. 그리고 또 약과(藥果)를 하사하였다."[26]는
기록이 나온다. 아이와 관련된 기록은 이것이 유일한데 <남한산성>에서 작
가는 강인한 생명력을 지닌 것으로 여겨지는 이 아이를 인조가 관심을 기울
이고, 김상헌과 서날쇠가 보호하여, 전란 후의 새로운 시작을 상징하는 나루
라는 인물로 제시하고 있다.[27]

마지막으로 <남한산성>에서는 원래 기록의 맥락과 다르게 인물을 차용하
여 형상을 부여한 경우도 나타난다. <남한산성>의 '문장가' 장에는 칸의 문서
에 대해 답서를 지으라는 어명을 받은 수찬, 교리, 정랑의 세 늙은 당하관이
등장한다. 이들은 후세에 오명을 남기지 않기 위해 칭병을 핑계하는 차자를
올리거나 번민에 휩싸여 심장이 터져 죽거나 간택되지 않을 글을 써서 답서
쓰기를 피해가는 행태를 보여준다.[28] 이는 원래 전란이 끝난 후 청의 요구에

---

26 <국역 대동야승 Ⅷ>, 416~417면.
27 <남한산성>은 나루가 초경을 흘리고 서날쇠가 자신의 아들을 나루와 혼인시킬 생각을
    하는 것으로 끝이 난다.
28 <남한산성>, 300~309면.

의해 삼전도 비문을 쓰도록 어명을 받은 장유, 이경석, 조희일, 이경전의 사례를 차용하여 적은 것이다. 기록을 보면 이 네 명에게 임금이 글을 짓도록 했는데, 이경전은 병 때문에 짓지 못하고 조희일은 글을 거칠게 써서 바쳐 모면하였고, 장유는 사태의 와중에 사망하였고, 이경석이 임금의 간곡한 요청으로 어쩔 수 없이 글을 짓게 되었다고 한다.[29] <남한산성>에서 작가는 언어와 현실의 관계에서 언어에 집착하는 당대 지배층의 그릇된 행태를 비판적으로 서술하기 위해 다른 맥락을 차용하여 인물을 그려내는 방식을 활용하고 있다.

이처럼 <남한산성>에서는 옛 기록의 내용들을 반영, 변형, 창조, 차용하는 방법을 통해 고립무원의 극단적 상황에서 인물들이 나타내는 다양한 반응들을 형상화하고자 하였다. 이러한 작업을 통해 작가는 남성 사대부에 의해 쓰인 기존의 기록에서 조명을 받지 못한 인물들의 면모를 새롭게 드러내고 있다. 즉 옛 기록에서 제대로 언급되지 못했던 적국의 수장이나 백성들에게 새로운 성격과 역할을 부여함으로써 당대 지배층의 문제점을 대조적으로 부각하고, 이들을 통렬히 비판하는 효과를 거두고 있다.

3.2. 내부 논쟁에 초점을 맞춘 서사 진행

<남한산성>은 인조가 적의 침략을 알고 피난을 결정하는 때부터 청의 귀순 요구에 응해 출성하기까지의 시간을 다루고 있다. 즉 기록에 근거하면 병자년 12월 13일부터 정축년 1월 30일까지의 시기를 다루고 있는데, 소설에서는 이를 출성 이후의 상황을 적은 마지막 장을 포함하여 40개 장으로 나누

---

29   이와 관련된 기록은 '민족문화추진회(1990), 『인조실록』 15, 312면'과 '<국역 연려실기술 VI>, 276~277면' 참조 바람.

어 구성하고 있다. <남한산성>이 참고한 옛 자료들이 모두 시간의 순서에 따라 발생한 일들을 기록하고 있고, <남한산성>에서도 시간을 명시하지는 않았지만 대체적으로 시간의 흐름에 따라 사건을 서술하는 양상을 보이고 있다. 아래에서는 주요 사건을 중심으로 <남한산성>에서 시간에 따른 사태의 전개를 어떻게 다루고 있는지를 살펴보고자 한다.

[표 2] 시간에 따른 <남한산성>의 장별 주요 내용

<남한산성> 해당 장	해당 시기	주요 사건
1장 '눈보라'	12월 13일	인조가 적의 침략을 알게 됨.
6장 '겨울비'	12월 24일	인조가 비 그치기를 축원
25장 '쇠고기'	12월 27일	적진에 세찬을 보냈다 거절당함.
26장 '붉은 눈'	12월 29일	김류가 북성 전투에서 패배함.
29장 '물비늘'	1월 2일	칸이 1차 문서를 보냄.
31장 '답서'	1월 2일	답서를 보내는 것과 관련해 논쟁함.
32장 '문장가'	1월 2일	인조가 답서의 작성을 명함.
33장 '역적'	1월 3일	조선에서 1차 답서를 보냄.
35장 '홍이포'	1월 17일~1월 22일	칸이 2차 문서를 보냄. 청군이 강화도를 점령함.
36장 '반란'	1월 26일	군병들이 행궁에 와서 척화신 내어주기를 요구함.
37장 '출성'	1월 27일	출성을 결정함.
38장 '두 신하'	1월 29일	척화신 2명을 압송함.
39장 '흙냄새'	1월 30일	삼전도에서 항복 의식을 거행함.

제시된 [표 2]는 옛 기록에 해당 시기가 명확하게 제시된 사건과 <남한산성>의 장별 내용을 연계하여 나타낸 것이다. 이 표에서 우선 주목할 것은 <남한산성>의 전체 40개 장 중에서 33개 장의 내용이 1차 답서를 보내는 1월 3일까지의 시기에 할애되고 있으며, 나머지 7개 장이 출성까지의 과정과 출성 직후의 상황을 서술하는 내용을 담고 있다는 사실이다.

<남한산성>의 서사 분량은 4분의 3 이상이 인조가 살고자 하는 의지를 밝히고 답서를 보내기 이전의 시기에 할애되어 있다. 즉 30장까지의 내용은 전란 발발부터 칸의 1차 문서가 도착하는 1월 2일 무렵의 보름 남짓한 기간을 다루고 있는데, 여기에는 최명길, 김상헌, 김류, 이시백, 서날쇠, 용골대, 칸 등 주요 인물의 내면 풍경이 그려지고, 김상헌과 최명길, 김류와 이시백의 갈등[30], 최명길과 용골대의 담판[31], 김상헌과 서날쇠, 인조와 나루의 만남 등과 같은 인물 간의 관계가 그려진다. 이는 사태의 향방이 정해지기 전 다양한 입장을 가진 인물들의 생각을 제시하고, 또 인물 간의 관계를 통해 그들 사이의 이해와 갈등을 서술하려는 목적을 띠고 있다.

또한 여기에서는 이름을 부여받은 주요 인물의 세계만 나타나는 것이 아

---

30 <남한산성>에서는 김류와 이시백을 일신의 보존을 추구하는 인물과 주어진 일을 묵묵히 수행하는 인물의 대립적 성격으로 제시하고 둘 사이의 갈등을 형상화한다. 9장 '초가지붕'장에서는 척후병 파견과 남문 앞 적 주둔 문제로 김류가 이시백의 곤장을 치는 장면을 삽입하여 갈등의 고조를 압축적으로 제시하고 있다. 옛 기록에서 김류와 이시백의 갈등은 김류가 이시백의 아버지 이귀와의 갈등으로 이시백의 건의를 묵살하거나 이시백이 남한산성의 전쟁 대비 미비를 김류의 탓으로 돌리는 일 등에서 잘 나타나며(<국역 연려실기술 Ⅵ>, 173면·191면), 김류가 이시백의 곤장을 치는 사건도 여러 기록에 제시되어 있다.(<국역 연려실기술 Ⅵ>, 182면, <국역 대동야승 Ⅷ>, 405면.)
31 <남한산성>에서는 용골대가 인조에게 문서를 보내고(봉우리 장) 최명길이 인조의 명을 받아 용골대와 회담 하는 장면(사다리 장)이 제시되어 있는데 이는 옛 기록에는 나타나지 않는 부분이다. 최명길은 적과의 최초 만남에서 화친을 원한다는 마부대의 말을 의심 없이 받아들여 인조에게 심한 질책을 받았다. 최명길이 적진에 파견되는 것은 적과의 교섭이 본격화된 1월 12일 경에 나타난다.

니라 추위와 싸우며 성첩을 수비해야 했던 이름 없는 군병들의 고통과 사태의 향방을 알 수 없어 불안에 휩싸인 백성들의 수군거림, 전쟁을 수행하기 위해 겪어나간 일들이 차례차례 서술되어 있다. 또한 입으로는 대의를 외치면서도 일신의 안위를 위해 이중적 행동을 보이는 관리들의 행태도 서술되고 있다. 즉 <남한산성>의 30장까지의 내용은 불확실한 상황 속에서 두려움과 공포를 느끼며 성안에 갇혀 시간을 견뎌가는 인간 군상들의 다양한 모습이 연출되고 있다.

이는 <남한산성>의 서사적 초점이 칸의 내왕과 요구가 확인되기 전까지의 불확실한 상황 속에서 인물들이 느끼는 혼란과 두려움을 서술하는 데 놓여있음을 드러내고 있다. 즉 <남한산성>에서 작가가 말하고자 하는 것은 이미 역사적으로 귀추가 알려진 사실에 대한 보고가 아니라 상황이 확정되기 전까지 다양한 인물들의 대응을 제시하는 데 초점이 놓여 있다. 이로 인해 <남한산성>의 29장 '물비늘'에서 칸이 던진 "너의 도모하는 바가 무엇인지를 말하라."[32]는 물음에 대해 31장 '답서'에서 인조가 "-칸이 여러 가지를 묻더구나. …… 나는 살고자 한다."[33]는 대답을 하자 이후의 사건 전개는 빠르게 진행되는 전환을 맞게 된다.

인조가 답서를 보내고 난 이후의 시기에 해당하는 <남한산성>의 마지막 7개 장은 출성까지의 급박한 전개 과정을 다루고 있다. 기록에 의한 시간으로는 1월 3일 이후부터 1월 30일 직후까지의 시간을 다루고 있다. 여기에서는 인조의 불명확한 응답에 대한 칸의 분노, 강화도 함락, 군병의 소란, 출성 결정, 척화신 압송, 출성의 과정이 각각의 장에 대응하여 빠른 전개 과정을

---

32   <남한산성>, 285면.
33   <남한산성>, 295면.

보이고 있다. 남한산성의 항전 48일 간의 기간 가운데 27일에 해당하는 절반이 넘는 시기에 비하면 이는 매우 짧은 서술 분량을 띠고 있는데, 이는 해당 부분의 내용이 옛 기록에 나타난 사실의 핵심을 간추려 정리하는 형식을 띠고 있기 때문이다.

특히 옛 기록과 비교했을 때 <남한산성>의 마지막 7개 장에서는 조선과 청 사이에 오고 간 국서의 내용을 생략하거나 간략하게 다루고 있다. 기록에 의하면 청에서 보낸 국서가 4차례이고 조선에서 보낸 국서가 7차례인데, <남한산성>에서는 이를 청에서 보낸 2차의 문서와 조선에서 보낸 1차의 문서로 간략화하고 있으며, 문서의 내용 또한 상황에 맞게 변형하여 제시하고 있다. 옛 기록에 따르면 청과 조선의 국서를 통한 외교 교섭이 진행되는 동안 남한산성 안에서는 출성에 대한 왕의 완강한 거부와 척화신 압송을 둘러싼 갈등, 화포와 성벽 공략에 의한 청의 공세 강화와 민심의 불안과 군병의 동요가 급박하게 진행된다. 실제 인조가 출성을 결심하게 되는 것은 군병의 동요와 강화도 함락의 소식, 묘당의 건의가 함께 이루어진 후의 일이다. 그런데 <남한산성>에서는 인조가 출성을 결심하는 것이 갑작스럽게 이루어지고, 강화도 함락에 대해 조정이 받은 충격도 생략되어 있으며, 척화신 압송을 둘러싸고 벌어진 주화파와 척화파의 논란도[34] 인조와 김류의 언쟁 정도로 변형되어 간략하게 다루어지고 있다.

<남한산성>의 전체 서사 진행 과정은 칸의 요구 조건과 인조의 대응 방향이 나타난 1월 3일 무렵에서 전환이 이루어지며 그 서사의 중심은 청의 요구 조건이 현실화되기 이전의 전반부에 쏠려 있다. <남한산성>에서 작가는 불

---

34 척화파 압송 명단을 결정하는 과정도 기록에는 묘당에서 결정한 11명을 왕이 승인하였으나 나만갑과 이경석, 박황이 반대하여 윤집·오달제 두 명을 압송하는 것으로 결정된 것으로 나타나 있다. <병자록>, 108~110면.

확실한 상황에서 다양한 인간들이 나타낸 대응 양상에 초점을 맞춰 서사를 전개하다가 칸의 내왕으로 사태의 향방이 분명해지자 급박한 서사 전개를 취하는 방식을 택한다. 이는 상황이 불명확할 때는 인물들의 다양한 심리와 반응을 서술하다가 사태의 향방이 결정되었을 때는 급박한 서사 전개를 통해 역사적으로 발생한 사실을 확인하는 방식으로 나타났다. 이는 결국 <남한산성>에서 말하고자 하는 바가 역사적 사실에 대한 재확인이라기보다 역사적 사건을 대하는 다양한 인간 군상들의 반응에 초점이 놓여있음을 잘 드러내고 있다.

3.3. 생존 관련 요소의 전경화

<남한산성>은 작품 내용 가운데 추위, 음식, 전쟁 물자와 같은 생존과 관련된 요소에 대한 서술이 많이 나타나고 이에 대한 묘사가 뛰어난 특징을 지니고 있다. 이는 <남한산성>에 나타난 장의 제목을 보면 쉽게 알 수 있는데, 관련된 장으로는 '말먹이풀', '초가지붕', '바늘', '돌맹이', '사다리', '밴댕이젓', '돼지기름', '냉이', '홍이포'를 들 수 있다. 이들 장에서는 추위를 이겨내기 위한 가마니 사용, 성첩을 수비하기 위한 돌맹이 모으기, 우연히 발견하게 된 밴댕이젓을 나누는 광경, 청나라의 강력한 무기 등을 자세하게 다루는 양상을 보인다. 즉 <남한산성>에는 이러한 생존 관련 요소들이 작품 전면에 부각되어 나타난다는 특징이 있다.

옛 기록에 나타난 사항을 살펴보면 주로 적정에 대한 파악, 청에 대한 대응 방향을 둘러싼 논란, 사신 파견과 문서에 담을 내용 문제, 근왕병을 독려하기 위한 대책, 군사들의 포상과 사기 진작 방안 등이 논의되고 있음을 발견하게 된다. 이에 비해 <남한산성>에서 부각시키고 있는 생존 관련 요소

와 군병들의 상황에 대한 서술은 매우 압축적으로 드러난다.

성중에 온갖 것이 다 군색해지고 말과 소가 모두 죽었으며 살아있는 것은 굶주림이 심하여 서로 그 꼬리를 뜯어 먹었다.[35]

장수와 모든 군사들이 항상 노천(露天)에 거처하여 얼굴빛이 푸르고 검어서 형상이 사람 같지 않고, 살이 터지고 손가락이 빠져 참혹한 것은 차마 말할 수 없었다.[36]

위의 첫 번째 인용문은 <연려실기술>의 12월 30일자 기록에 해당하는데, 성내의 물자 상황과 가축 등의 상태에 대해 압축적으로 표현하고 있다. 이는 성안에서의 항쟁이 보름을 막 넘겼을 때의 상황으로 온갖 것이 다 군색해졌다는 언급과 마소가 굶주려 죽을 지경이라는 표현에서 심각한 상황을 유추할 수 있다. 두 번째 인용문은 1월 15일자에 나타난 군사들의 상황에 대한 기록으로 성곽 수비를 위해 악전고투하는 그들의 고통이 참혹하여 차마 말할 수 없다는 표현으로 서술되어 있다. <남한산성>에서는 이러한 압축된 표현들이 작가의 구체적 묘사에 의하여 생생하게 재현되는 효과를 거두고 있다.

예판대감의 순시를 알려도 군병들은 군례軍禮를 바치지 않았다. 바람에 무너진 가리개들이 흩어졌고 물 먹은 거적이 나뒹굴었다. 손에 창이나 활을 쥔 자는 아무도 없었다. 군병들은 두 손을 사타구니 사이에 넣고 비비며 언 발을 굴렀다. …… 온 산에 찬비가 골고루 내려서 피할 곳은 없었다. 군병들은 수목처럼 젖어 있었다. 솜옷이 젖고 얼어서 몸을 움직일 때마다 얼음이 서걱였다.[37]

---

35   <국역 연려실기술 VI>, 193면.
36   <국역 연려실기술 VI>, 200면.

제시된 인용문은 군사들이 성을 방어하기 위해 밤새 추위와 사투를 벌이며 견뎌내는 장면을 묘사하고 있다. 인용문에 보이는 것처럼 병사들은 적과 싸우기 이전에 추위와 치열한 싸움을 벌여야 했으며 이로 인해 병장기를 쥐는 것은 고사하고 온기가 남아 있는 부분에 손을 파묻고 동상을 이겨내기 위해 사투를 벌이고 있는 것으로 나타난다. 이는 앞선 기록에서 참혹한 것을 말로 할 수 없다는 부분을 작가가 묘사를 통해 구체화하고 있는 부분에 해당한다. 이처럼 <남한산성>에서는 곳곳에서 전투를 수행하는 군병들의 실제적 고통을 묘사를 통해 살려내는 부분이 나타나고 있다.

<남한산성>에서 다루는 생존 요소들과 관련된 기록은 <남한일기> 곳곳에서 그 단편적 모습을 드러내고 있다. <남한일기>에서는 말먹이풀 부족에 대한 언급, 적의 화살 공격을 막아내기 위한 포장 설치에 필요한 바늘과 실에 대한 언급, 돌멩이 모으는 문제, 가마니 활용과 관리 문제 등에 대한 서술이 드물지 않게 나타난다. <남한산성>에서는 <남한일기>의 이러한 기록을 적극적으로 수용하여 관련 요소를 부각시켜 서술하는 전략을 취하고 있다.

> 지금 당장에 군색한 것은 말먹이 풀이옵니다. 가까운 곳에 저장해 놓은 것을 옮겨와야겠는데, 밤에는 성문을 열지 않으니 딱한 일이옵니다. ……
> 낮에 가져온다면 저들도 알게 되고, 알면 태우고 말 것이라, 그래서 밤을 타자는 것입니다.[38]

> 料를 태우고 남은 空石을 軍士들 任所에 나눠주도록 이왕에 命令이 계셨사오나, 오늘은 기후노 제법 풀어져서, 軍士늘의 춥고 떠는 것도 몹시 급하지는 않사옵니다. 司僕의 말과 驛馬의 먹이풀이 바닥나서 굶어죽는 것을

---

37   <남한산성>, 60면.
38   <남한일기>, 95~96면.

免치 못하게 되어 너무나 가엾사오니, 管餉使에게 空石이 나는 대로 모아

두었다가 말먹이로 쓰는 것이 좋겠다고 일러주시기 바라옵니다.[39]

첫 번째 인용문은 <남한일기>의 12월 20일자 기록으로 당시 경기도 관찰

사였던 이명이 말먹이 풀의 부족을 언급하며 이를 해결하기 위해 밤에 몰래

바깥에 저장해 둔 것을 가져와야 한다는 의견을 피력하고 있다. 두 번째 인용

문은 <남한일기>의 1월 4일자 기록으로 비변사에서 말먹이 풀 부족 문제를

해결하기 위해 군사들에게 나누어주던 가마니 깔개를 말먹이로 쓰자고 제안

하는 내용을 담고 있다. 이밖에도 곳곳에서 말먹이 풀의 부족을 언급하는

부분이 나타나는데, 이로 보아 항전 당시 건초를 구하는 것이 성내의 상당한

고민거리였음을 알 수 있다.

백성의 초가지붕을 벗기고 군병들의 깔개를 빼앗아 주린 말을 먹이고,

배불리 먹은 말들이 다시 주려서 굶어 죽고, 굶어 죽은 말을 삶아서 군병을

먹이고, 깔개를 빼앗긴 군병들이 성첩에서 얼어 죽는 순환의 고리가 김류

의 마음에 떠올랐다. 버티는 힘이 다하는 날에 버티는 고통은 끝날 것이고,

버티는 고통이 끝나는 날에 버티어야 할 아무것도 남아 있지 않을 것이었

는데, 버티어야 할 것이 모두 소멸될 때까지 버티어야 하는 것인지 김류는

생각했다.[40]

<남한산성>에서는 옛 기록에 나타난 말먹이 풀의 문제를 이시백과 김류의

갈등을 부각시키는 소재로 활용하고 있다. <남한산성>에서는 산성 내의 말

먹이 풀의 부족을 인지한 청군이 산에 불을 질러 건초를 구하지 못하도록

---

39   <남한일기>, 259면.

40   <남한산성>, 93면.

작전을 전개하자 김류가 이시백이 군병들이 추위를 피하도록 하기 위해 지급한 가마니를 빼앗아 말먹이 풀로 삼는 내용이 나온다. 여기에서 주목할 것은 둘 사이의 갈등이 아니라 말먹이 풀을 둘러싸고 국정의 책임자인 영의정과 최전선에서 방위를 담당하는 수어사가 싸워야 하는 현실에 있다. 그리고 제시된 인용문에 나타난 것처럼 초가지붕을 벗기고 군병의 깔개를 빼앗아 말을 먹이는 노력은 버티는 시간을 잠시 연장하는 임시방편일 뿐이라는 데 문제가 있다.

> 망월봉에서 터지는 화포 소리는 내행전 마루에서 들렸다. 임금과 신료들이 망월봉 쪽을 바라보았다. 새카만 점들이 빠르게 날아오면서 커졌다. 행궁 담장이 무너졌다. 돌덩이가 튀고 먼지가 일었다. 신료들은 임금을 에워싸고 행궁 뒷문으로 빠져나가 산으로 올라갔다. 포탄은 계속 날아왔다. 임금은 바위에 앉고, 신료들은 그 둘레에 주저앉아 몸을 낮게 웅크렸다. 금군들이 달려와 임금의 앞뒤에 도열했다.[41]

조선의 현실이 말먹이 풀과 가마니의 활용을 둘러싸고 갈등을 빚는 지경인 데 반해 청군의 위세는 서양에서 들여온 홍이포를 활용하여 행궁 담을 부수는 위력에 의해 부각된다. 옛 기록에는 화포 공격에 대한 언급이 지속적으로 나타나고 있는데, <남한산성>에서는 제시된 인용문에 나타난 것처럼 화포의 위력을 실감나게 묘사하고, 뒤이어 홍이포에 대한 자세한 설명을 덧붙임으로써 열악한 조선의 전쟁 수행 능력을 대조적으로 드러내고 있다. 이러한 설정은 전쟁이란 말에 의한 논쟁이 아닌 군사적 실력에 의해 판가름나는 것임을 명확히 드러내고자 한 장치로 파악된다.

---

41 <남한산성>, 328~329면.

<남한산성>에서 부각하고 있는 또 다른 생존 관련 요소는 먹는 행위에 있다.

> 광주목사(廣州牧使) 허휘(許徽)가 쌀떡 한 그릇을 만들어 전하께 진상하고, 모든 관원에게도 몇 가래씩 나누어 주었다. 모두들 이것을 대하고는 눈물을 아니 흘릴 수가 없었다.[42]

> 歲時가 임박했건만 軍士들은 추운 가운데 허기져 있사오니, 양식이 모자란다 하더라도 콩은 아직 많다고 하오니, 管餉使 생각에 이것으로 죽을 쑤어서 먹이면 좋을 것 같으나, 솥으로는 다 끓여내기가 쉽지 않고 또 나눠줄 때 엎어뜨려 쏟아질 걱정도 있으니 쪄서 나눠 먹이면 좋지 않겠냐고 院中 여러 사람의 뜻이 모두 그러하옵기로 감히 아뢰옵니다.[43]

제시된 첫 번째 인용문은 <병자록>의 1월 1일자 기록으로, 새해가 되어 광주목사가 진상한 가래떡을 보고 느낀 감정이 압축적으로 제시되어 있다. 옛 기록에는 이처럼 관료들이나 백성들이 임금에게 진상한 음식에 대한 서술이 가끔씩 나타나는데, 이는 그만큼 성안의 식량 사정이 좋지 않았음을 단적으로 드러내는 표지로 읽힌다. 두 번째 인용문은 <남한일기>의 12월 29일자 기록으로, 추위와 싸우며 성첩을 지키는 군병들을 먹이기 위해 당시 조정이 고민한 내용이 잘 드러나고 있다. 이처럼 옛 기록에는 고립된 상황에서 한정된 식량을 가지고 버티며 항전하는 당대의 절박한 상황이 그대로 묻어나고 있다.

옛 기록에 나타난 식량과 음식에 대한 압축적 서술은 <남한산성>에서 먹

---

42   <병자록>, 48면.
43   <남한일기>, 212면.

는 행위에 대한 세밀한 묘사로 변형되어 나타난다.

> 성첩을 지키는 군병들은 자정에 교대했다. 순청 앞마당에서 보리밥 한 그릇에 뜨거운 간장국물 한 대접을 마시고 군병들은 캄캄한 성첩으로 올라갔다. …… 성첩에서 내려온 군병들은 손이 얼고 입이 굳어서 제 손으로 밥을 먹지 못했다. 올라갈 자들이 내려온 자들의 손발을 더운 물에 담갔고 볼을 주물러주었다. 볼이 풀리자 내려온 자들은 입을 벌리고 혀를 내밀었다. 올라갈 자들이 숟가락을 들어서 내려온 자들의 입 속으로 뜨거운 간장 국물을 흘려 넣었다.[44]

> 임금은 취나물 국물을 조금씩 떠서 넘겼다. 국 건더기를 입에 넣고, 임금은 취나물 잎맥을 혀로 더듬었다. 흐린 김 속에서 서북과 남도의 산맥이며 강줄기가 떠올랐다. 민촌의 간장은 맑았다. 몸속이 가물었던지 국물은 순하고 깊게 퍼졌다. 국물에서 흙냄새가 났다. …… 임금은 국물에 밥을 말았다. 임금은 혀로 밥알을 한 톨씩 더듬었다. …사직은 흙냄새 같은 것인가, 사직은 흙냄새만도 못한 것인가…….[45]

<남한산성>에서는 서사 진행과 상관이 없는 먹는 행위에 대한 묘사가 높은 비중을 차지하고 있다. 옛 기록에도 식량과 음식에 대한 언급이 나타나고 있지만 이는 해결해야 할 과제로 제시되는 것이지 먹는 행위에 초점을 맞춘 묘사적 서술은 나타나지 않는다. 제시된 첫 번째 인용문에서는 성첩을 방위하는 초병들의 순번 교대 시간에 이루어지는 취식 행위를 세밀하게 묘사하고 있다. 추위로 몸이 얼어붙은 군병의 볼을 녹여 간장 국물을 흘려 넣는 행위는 성첩을 지키는 투쟁도 먹는 행위가 가능할 때 지속될 수 있음을 상징적으로

---

44 <남한산성>, 58면.
45 <남한산성>, 104~105면.

보여준다. 두 번째 인용문은 임금이 취나물 국물을 떠넘기고 그 속에 담긴 흙냄새를 음미하는 행위를 통해 사직에 대한 상념에 잠기는 모습을 서술하고 있다. 여기에서는 임금의 인식을 통해 사직의 가치와 먹는 행위가 병치됨으로써 국가의 역할과 백성의 삶에 대한 반성적 성찰을 서술하는 효과를 거두고 있다. 이처럼 <남한산성>에서는 지위를 막론하고 먹는 행위에 대한 묘사를 빈번하게 등장시킴으로써 전쟁이라는 극한 상황과 먹는 행위를 병치시켜 인간의 생존 요소에 대한 끊임없는 관심을 환기하고 있다.

<남한산성>에서는 옛 기록에서 압축적으로 산재하여 나타나는 생존 관련 요소들에 주목하여 이를 전경화시킴으로써 전쟁이 인간의 삶에 미치는 영향을 부각하는 효과를 거두고 있다. 즉 전란으로 인한 항쟁의 양상은 대의명분을 부르짖는 지배층의 고담준론에만 있는 것이 아니라 전쟁 물자의 수준 차이, 그 간극을 메우기 위한 군병들의 악전고투, 그리고 먹는 행위를 통해 생명을 지속시킬 수 있을 때 가능한 것임을 표현하고 있다. <남한산성>에서 작가는 옛 기록의 조각들을 통해 전쟁이 이러한 생존 차원에서의 전방위적인 투쟁임을 부각시키고 있다.

4. <남한산성>에 나타난 고전 변용의 의의

<남한산성>은 병자호란과 관련된 옛 기록들을 바탕으로 작가가 뚜렷한 창작 의도를 가지고 새롭게 생성해 낸 작품으로, 현대의 독자들에게 큰 호응을 얻었다. 이로 인해 <남한산성>이 지닌 의미를 조명하기 위해서는 세 가지 측면을 고려할 필요가 있다. 우선 이전 시대에 전란의 체험을 기록으로 남긴 기록자의 의도를 살펴보아야 한다. 둘째는 옛 기록을 토대로 새로운 작품을

생성한 작가의 창작 의도를 파악해야 한다. 마지막으로는 <남한산성>을 읽고 적극적으로 반응한 독자의 수용 태도를 분석해야 한다. 즉 <남한산성>은 옛 기록의 의도, 작가의 창작 의식, 독자의 수용 태도를 다각적으로 고려할 때 작품이 지닌 의미가 제대로 조명될 수 있다.

병자호란을 체험하고 기록을 남긴 작자들은 대체로 치욕의 역사에 대한 사실적 기록과 이를 후세에 알리고자 한 사명감을 글을 쓰게 된 의도로 제시하고 있다.

> 만약 몸으로써 친히 난리를 겪고 나서 사실을 다 자세히 기록해 두지 않으면, 후세에 어떻게 알 수 있으랴. …… 열에 일곱 여덟은 없어져 버렸으므로, 내 늘 이를 원통하게 여기다가 이제 병자록(丙子錄)을 저술함에 있어 …… 감히 스스로 야사(野史)에 비하는 것은 아니지마는, 때가 가고 세월이 멀어지면 혹 유실(遺失)될까 두려워서, 분수에 지나침을 잊고 여기다 기록해 둔다.[46]

> 삼가 살펴보건대, 세상에는 훌륭한 사관(史官)이 적고 재야에는 직필마저 없어 나로 하여금 주상의 명나라를 조회하는 마음과 달절(達節)의 성덕을 천하 후세에 스스로 밝히게 할 방법이 없었습니다. …… 하물며 우리나라가 절개를 굽힌 것은 형세가 궁하고 힘이 다한 것에서 나온 것으로 처음부터 피할 만한 혐의가 없었는데, 어찌 반드시 구구하게 가리고 덮어서 다만 구차한 데로 돌아감을 취하려 합니까?[47]

첫 번째 인용문은 나만갑이 <병사록>을 저술한 동기를 밝힌 부분에 해당한다. 여기에서 작자는 임진왜란의 기록이 많이 유실되어 제대로 전해지지

---

46 <병자록>, 254~255면.
47 <남한해위록>, 132~133면.

않은 일을 원통하게 여겼음을 내세우면서, 이에 병자호란에서 겪은 일들을 후세에 전하기 위해 이를 저술했다고 밝히고 있다. 자신의 기록을 야사에 비할 만큼 후대에 사실을 전하고자 하는 뚜렷한 목적의식에서 기록을 남겼음을 알 수 있다. 두 번째 인용문은 <남한일기>를 저술한 석지형이 또 다른 기록물인 <남한해위록>의 발문에 남긴 서술에 해당한다. 작자는 여기서 병자호란 때 조선이 청에 굴복한 것은 명나라를 배반한 것이 아니라 형세와 힘의 차이에 의해 불가피하게 발생한 일로, 이는 나라를 구하고자 한 임금의 불가피한 결단이었음을 강조하고 있다. 이는 병자호란 때 발생한 일들을 사실적으로 기록해 조선이 처했던 상황의 불리함과 선택의 불가피함을 부각하려는 의도를 드러내고 있다.

이처럼 병자호란을 체험한 당대에는 그 당시 발생한 일들을 사실적으로 기록하여 청의 야만성을 드러내고, 치욕을 겪을 수밖에 없었던 상황에 대한 역사적 울분을 표하고자 하였다. 병자호란이 발생하고 100여 년의 시간이 지나 기록된 <연려실기술>이나 <비어고>에서는 치욕의 역사에 대한 민족적 울분을 공유하면서도, 이를 반성적으로 성찰함으로써 같은 역사를 되풀이하지 말자는 역사의식을 내세우고 있다. 결국 병자호란과 관련된 옛 기록들은 치욕의 역사에 대한 울분과 이를 극복하기 위한 반성적 역사의식을 저술의 동기로 삼고 있다.

치욕의 역사와 그에 대한 반성을 담은 옛 기록을 토대로 김훈이 <남한산성>에서 말하고자 한 것은 무엇일까? 역사를 소재로 한 소설이 흔히 내세우는 것처럼 김훈도 <남한산성>에서 이 책은 소설로 읽혀야 하며, 인물에 대한 묘사는 역사적 평가가 될 수 없다는 언급을 하고 있다.[48] <남한산성>이 소설

---

48 <남한산성>, 2면.

이라는 장르를 택한 만큼 이러한 언급은 당연하다.

> 그 갇힌 성 안에서는 삶과 죽음, 절망과 희망이 한 덩어리로 엉켜 있었
> 고, 치욕과 자존은 다르지 않았다. …… 밖으로 싸우기보다 안에서 싸우기
> 가 더욱 모질어서 글 읽는 자들은 갇힌 성 안에서 싸우고 또 싸웠고, 말들
> 이 창궐해서 주린 성에 넘쳤다. 나는 아무 편도 아니다. 나는 다만 고통
> 받는 자들의 편이다.[49]

제시된 인용문은 <남한산성>의 서문에서 작품과 관련하여 작가가 한 언급
이다. 여기에서 주목할 만한 것은 '치욕과 자존', '말들의 창궐', '아무 편도
아니다', '고통 받는 자들의 편이다'는 언급이다. '아무 편도 아니다'는 언급은
병자호란을 다룰 때 초점화될 수밖에 없는 척화론과 주화론에 대한 입장을
표명하는 것이 소설의 중심 주제가 아님을 밝힌 것에 해당한다. <남한산성>
을 집필하던 과정에서 대담을 나눈 자료를 보면 작가는 주전파는 나라의
정통성이나 삶의 도덕적 바탕에서 옳고, 주화파는 군사적 현실을 직시했다는
점에서 옳기 때문에 그 정당성을 따지는 것은 무의미하고, 오히려 절망적
상황 속에서 나타나는 언어에 주목하여 언어와 현실 사이에서 벌어지는 일들
을 객관적으로 바라보고 싶다는 의견을 피력하고 있다.[50]

이러한 작가 의식이 드러난 표현이 '말들의 창궐'이라고 할 수 있을 것이
다. <남한산성>을 창작한 후 남긴 글에서 작가는 갇힌 성 안에서 서로 다른
입장을 가졌던 수많은 군상들의 언어를 그리면서 그들이 절망의 시간을 어떻
게 통과했을까를 상상하며 작품을 창작했다는 언급을 하고 있다.[51] '말들의

---

49 <남한산성>, 4~5면.
50 김훈·서영채(2006), 「허명과 거품을 피해 내 자신의 작은 자리를 만드는 것이 내 앞길이
    에요」, 『문학동네』 47호, 문학동네, 112면.

창궐'이라는 표현은 결국 언어와 현실 사이에서 언어가 지닌 무력함과 불일치에 대한 작가의 비관적 인식을 드러내는 것으로 판단된다.

치욕과 자존이 다르지 않다는 말은 둘 사이를 이분법적으로 재단하는 것에 대한 비판적 인식에 기반하고 있다. <남한산성>과 관련된 대담에서 작가는 젊은 간관들의 말을 뿌리치고 치욕을 감수하며 국토와 백성을 보전한 인조의 행위를 높이 평가하는 언급을 하고 있다.[52] 이는 냉혹한 삶의 현실에서 자존을 지키는 것은 치욕을 감수하는 것과 불가분의 관계를 가진다는 작가의 인식을 잘 드러내고 있다. 즉 언어의 세계에서는 치욕과 자존이 양립할 수 없겠지만 현실의 세계에서는 치욕과 자존이 삶의 지속성이라는 측면에서 합일되는 지점이 존재하게 되는 것이다.

고통 받는 자들의 편이라는 작가의 언급은 바로 생존의 차원에서 삶의 무게를 감당해야 했던 백성들의 고통에 대한 연민의 감정을 드러낸 말에 해당한다. 치욕이 당대 지배층이 감당해야 했던 이념적 무게를 나타내는 말이라면 고통은 전쟁을 수행하기 위해 백성들이 치러야 했던 생존의 악조건을 드러내는 말이라 할 수 있다. <남한산성>이 옛 기록에서 간과되고 있는 군병과 백성들에게 형상을 부여하고, 이들의 투쟁을 구체적으로 서술하는 것은 전쟁의 실제적 수행이 이들의 고통과 희생을 통해 가능했다는 사실을 부각시키고자 한 의도를 반영한다. <남한산성>은 추상적 역사인식이 아닌 구체적 생존의 문제에 초점을 맞춰 병자호란을 바라보고자 했으며, 이로 인해 백성과 군병이 겪은 생존을 위한 사투가 작품의 문면에 부각되는 양상을 나타내게 되었다.

---

51   김훈(2008), 『바다의 기별』, 생각의 나무, 142~143면.
52   위의 글, 112면.

　<남한산성>이 고립된 상황에서 다양한 인간 군상들의 모습을 파노라마식으로 형상화하고, 말의 무의미함을 부각하며 생존 요소를 전경화한 것은 작가가 이 작품을 통해 냉혹한 현실 논리를 드러내고자 한 결과 나타난 현상이라 할 수 있다. 이런 점에서 <남한산성>을 거대 담론을 무력화시키는 소설로 본다든지[53] 역사의 옷을 빌려 세상의 이치와 자아의 자리를 되새기는 자의식적 소설로 본다든지[54] 하는 언급은 타당한 지적이라 할 수 있다. <남한산성>이 의도하는 역사의 초점은 분명히 이념이 아닌 생존의 측면에 있으며, 그 바탕에 깔린 것은 현실 논리에 대한 인정이기 때문이다. 즉 <남한산성>이 형상화하는 세계는 대의를 위해 희생하는 삶이 아니라 치욕과 고통을 감내하면서도 희망의 끈을 놓을 수 없는 현실적 삶에 대한 안쓰러운 긍정에 가깝다.

　그렇다면 현대의 독자들은 김훈의 <남한산성>을 어떻게 수용하고 있을까? 인터넷 서평을 통해 <남한산성>에 대한 독자 반응을 조사한 결과를 보면 대중들은 <남한산성>을 읽고 이를 당대의 지배층에 대한 비판으로 받아들이면서 이를 오늘날의 정치 현실과 연계해 인식하는 경향을 보인다고 한다. 이러한 지배층에 대한 비판적 인식은 민중 의식과 생명력에 대한 긍정으로 나타나기도 한다. 또한 <남한산성>에 그려진 절망적 상황을 무한경쟁 사회를 살아가는 현대인의 자화상 혹은 약육강식 세계를 살아가는 남성의 고뇌로 진지하게 받아들이는 경향도 나타난다고 한다.[55]

　<남한산성>에 대한 이러한 독자 반응 속에는 작품이 형상화하고 있는 현실을 나와 무관한 과거의 사실로 인식하는 것이 아니라 독자가 처한 현실

53　김주언(2012), 「김훈 소설에서 시간의 문제」, 『한국문학이론과비평』 54, 한국문학이론과비평학회, 251면.

54　김영찬(2007), 「김훈 소설이 묻는 것과 묻지 않은 것」, 『창작과비평』 2007년 가을호, 390면.

55　차미령, 앞의 글, 2007, 34~37면.

세계와 상관성을 지닌 것으로 인식하는 관점이 존재하고 있다. 이런 점에서 독자 대중이 김훈의 소설에 열광하는 이유가 정글 논리가 편재화된 현대 사회에서 나약한 개인들의 불안과 처세의 근거가 되는 한국적 자기보존 본능의 일반화된 모델을 작가가 냉엄한 어조로 독자에게 환기시키는 데 있다는 지적은[56] 타당성을 갖는다. 즉 현대의 독자들은 자신이 처한 삶의 현실을 <남한산성>이 그려내는 상황에 투사하여 의미를 부여하고 있는 것이다.

<남한산성>이 비록 결정론적인 세계 인식을 통해 비극적 세계관을 제시하고 있지만 공상이나 판타지의 세계로 도피하지 않고 현실 감각을 유지하며 대중에게 사유와 성찰을 이끌어내는 것은 작품이 지닌 성취라 할 수 있다.[57] 그런데 이러한 문학적 성취와 독자들의 호응은 무엇보다도 <남한산성>이 옛 기록에 굳건한 토대를 두고 이를 문학적으로 형상화하고자 노력한 결과 이룩한 성과라 할 수 있다. <남한산성>에 등장하는 인물 가운데 옛 기록에서 근거를 찾을 수 없는 가공의 인물은 김상헌에 의해 죽임을 당한 뱃사공 정도에 지나지 않는다. 또한 <남한산성>에서 다루고 있는 갖가지 소재와 사건들은 대부분 옛 기록에 나타난 것을 작가가 구체화하거나 의도에 맞게 변형한 결과물에 해당한다.

<남한산성>이 오늘날의 독자들에게 호소력을 가질 수 있었던 것은 작가가 철저히 옛 기록에 근거해 작품을 창작하고자 노력했고, 이러한 노력이 현대의 독자들에게 현실적 공감을 얻을 수 있었기 때문이다. 즉 <남한산성>의 문학적 성취는 역사적 사건을 소설로 형상화함에 있어서 환상의 세계로 도피하지 않고 옛 기록에 근거한 충실한 서술과 작가의 의도에 맞게 이를 전략적

---

56   이명원(2007), 「말과 동물, 그리고 자연으로 환원된 역사」, 『문학과학』 51, 문학과학사, 250면.
57   김영찬, 앞의 글, 2007, 401면.

으로 활용한 결과 가능했다고 할 수 있겠다.

5. 맺음말

　김훈의 <남한산성>은 다양한 고전 자료를 작가의 의도에 따라 전략적으로 활용하여 재창조한 작품으로, 현대 독자들의 호응을 이끌어내는 성과를 거두었다. 작가는 고전 자료를 토대로 작품을 창작하는 과정에서 관련 인물들을 파노라마식으로 서술하여 사태를 둘러싼 다양한 인물들의 입장을 형상화할 수 있었다. 특히 옛 기록에서 간과되었던 군병들과 백성들에게도 형상을 부여함으로써 작품이 다루는 세계를 확충하였다. 또한 <남한산성>에서는 서사의 비중을 사태의 향방이 확정되기 이전의 전반부에 둠으로써 절망적 상황에 처한 다양한 인간 군상들의 반응을 그려낼 수 있었다. 마지막으로 <남한산성>에서는 옛 기록에 압축적으로 서술된 생존 요소를 구체화하고 전경화함으로써 전쟁이 가져온 비극적 실체를 체감하도록 만들 수 있었다.

　<남한산성>에 나타난 이러한 서사적 전략의 활용은 역사적 사건에 대한 충실한 기억과 반성적 성찰을 의도한 옛 기록과는 달리 고립무원의 절망적 상황을 통해 삶의 냉혹한 현실을 드러내고자 한 작가의 의도를 반영하고 있다. <남한산성>은 대의명분이 아닌 구체적 생존의 문제에 초점을 맞춰 병자호란을 인식하고자 했으며, 이로 인해 옛 기록에서 간과된 군병과 백성들의 생존 사투와 고통에 수복하는 양상을 나타내게 되었다. <남한산성>이 보여주는 이러한 면모는 작가에 의해 새롭게 생성된 작품 내용의 핵심을 이루고 있다.

　김훈의 <남한산성>이 현대 독자들의 호응을 이끌어내게 된 것은 옛 기록

이 주목하지 않았던 생존 문제에 서사의 초점을 맞춤으로써 독자로 하여금 작품이 그려내는 상황에 몰입하여 이를 자신의 문제로 인식하도록 만든 요인이 크다. 또한 이는 옛 기록에 철저히 근거를 두어 작품을 팩션 소설들이 흔히 범하기 쉬운 환상의 세계로 도피하지 않게 만든 작가의 사실주의적 노력에 힘입은 바 크다. 김훈의 <남한산성>은 기존의 역사소설이 추구해왔던 역사적 사실의 재해석이나 역사의식의 정립이라는 부분을 소홀히 한다는 비판을 받고 있지만 옛 기록에 근거해 작품이 다루는 현실을 형상화해 나가고, 현대의 독자들이 공감할 수 있는 공간을 마련함으로써 고전 자료를 활용한 문학 창작이 추구해나가야 할 일단의 방향을 제시하고 있다는 점에서 의의를 갖는다.

자기서사의 관점에서 본 <칼의 노래>의 글쓰기 전략

1. <칼의 노래>에 대한 해석 관점

　이순신(李舜臣, 1545~1598)은 임진왜란 시기에 민족을 구한 영웅으로 숭앙받는 인물로 생애 자체가 한 편의 작품과 같은 서사성을 갖추고 있다. 왜적의 침입에 대비한 선각자적 면모, 임진왜란의 향방을 바꾼 연전연승, 억울한 누명과 백의종군의 수모, 명량해전의 기적적 승리, 노량에서의 비극적 최후 등은 영광과 시련이 굴곡진 그의 삶을 잘 나타내고 있다. 이러한 이순신의 영웅적 삶과 이야기는 시대를 불문하고 계속적인 관심을 받아왔다. 일찍이 임란 이후 각종 실기류(實記類)와 <이충무공 전서>를[1] 통해 그의 행적이 기록되었고, 근대 이후에는 신채호·이광수·김훈·김탁환 등 많은 작가들이 그의 삶을 재조명하고 의미를 부여해 왔다.[2] 그리고 이러한 작업은 우리 민족이

1　<이충무공전서> 간행은 1795년 정조 임금에 의해 국가적 사업으로 이루어진 것으로 이 안에는 <난중일기>를 포함한 각종 장계, 시, 행록 등 다양한 글들이 있어 이순신 연구의 기본 자료가 된다.

2　2000년대 중반까지 이순신을 다룬 전기와 소설 등은 40여 종에 달하는 것으로 나타난다. 이와 관련된 구체적 목록은 '장경남(2007), 「이순신의 소설적 형상화에 대한 통시적 연구」, 『민족문학사연구』 제35집, 민족문학사학회, 343~344면' 참조.

존속하는 한 앞으로도 지속적으로 이어질 것이라 예상된다.

본고에서는 이순신의 삶을 다룬 많은 작품 가운데에서 김훈의 <칼의 노래>를 문학치료학에서 강조하는 자기서사의 관점에 입각해 논의하고자 한다. <칼의 노래>는 이순신을 실존적 개인으로 위치시켜 그의 내면을 그려낸 작품으로 평가받는데,[3] 여기서 말하는 실존적 개인의 내면은 결국 작가의 내면 의식과 연결될 수밖에 없다. 이런 측면에서 보면 <칼의 노래>는 작가 김훈의 자기서사와 긴밀하게 관련되며, 자기서사의 관점에서 접근할 때 작품의 올바른 이해가 가능하다.

그동안 <칼의 노래>와 관련해서는 역사소설의 변모된 양상이나 이순신의 인물 형상화, 문학적 기법의 측면에서 논의가 이루어져 왔다. 역사소설의 측면에서는 <칼의 노래>가 기존의 역사소설이 추구해왔던 거대 담론을 벗어나 이순신을 불완전하고 고뇌하는 실존적 인물로 재해석하여 현대 독자의 공감을 유도하였으며, 역사를 역사성이 배제된 단순한 배경으로 취급하고 있다는 비판 의식을 드러내고 있다.[4] 이순신의 인물 형상화 측면에서는 <칼의 노래>가 이순신을 생에 대한 환멸과 무력감을 지닌 허무주의자로 그리고 있다는 견해가 제시되고 있다.[5] 문학적 기법 측면에서는 <칼의 노래>가 1인칭 시점을 취하고 있지만 감정을 직접적으로 서술하기보다 매개물을 통해

---

3   이순신을 다룬 소설을 시대와의 관련성을 토대로 비교 분석한 연구에서는 신채호의 <이순신전>이 부국강병을, 이광수의 <이순신>이 민족개조를, 김탁환의 <불멸의 이순신>이 흥미 중심의 연의를, 김훈의 <칼의 노래>가 내면세계의 형상화에 초점을 둔 것으로 파악하고 있다. 관련 내용은 '김성진(2017), 「이순신 역사소설에 투영된 작가와 시대의 욕망」, 『문학치료학연구』 제45집, 문학치료학회' 참조.

4   정건희(2011), 「김훈 역사소설의 비역사성」, 『관악어문연구』 제36집, 서울대 국어국문학과, 199~213면.

5   허명숙(2004), 「역사적 인물의 대중적 형상화」, 『인문학연구』 제34집, 숭실대 인문과학연구소, 120~121면.

간접적으로 묘사하고 있으며, 모순어법의 능란한 구사를 통하여 세계의 허무함을 드러내고 있다는 견해가 제시되고 있다.[6] 이처럼 기존 연구에서는 <칼의 노래>를 역사의 거대 담론을 해체하고, 이순신을 실존적 고뇌를 지닌 개인으로 설정하여 모순어법 등의 장치를 통해 허무주의자로 그려내고 있다는 견해를 보인다.

<칼의 노래>는 김훈이 <난중일기>를 바탕으로 <이충무공전서>나 <연려실기술> 등의 고전 자료를 참고해 자기 방식으로 풀어낸 이순신에 대한 재해석의 결과물이다.[7] 즉 문학치료학의 입장에서 보자면 이 작품은 김훈의 자기서사가 <난중일기>라는 작품서사를 만나 내적 대화를 통해 형성된 결과물에 해당한다. 그런데 기존 연구는 이러한 측면을 간과하고 <칼의 노래> 자체에만 매몰돼 논의를 펼쳐나간 한계가 있다. 따라서 본고에서는 김훈의 자기서사가 고전 자료와의 만남을 통해 <칼의 노래>에서 어떻게 형상화되었는지를 밝혀나가도록 하겠다. 이를 위해서 <난중일기>를 중심으로 한 고전 자료와 <칼의 노래>를 비교 분석하여 작가가 작품을 완성하기 위해 활용한 글쓰기 전략과 자기서사의 관점에서 나타난 의미를 도출해 나갈 것이다. 본고는 김훈의 자기서사가 <칼의 노래>에 어떻게 반영되었는지를 밝혀 작품에 대한 새로운 이해와 문학치료에 있어 글쓰기의 역할에 대해 새롭게 인식하는 계기를 마련하고자 한다.

---

6   홍혜원(2007), 「김훈의 <칼의 노래> 연구」, 『구보학보』 제2집, 구보학회, 394~406면.
7   <칼의 노래>의 일러두기에 관련 자료에 대한 언급이 나타난다.

2. 자기서사와 작품서사의 양상

문학치료는 우리들 각자의 삶을 구조화하여 운영하는 자기서사와 이에 영향을 미칠 수 있는 작품서사를 연계하여 삶을 온전하고 건강하게 변화시키는 일로 정의된다. 이때 변화의 방향은 현실의 대처를 도와주는 보충, 건강한 측면을 지원하는 강화, 갈등과 혼란을 아우르는 통합의 세 가지로 정리할 수 있다.[8] 즉 문학치료는 한 인간이 지닌 기존의 자기서사에 이를 치유할 수 있는 작품서사를 개입시킴으로써 보다 나은 자기서사를 구축하도록 만들려는 시도에 해당한다. 이런 측면에서 보면 자기서사는 문제를 안고 있는 기존서사와 작품서사와의 소통을 통해 관련 문제를 해결한 치유서사로 구분할 수 있을 것이다.[9]

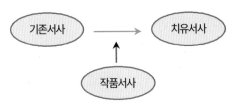

[그림 1] 자기서사와 작품서사의 관계

기존서사가 치유서사로 변환되기 위해서는 우선 작품서사와의 적극적인 소통이 필요하다. 문제를 지닌 이는 작품을 읽으면서 자신의 문제를 비추어

---

8   정운채(2007), 「서사의 힘과 문학치료방법론의 밑그림」, 『문학치료의 이론적 기초』, 문학과치료, 324~326면.

9   이는 통용되는 용어가 아니라 본고의 논의를 위해 편의상 사용하는 말이다. 본고에서는 김훈이 <난중일기>를 읽기 전 지녔던 자기서사를 '기존서사'로, <난중일기>를 읽고 새롭게 구성한 자기서사를 '치유서사'로 명명하고 논의를 전개하고자 한다. 물론 시간의 흐름이나 상황에 따라 치유서사는 또 다시 기존서사가 되는 유동성을 가지기 마련일 것이다.

보고 새로운 해결책을 찾기 위해 적극적인 태도를 보여야 한다. 그러나 단순히 책을 읽는 것만으로 치유서사의 도출을 기대하기는 힘들다. 따라서 이를 해결하기 위해서는 기존서사와 작품서사와의 만남을 통해 주체의 내부에 형성된 생각들을 구체화시키도록 돕는 매개 작용이 필요하다. 이는 때로는 상담적 대화를 통해[10], 때로는 창작·몸동작·음악·그림 그리기와 같은 예술 활동을 통해[11], 때로는 쓰기 행위를 통해[12] 이루어지며, 이를 통해 치유서사가 생성될 수 있게 된다.

이를 <칼의 노래>와 연관시켜 생각해 보면 이 작품은 20대에 방황하던 청년 대학생 김훈의 기존서사가 이순신의 <난중일기>라는 작품서사를 만나 37년의 준비 기간을 거쳐 글쓰기를 통해 새롭게 구축된 치유서사의 결과물에 해당한다. 따라서 <칼의 노래>에 구축된 치유서사를 이해하기 위해서는 먼저 김훈이 지녔던 기존서사에 대한 분석과 이에 영향을 미친 <난중일기>의 작품서사에 대한 분석이 필요하다.

2.1. 김훈의 기존서사 분석

문학치료학에서는 문학치료가 활성화되기 위한 전제 조건으로 치료의 대상이 되는 사람의 자기서사를 파악하는 것을 중시한다. 이는 병을 치유하기 위해서 먼저 정확한 진단이 내려져야 하는 것과 마찬가지로 문학치료학에서는 이를 해결하기 위해서 자기서사 진단 도구를 개발하기 위해 힘을 쏟고

---

10 이는 정신분석학의 원리를 적용해 동일시 차원, 카타르시스 차원, 통찰 차원에서 텍스트와 내담자를 오가는 방식의 발문과 대화를 통해 구현될 수 있다. 이영식(2013), 『독서치료 어떻게 할 것인가』, 학지사, 88~104면.

11 채연숙(2015), 『형상화된 언어, 치유적 삶』, 교육과학사, 84~103면.

12 Pennebaker 저, 이봉희 역(2007), 『글쓰기 치료』, 학지사, 21~43면.

있다. 자기서사를 진단하기 위한 핵심 원리는 한 사람이 선호하는 작품서사
는 그의 자기서사를 반영한다는 것으로[13], 문학치료학에서는 인간관계에 초
점을 맞춰 자녀서사, 남녀서사, 부부서사, 부모서사를 기초서사로 설정하고
대표적인 설화를 활용해 자기서사를 진단해 나가기 위한 노력을 기울이고
있다.[14]

<칼의 노래>에 구축된 치유서사를 파악하기 위해서는 우선 <난중일기>를
접할 무렵 김훈의 기존서사를 이해하는 작업이 필요하다. 이러한 작업을 수
행하기 위해서는 자기서사 진단 도구를 통한 분석이 필요하겠지만 이미 지난
과거의 일이라 작가에게 이를 수행하도록 요구하기는 힘들다. 따라서 김훈의
기존서사를 분석하기 위해서는 그가 써 내려간 고백적 글들을 통해 그의
내면세계를 추론하는 작업이 필요하다. 김훈은 저널리스트이자 작가답게 그
가 생애를 통해 겪었던 일들이나 사회현상에 대해 많은 글을 남기고 있는데,
이러한 글들은 그의 기존서사를 추출할 수 있는 적합한 재료가 될 수 있다.

> 피난지에서 자라난 유년은 하루 종일 배가 고팠고 1년 내내 배가 고팠
> 다. 미군 보초병들은 이 배고픈 아이들에게 초콜릿을 던졌다. 초콜릿 낱개
> 가 백 개쯤 들어 있는 박스를 들고 나와서 한 개씩 철조망 밖으로 던졌다.
> 한 번은 왼쪽으로 한 번은 오른쪽으로, 오른쪽으로 계속 두 번 던지다가
> 갑자기 왼쪽으로 …… 미군에게 얻어먹은 초콜릿의 맛은 황홀한 감격이
> 었다. 아마도 이 초콜릿의 맛과 그 살포방식이 주한미군에 대한 한국인들
> 의 근원정서의 일부가 되어버린 듯하다. 주는 자의 오만과 받는 자의 수치
> 심이 겹치면서, 주한미군의 패악질은 50여 년 동안 거의 방치되어 왔다.[15]

---

13 정운채(2007), 「서사의 다기성을 활용한 자기서사 진단 방법」, 앞의 책, 390면.
14 황혜진(2016), 「자기서사 진단 도구의 개발 현황과 개선 방안」, 『문학치료연구』 제38집,
    문학치료학회.
15 김훈(2002), 「초콜릿과 SOFA」, 『아들아, 다시는 평발을 내밀지 마라』, 생각의나무, 15-16

김훈의 기존서사를 분석하기 위해서 우선 눈여겨볼 것은 유년시절의 기억이라 할 수 있다. 김훈은 여러 글이나 대담에서 자신을 이야기할 때 1948년 대한민국 건국의 해에 태어나 한국전쟁 때 부산에서 지독한 가난 속에서 피난 생활을 한 기억을 자주 언급한다. 제시된 에피소드는 이를 집약적으로 보여주는 것으로, 배를 곯으며 미군의 초콜릿을 얻기 위해 또래 피난민 소년들과 사투를 벌였던 일은 그에게 가난으로 인한 고통을 각인시킨 것으로 판단된다.

> 중학교 1학년 때던가. 천지분간 못하는 나는 어느 날 모처럼 집에 온 아버지에게 물었다. "아버지는 꼭 허클베리네 아버지 같아요." 그때 아버지는 술에 취해 있었는데, 내 말이 무엇을 겨누고 있는지를 대번에 알아차렸다. 아버지가 허공을 올려다보더니 한참 뒤에 말했다. "광야를 달리는 말이 마구간을 돌아볼 수 있겠느냐?" 나는 대답하지 못했다. 아버지는 또 말했다. "내 말이 어려우냐?" 아버지에게 말을 달릴 선구자의 광야가 이미 없다는 것을 나는 좀 더 자라서 알았다. 아버지는 광야를 달린 것이 아니고, 달릴 곳 없는 시대의 황무지에서 좌충우돌하면서 몸을 갈고 있었던 것이었다.[16]

김훈의 기존서사를 이해하기 위해서 또 주목할 부분은 아버지와 관련된 기억이다. 김훈의 산문에는 아버지와 관련된 언급이 자주 나타나는 데 여기에는 아버지의 삶에 대한 비판적 인식과 연민의 감정이 복합적으로 드러난다.[17] 인용문에 드러난 것처럼 김훈의 아버지는 사회적 울분 때문에 가정을

면.
16 김훈(2008), 「광야를 달리는 말」, 『바다의 기별』, 생각의나무, 27~28면.
17 김훈의 아버지인 김광주는 청년 시절 상해 임시정부에서 활동을 하였으며, 해방 후 언론인이자 소설가의 삶을 살았으나 한국 현대사의 공간에서 자기 자리를 찾지 못하고 사회

도외시하는 모습을 보였는데, 김훈은 어린 시절에는 이러한 아버지를 이해하지 못했지만 나이가 들면서 그에 대한 연민의 감정을 나타내고 있다. 즉 김훈에게 아버지는 가난과 무기력에 빠져 방황하는 닮고 싶지 않은 모습과 그럴 수밖에 없는 처지를 연민하게 만드는 복합적인 존재로 파악된다.

> 나는 대학에서 처음으로 영시를 배웠습니다. 내가 배운 영시는 19세기의 낭만주의 시였습니다. 그때의 시는 워즈워스, 셸리, 바이런, 키츠, 더 내려가면 예이츠, 더 위로 올라가면 알렉산더 포프인데, 이런 시인들의 문학을 배웠습니다. …… 그러나 그 책은, 내 젊은 영혼을 뒤흔들었습니다. 난 그 책을 읽은 다음에 이런 생각을 했어요. 학교에서 가르치는 이 낭만주의 문학이라는 것은 매우 아름답고 원대한 이상을 표현한 문학이지만 이것이 인간의 현실 전체를 말하기에는 매우 빈약하구나. 한 반쪽 정도밖에 안 되겠구나, 하는 생각이 들었어요. …… 그런데 그때 나는 이런 생각을 했어요. 더 나이를 먹고 내가 나의 언어를 확실히 장악할 수 있는 어느 날 나는 이 『난중일기』와 이순신이 처한 절망에 대해서 무언가를 말할 수 있게 되겠구나, 말할 수밖에 없겠구나 하는 것들을 느꼈죠.[18]

제시된 글은 김훈이 대학생이던 20대 초반에 <난중일기>를 읽고 충격을 받았던 경험들을 나타내고 있다. 김훈이 대학에 들어가 영국 낭만주의 시 문학에 심취했던 일은 빈곤한 현실에 대한 도피의 심정이라 할 수 있는데, <난중일기>를 읽고 충격을 받은 것은 자신보다 더 절망적인 상황에서 이를 견디며 이겨나가는 이순신의 모습에서 큰 울림을 느꼈기 때문으로 보인다. 즉, 20대 청년 시기 김훈이 지녔던 기존서사는 힘겨웠던 아버지의 삶과 다른

적 방황을 한 인물로 여겨진다. 김훈의 사회적 이력은 이러한 아버지의 삶과 닮아 있다.
18   김훈(2008), 「회상」, 앞의 책, 129~133면.

삶을 갈망하면서도 그 방향을 찾지 못해 현실과 동떨어진 도피처를 위안으로 삼았던 것으로 여겨진다. 그리고 이러한 현실도피 인식에 균열을 준 것이 이순신의 <난중일기>라 할 수 있다.

<난중일기>를 접하기 전 김훈의 기존서사를 형성하는 데 가장 큰 영향을 미친 요소는 가난으로 압축될 수 있을 듯하다.[19] 배고픔을 면하기 위해 미군이 던져주는 초콜릿에 의지해야 했던 일이나 사회적 방황을 거듭하던 아버지에 대한 연민의 감정은 가난으로 인해 인간이 겪어야 했던 고통에 기반하고 있다. 청년 시절 가난으로 인한 절망과 도피의 심정은 <난중일기>에 의해 전환을 맞게 되고, 이는 오랜 시간이 흐른 후 <칼의 노래>로 창작되게 된다. 즉 <칼의 노래>는 김훈이 지녔던 기존서사가 <난중일기>라는 작품서사를 만나 새로운 치유서사로 탄생하게 된 결과물로 파악된다.

2.2. <난중일기>의 작품서사 분석

<난중일기>는 이순신이 임진왜란 동안 진중을 중심으로 벌어진 주요 일을 기록한 일기 형식의 글이다. 우리는 이 작품을 통해 7년이라는 긴 전쟁의 소용돌이 속에서 벌어졌던 각종 일들을 이순신의 눈으로 들여다볼 수 있다. <난중일기>에서 이순신은 전투 수행뿐만 아니라 각종 군무를 처리하고 군율을 시행하며, 휘하 장수들과 교류하고 병력·군량·무기 등을 마련하기 위해 힘을 쏟는 지휘관의 모습을 여실히 보여준다. 또한 이런 공적인 측면뿐만 아니라 가족에 대한 걱정과 원균 등에 대한 분노의 감정, 지병으로 인한 괴로

---

19 이런 측면에서 보면 자기서사를 인간관계에만 초점을 맞춰 파악하는 문학치료학의 기존 논의는 일정한 한계를 지닐 수밖에 없을 듯하다. 가난과 같은 사회적·물질적 요인 또한 한 인간의 자기서사 형성에 큰 영향을 미칠 수 있기 때문이다.

움, 꿈 풀이와 점괘에 의존하는 모습 등 인간적인 면모도 노출하고 있다. 즉 <난중일기>는 이순신이 임진왜란이라는 국가적 위기를 어떻게 극복해 나갔는지를 총체적으로 보여주는 기록에 해당한다.

> 2일 신해 맑음. 아침에 도망가는 군사를 실어 내던 사람들의 죄를 처벌 했다. 사도 첨사가 낙안 군수(신호)가 파면되었다고 전했다. 늦게 사정(射 亭)에 올라갔다. 동궁에게 올린 달본(達本)의 회답이 내려왔다. 각 관청과 포구의 공문을 작성하여 보냈다. 활 10순(巡)을 쏘았다. 바람이 어지럽게 불어 편하지 않았다. 사도 첨사가 기한에 오지 않았기에 추고(推考, 신문 조사함)하였다.[20]

제시된 글은 <난중일기>의 전형적인 서술 양상에 해당한다. 여기에서 이 순신은 군율을 어긴 부하들을 벌주고, 공문을 처리하며, 활쏘기를 한 일상의 일들과 기상 상황으로 인해 전선이 파손되지 않을까 걱정하는 심정을 기록하 고 있다. <난중일기>를 통해 보면 이순신은 군율에 매우 엄격하고, 공문 처리 에 신속하며, 전투의 기본인 활쏘기를 게을리하지 않는 모습을 지속적으로 나타낸다. 우리는 <난중일기>를 통해 전쟁을 수행하는 데 필요한 일들을 철저히 수행하는 이순신의 면모를 확인할 수 있게 된다.

> 3일 무인 비가 조금 내렸다. 새벽에 비밀 유지(有旨)가 들어왔는데, 수군 과 육군의 여러 장수들이 팔짱만 끼고 서로 바라보면서 한 가지 계책이라 도 세워 적을 치려고 하지 않는다."는 것이었다. 삼년 동안 해상에서 절대 그럴 리가 없었다. 여러 장수들과 맹세하여 목숨 걸고 원수를 갚을 뜻으로

---

20 (1594.2.2.) 이순신 저, 노승석 역(2016), <난중일기>, 도서출판 여해, 189면. <난중일기> 의 인용은 본 각주와 같이 해당 일자를 제시하고, 자료의 인용 면수를 제시하겠다.

하루하루 보내고 있는데, 다만 험한 소굴에 웅거하고 있는 왜적 때문에 가볍게 나아가지 않을 뿐이다. 더욱이 "나를 알고 적을 알면 백 번 싸워도 위태롭지 않다."고 하지 않았던가! 종일 큰 바람이 불었다. 초저녁에 촛불을 밝히고 홀로 앉아 스스로 생각하니 나라 일이 위태롭건만 안으로 구제할 계책이 없으니, 이를 어찌하겠는가.[21]

제시된 글은 전황을 고려하지 않고 전투를 독촉하는 임금의 밀지로 인해 고뇌하는 이순신의 모습이 나타난 부분이다. 일기가 쓰인 당시 왜군은 해전에서의 거듭된 패배로 인해 전투를 기피하고 연안에 진지를 구축해 방어하는 전략을 취하고 있었다. 이런 상황에서 섣불리 전투를 벌이는 일은 전력의 손실만 가져올 수 있는데, 임금은 이를 고려하지 않고 이순신을 비롯한 여러 장수들을 질책하는 태도를 드러내고 있다. <난중일기>를 통해 보면, 이순신은 강력한 왜군의 전력과 맞서 싸워야 하는 문제 외에도 현지 사정을 고려하지 않는 임금의 명령과 시기와 모략을 일삼는 원균과의 갈등으로 인해 큰 어려움을 겪게 된다. 이러한 내부적 요인은 이순신에게 백의종군이라는 시련을 가져오는 원인으로 작용한다.

15일 계묘 맑음. 조수(潮水)를 타고 여러 장수들을 거느리고 우수영 앞 바다로 진을 옮겼다. 벽파정 뒤에 명량(鳴梁)이 있는데 수가 적은 수군이 명량을 등지고 진을 칠 수 없기 때문이다. 여러 장수들을 불러 모아 약속하기를, "병법에 이르기를 '반드시 죽고자 하면 살고 반드시 살고자 하면 죽는다[必死則生, 必生則死.]'고 하였고, 또 '한 사나이가 길목을 지키면 천 명도 두렵게 할 수 있다[一夫當逕, 足懼千夫.]'고 했는데, 이는 오늘의 우리를 두고 이른 말이다. 너희 여러 장수들이 조금이라도 명령을 어김이 있다

21 (1594.9.3.) <난중일기>, 240면.

면, 즉시 군율을 적용하여 조금도 용서하지 않을 것이다."라고 하고 재삼
엄중히 약속했다.[22]

　<난중일기>의 내용은 이순신의 백의종군을 기점으로 전환된다. 뛰어난
지휘 능력과 전공에도 불구하고 모함으로 백의종군을 하게 된 이순신은 갑작
스러운 어머니의 죽음과 갖은 수모를 당하는 상황에 내몰린다. 그럼에도 이
순신은 칠천량 해전의 패배로 조선 수군이 궤멸되는 위기의 상황을 맞자
자신의 소명을 회피하지 않는다. 인용문에 잘 드러난 것처럼 13척의 배로
수백 척의 적선을 막아내야 하는 극단의 상황에 처해서도 그는 죽음을 각오
한 단호한 모습을 보여준다. <난중일기>를 통해 우리는 불가능에 가까운
과제 앞에서도 자신이 할 수 있는 최선의 길에 주저하지 않고 나아가는 이순
신의 모습을 발견하게 된다.

　<난중일기>는 우리가 영웅으로 떠받드는 이순신의 실체적 면모를 여실히
보여준다. <난중일기>를 통해 우리는 열악한 여건과 수많은 시련 앞에서도
자신의 길을 묵묵히 걸어가는 한 인간의 모습을 발견하게 된다. 이순신은
수많은 난제를 해결해 나가는 과정에서 여느 인간처럼 아프기도 하고 불안감
과 외로움에 고뇌하기도 하지만 이를 회피하지 않고 부딪쳐 이겨내려는 자세
를 견지한다. <난중일기>에 그려진 이러한 이순신의 자화상은 현실도피적
성향을 보였던 청년 시절의 김훈에게 자신의 인생을 어떻게 살아 나아가야
할지에 대한 성찰과 다짐의 계기로 작용했을 것이라 판단된다.

22　(1597.9.15.) <난중일기>, 478~479면.

3. <칼의 노래>에 나타난 김훈의 글쓰기 전략과 치유서사

<칼의 노래>는 이순신이 백의종군을 시작할 때부터 노량해전에서 전사할 때까지의 시간을 다루면서 작품의 중간중간에 지나간 일을 회상하는 방식을 취하고 있다. 따라서 이 작품을 제대로 이해하기 위해서는 <난중일기>와의 관련성 속에서 <칼의 노래> 속의 이순신이 '과거에서 무엇을 회상하는가?'와 '현재에서 무엇에 주목하는가?'에 집중할 필요가 있다. 실제 <난중일기>에서는 과거의 일을 회상하는 부분이 거의 나타나지 않으며, 현재의 일에 대해서도 매우 압축적인 서술 양상을 나타내고 있다. 작가는 <칼의 노래>에서 과거 회상을 삽입하고, 현재의 양상을 변용하는 글쓰기를 통해 자신의 메시지를 구축해 나가고 있다. 아래에서는 이러한 측면에 초점을 맞춰 <칼의 노래>에 나타난 글쓰기 전략과 이를 통해 작가가 새롭게 구성하고자 한 치유서사를 분석해 나가도록 하겠다.

3.1. 갈등 구도의 변환을 통한 불의한 권력의 문제 초점화

<난중일기>에 나타난 기록을 통해 볼 때 이순신과 대척점에 섰던 존재는 우선 부당한 침략을 통해 강토를 유린한 왜적이라 할 수 있다. <난중일기>에서 이순신은 왜적에 대한 분노를 표출하는 데, 이는 전쟁 상황에서 적에 대해 가지는 자연스러운 감정에 해당한다. 적을 제외하고 볼 때 <난중일기>에서 이순신과 가장 갈등을 빚었던 존재는 경상우수사였던 원균이다. <난중일기>를 통해 이순신은 사실의 기록에 충실하면서 감정을 절제하는 모습을 보이지만 원균에 대해서는 음흉하고 흉폭하며 시기심이 많다고 비난하는 말들을 직접적으로 드러내고 있다. 이를 통해 볼 때 이순신과 원균의 갈등은 매우

심각한 수준이었음을 알 수 있다.

<칼의 노래>에서는 <난중일기>에 드러난 원균과의 갈등 구도를 이순신의 과거 회상과 상념을 통해 선조와의 갈등 구도로 변환하는 양상을 보인다. <칼의 노래>가 백의종군과 원균 사후의 시간에 터하고 있는 만큼 작품에서 원균과의 갈등 구도를 계속 가져가기는 힘들다. 이를 대체하는 것이 바로 백의종군의 불명예를 부과한 선조와의 갈등이다. 왕조 시대에 임금에 대한 불만을 드러내는 것은 불충에 해당하므로 백의종군 이후에도 <난중일기>에서 선조에 대한 감정을 나타내는 것은 어려웠겠지만, 이순신의 내면에서 이러한 감정이 형성되는 것은 충분한 개연성을 지니고 있다. <칼의 노래>에서는 이를 적극적으로 반영하여 이순신의 회상을 통해 선조와 조정의 부당한 조치들을 빈번하게 노출시킴으로써 비판의식을 강화하고 있다.

> 마침내 길삼봉은 누구냐? 라는 질문은 누가 길삼봉이냐? 라는 질문으로 바뀌었다. 질문이 바뀌자 길삼봉의 허깨비는 피를 부르기 시작했다. …… 술 취한 선전관으로부터 길삼봉 이야기를 들으면서, 나는 생각했다. 아마도 길삼봉은 임금 자신일 것이었다. 그리고 승정원, 비변사, 사간원, 사헌부에 우글거리는 조정 대신 전부였을 것이었다. 그리고 그들의 언어는 길삼봉이 숨을 수 있는 깊은 숲이었을 것이다.[23]

> 그때, 두 선왕릉의 일을 전하는 선전관의 얼굴은 하얗게 질려 있었다. 웅포에서 돌아온 저녁이었다. 그날 적들은 포구 깊숙이 정박해서 넓은 바다로 나오지 않았고 유인에도 걸려들지 않았다. …… 나는 허망한 것과 무내용한 것들이 무서웠다. 계사년에 왕릉을 범한 자들을 포로들 중에서 색출해내라는 유지는 그 허망과 무내용을 완성하고 있는 것처럼 느껴졌다.[24]

23 　김훈(2012), <칼의 노래>, 문학동네, 40~43면. 아래에서는 인용 면수만 표기. <칼의 노래>는 2001년에 처음 출간되었다.

<칼의 노래>에서 이순신이 적과의 일전을 준비하며 기억으로부터 떠올리는 조정과 임금은 길삼봉이라는 허깨비를 내세워 사실을 호도하고, 관련 없는 포로들 가운데 도굴범을 색출하여 울분을 씻으려는 허망한 집착을 보이는 모습으로 나타난다. 이러한 내용은 <연려실기술>에 제시된 것으로[25], 김훈은 문헌에 나타난 다양한 사건들 가운데 이를 선택하여 이순신의 회상 속에 배치함으로써 당대 지배층에 대한 비판적 시각을 드러내고 있다. <칼의 노래>에 그려진 조정의 이러한 모습은 이순신의 현실적 감각과 대비되어 그 문제점을 분명히 드러낸다.

> 서울을 버리기 전날 밤에 임금은 말했다. -종묘와 사직이 있는데 내가 어디로 가겠느냐? 그때 임금은 장안의 짚신을 거둬들였고 왕자와 비빈들에게 피난 차비를 갖추게 하고 있었다. 서울을 버릴 때 임금은 울었다. …… 임금의 울음은 뼈가 녹아 흐르듯이 깊었다. 남해 바다에까지 들리는 임금의 울음은 울음과 울음 사이에 보이지 않는 칼을 예비하고 있는 것 같았다. …… 선전관이 교서 한 통을 들고 의주나 서울에서 남쪽 바다까지 내려왔다. 임금의 언어는 장려했고 곡진했다. 임금의 언어는 임금의 울음을 닮아 있었다.[26]

<칼의 노래>에서 이순신의 회상 속에 나타나는 선조는 울음 속에 비수를 품은 이중적인 형상으로 나타난다. 인용문에 나타난 것처럼 선조는 서울을 버리기를 결심했지만 사수할 것처럼 언어를 위장하고, 그가 내리는 교지는

---

24 <칼의 노래>, 184~185면.
25 길삼봉과 관련된 내용은 정여립의 모반 사건과 관련된 기록에서 지속적으로 등장하고 있다. 자세한 내용은 '완산 이긍익 편(1967), 『국역 연려실기술 Ⅲ』, 민족문화추진위원회, 412~469면' 참조 왕릉 도굴과 관련된 자세한 내용은 '완산 이긍익 편(1967), 『국역 연려실기술 Ⅳ』, 민족문화추진위원회, 151~159면' 참조.
26 <칼의 노래>, 197~200면.

장려하고 곡진한 언어로 가득했지만 그 이면에는 보이지 않는 칼을 예비하고 있다. 즉 선조는 깊은 울음과 장려한 수사로 자신의 본심을 감추고 상대를 겨누는 음험한 인물로 그려지고 있다. <칼의 노래>에 그려진 선조의 이러한 형상은 권력에 대한 집착과 이를 위협하는 세력을 숙청하는 모습과 연결된다.

> 권율은 김덕령의 혐의 내용을 수사하지 않은 채, 김덕령을 묶어서 서울로 보냈다. 그때 의병장 곽재우도 얽혀들어 서울로 압송되어 갔다. 임금은 강한 신하를 두려워했다. 이몽학이 처음에 의병을 가장했으므로, 임금에게 의병은 뒤숭숭한 무리였다. …… 김덕령은 용맹했기 때문에 죽었다. 임금은 장수의 용맹이 필요했고 장수의 용맹이 두려웠다. 사직의 제단은 날마다 피에 젖었다.[27]

<칼의 노래>에서 선조는 왜적을 물리치기 위해 장수의 용맹을 필요로 하면서도 이들이 자신의 권력을 위협하는 존재로 부상할까 두려워하는 인물로 그려지고 있다. 이순신의 회상에서 의병장으로서 큰 공을 세웠던 김덕령은 용맹으로 인해 비극적 최후를 맞았고, 그의 최후는 이순신이 결코 받아들이기 힘든 죽음을 대변하고 있다. 이순신은 자신의 소임을 다하지 않으면 적에게 패배하고, 이를 다하면 임금에게 숙청을 당하는 아이러니한 상황에 처하게 된다. 이러한 모순적 굴레는 이순신이 직면한 최고의 난제로 <칼의 노래>에서 부각되고 있다.

<칼의 노래>에서 작가는 <난중일기>를 비롯한 다른 문헌에서 직접적 근거를 찾기 힘든 이순신과 선조의 대립 구도를 부각하여 불의한 권력이 보이

---

27 <칼의 노래>, 65~66면.

는 문제를 초점화하고 있다. 선조에 대한 역사적 평가와는 별개로 김훈은 <칼의 노래>를 통해 두 사람의 대립을 사실에 입각해 치열한 전투를 수행하는 자와 음험한 태도로 자신의 권력에만 몰두하는 자의[28] 대결로 형상화하고 있다. 이는 작가가 현실의 문제를 인식하는 주요한 관점으로 <칼의 노래>를 통해 새롭게 제시한 치유서사에 해당한다.

3.2. 삶의 실제성 부각을 통한 살아내기의 의미 탐구

전쟁은 적과 무기를 맞대고 싸워 승패에 따라 생사가 결정되는 치열한 투쟁의 장이지만, 그렇다고 해서 삶의 지속을 위한 생계 문제가 면제되지는 않는다. 전쟁 상황은 생사를 건 전투와 생존의 문제가 이중으로 작용해 인간의 고통이 극대화되는 시기라 할 수 있다. 즉 전쟁 상황에서 인간은 내일의 전투로 죽음을 맞더라도 오늘 부닥치는 생존의 과업을 충실히 이행할 수밖에 없는 존재이다. <난중일기>나 <이충무공 전서>의 글들은 이와 같은 전쟁 상황에서 지휘관인 이순신이 고심하고 해결해야 했던 다양한 문제들을 드러내고 있다.

> 전선(戰船)을 토괴(土塊)에 앉혀 만들기 시작했는데, 목수[耳匠]가 214명이다. …… 방답에서는 처음에 15명을 보냈기에 군관과 색리(色吏, 아전)를 논죄하였는데, 그 정상이 몹시 기만적이다.[29]

---

28 역사적 관점에서 봤을 때 <칼의 노래>에서 가장 문제가 되는 것은 선조에 대한 인물 형상화라는 견해가 있다. 이순신을 돋보이게 하기 위하여 국난을 극복한 최고 책임자인 선조를 부정적으로만 형상화한 것은 문제라는 것이다. 정옥자(2006), 「<칼의 노래>의 역사적 상상력」, 『문학동네』 13권 3호, 11~14면 참조.

29 (1593.6.22.), <난중일기>, 150면.

소비포 권관(이영남)에게서 '영남의 여러 배의 사부(射夫)와 격군(格軍)
이 거의 다 굶어 죽어간다.'는 말을 들었다. 참혹하여 차마 들을 수가 없었
다.[30]

비록 배들이 많을지라도 격군이 정비되지 않으면 장차 무엇으로 배를
운행할 수 있을 것이며, 격군이 비록 정비되었더라도 군량이 계속되지
못하면 장차 무엇으로 군사를 먹이오리까.[31]

제시된 글들은 이순신이 전쟁 수행을 위해 고심해야 했던 전선 건조, 병력
충원, 군량 확보의 문제와 관련된 기록들이다. 그는 이러한 문제를 해결하기
위해 조정에 둔전 경영을 허락해 줄 것을 건의하고, 연해안 고을의 경우 군
병·군량·무기를 수군에 전속하도록 요청하는 등의 노력을 지속적으로 기울
였다. <난중일기>나 <이충무공전서>에 기록된 장계들을 살펴보면 이순신이
직면해야 했던 문제와 이를 해결하기 위한 그의 고심과 노력이 드러난다.
<칼의 노래>에서는 전쟁 수행 과정에서 이순신이 부닥쳐야 했던 문제들이
감각적이고 세부적인 묘사를 통해 구체화되는 양상으로 나타난다.

조선소에서 나는 때때로 목수들의 일을 눈여겨 들여다보았다. 목수들은
둥근 고임목을 괴고 그 위에 선체를 만들어나갔다. 고임목은 선체를 진수
시킬 때 바퀴 구실을 했다. …… 송진기가 많은 목재는 늘 물에 닿는 아래
쪽에 썼고 결이 촘촘하고 단단한 박달나무로 멍에를 박았다.[32]

겨울에 이질이 돌았다. 주려서 검불처럼 마른 수졸 육백여 명이 선실

---

30 (1594.1.19.), <난중일기>, 183면.
31 이은상 역(1989), 『완역 이충무공전서 상』, 성문각, 210면.
32 <칼의 노래>, 136면.

안에 쓰러져 흰 물똥을 싸댔다. 똥물이 갑판 위까지 흘러나왔다. …… 낮에
는 배에서 나와 양지쪽 바위 위에서 똥물에 젖은 몸을 말렸고 해가 저물면
다시 선실 안으로 들어갔다. 똥물은 점점 묽어져갔고 맑은 똥물을 싸내면
곧 죽었다.[33]

<칼의 노래>는 <난중일기>에서 이순신이 미처 말하지 못했던 부분들을
세부적이고 감각적인 묘사를 통해 독자들 앞에 환기하는 효과를 거두고 있
다. 이순신의 연전연승은 그의 훌륭한 지휘 덕분이기도 하지만 그가 세운
작전을 수행하기 위해서는 전선이 구축되어야 하고, 노를 젓는 격군과 전투
를 수행하는 사부들이 충원되어야 하며, 이들을 무장시키고 먹이며 치료하는
지원 체계가 갖춰져야 한다. 김훈은 전쟁 수행에 꼭 필요하지만 기록에는
제대로 나타나지 않은 사항들을 전경화하고 이를 구체적으로 그려낸다. 이는
전쟁이란 실질적인 문제의 연속이며, 이를 해결해 나가는 일이 전쟁을 수행
하는 것임을 강조하는 효과를 거둔다.

<난중일기>와 비교할 때 <칼의 노래>에 가장 특징적으로 나타나는 요소
는 백성의 삶에 대한 관심과 서술이라 할 수 있다. <난중일기>는 진중 기록물
이기 때문에 군사(軍事)와 관련 없는 백성들의 삶이 언급되는 경우는 드물다.
하지만 <칼의 노래>에서는 백성들의 삶과 관련된 서술이 상당 부분을 차지
하며, 이러한 관심을 상징적으로 드러내는 장치가 '여진'이라는 인물의 형상
이다.

<난중일기>에서 여진과 관련된 기록은 1596년 9월에 이순신이 체찰사인
이원익을 만나기 위해 전라도를 다니던 중 3일 동안 함께 했다는 언급이
전부이며, 따리서 여진이 어떠한 인물인지를 명확히 알기는 힘들다. 다만

당시에 여진이라는 말이 여자 종의 이름으로 불린 기록들이 확인되기 때문에 노비의 이름일 것으로 추측하고 있다.[34] 김훈은 이러한 기록을 바탕으로 <칼의 노래>에서 여진에게 구체적 성격을 부여하여 하나의 인물로 완성시키고 있다.

> 밤늦게 함평 현감이 내 방으로 술상을 들여보냈다. 여진은 그 술상을 들고 들어온 관기였다. 그때 서른 살이라고 했다. 기생이라기보다는 관노에 가까웠다. 손등이 터져 있었고 머리에서 쉰내가 났다. 그 여자의 몸은 더러웠고, 눈동자는 맑았다. 눈빛이 찌르는 듯해서, 내가 시선을 돌렸다. 정자나무에 매단 머리들의 눈을 생각하면서, 그날 밤 나는 여진을 품었다.[35]

<칼의 노래>에서는 이순신이 내륙 관아를 순시하면서 징모 부정 사건을 저지른 아전과 탈영병을 효시한 날 여진을 만나 함께 밤을 보낸 것으로 서술하고 있다. 인용문에 잘 드러나듯이 여진은 더러운 외양이지만 찌르는 눈빛을 지닌 인물로 묘사되고 있다. 작품 속에서 그녀는 이순신이 백의종군 중일 때 찾아와 자신을 베어주기를 간청하고, 명량해전 당시 적장의 첩으로 잡혀 있다 비참하게 죽은 몰골로 등장한다. 작품에서는 이순신이 여진의 죽음을 차갑게 받아들이면서도 상념 속에서 그녀를 비리고 숨 막힌 목숨의 냄새로 소환하는 모습이 나타난다.

<칼의 노래>에 나타난 여진의 의미는 이순신과 백성의 관계를 상징하는 것으로 보인다. <난중일기>에서 이순신은 군율을 위배한 격군이나 도망병들의 죄를 엄하게 다스리면서도 추위에 떠는 군사를 위해 옷을 벗어주는 등

---

34 관련 내용은 <난중일기>, 398면 참조.
35 <칼의 노래>, 34면.

자애로운 모습을 함께 나타낸다. <칼의 노래>에서 이순신이 여진을 품고도 냉정하게 대하는 모습은 실제 그가 백성을 대한 모습과 닮아 있다. 이를 통해 볼 때 <칼의 노래>에서 작가가 여진의 형상을 창조한 것은 백성의 삶을 비중 있게 다루고자 한 의도로 파악된다.

<난중일기>	<칼의 노래>
또 견내량에서 경계 선을 넘어 고기잡이 를 한 사람 24명을 잡아다가 곤장을 쳤 다.[36]	고기 잡는 백성의 배들이 수군의 작전 구역 안으로 넘어들어 와 읍진의 경비 병력과 충돌이 잦았다. 어장에서 쫓겨난 백성들이 작당해서 수군 만호진 앞 포구로 배를 몰고 와서 꽹과리를 때리고 고동을 불면서 항의했다. -이 바다가 뉘 바다며 저 고기가 뉘 고기냐. -나라가 잘나서 백성들이 이 지경이 되었구 나. 라면서, 악에 받친 백성들이 군관의 멱살을 잡았 다. 작전구역 안의 어장과 수로를 백성들에게 열어 주었다.[37]
아침 식사 후 길에 올라 옥과 땅에 이르 니 순천과 낙안의 피 난민들이 길에 가득 히 쓰러져 남녀가 서 로 부축하며 갔다. 그 참혹한 모습을 차 마 볼 수 없었다.[38]	말린 토란대와 고사리에 선지를 넣고 끓인 국이었 다. 두부도 몇 점 떠 있었다. 거기에 조밥을 말았다. 백성의 국물은 깊고 따뜻했다. 그 국물은 사람의 몸 에서 흘러나온 진액처럼 사람의 몸속으로 스몄다. 무짠지와 미나리무침이 반찬으로 나왔다. 좁쌀의 알 들이 잇새에서 뭉개지면서 향기가 입안으로 퍼졌다. 조의 향기는 안쓰러웠다. 아낙이 뜨거운 국물을 새 로 부어주었다.[39]

   <난중일기>에는 인용문에서 드러나듯이 군사와 관련된 백성의 일을 간단 히 언급하거나 지역을 순시할 때 백성들의 참상을 목도하고 안타까운 마음을

---

36   (1594.11.12.) <난중일기>, 255면.
37   <칼의 노래>, 232~233면.
38   (1597.8.6.) <난중일기>, 470면.
39   <칼의 노래>, 192~193면.

언급하는 경우가 간혹 나타난다. 이는 이순신이 대부분의 시간을 최전선에서 보낸 결과 나타나는 당연한 현상이라 할 수 있다. 하지만 <칼의 노래>에서는 <난중일기>에서 개괄적으로 서술된 전쟁 중 백성들의 삶의 모습을 감각적 묘사와 장면의 확대를 통해 구체화한다. 견내량에서 군사경계선을 넘어온 백성들을 잡다 곤장을 쳤다는 기록은 백성들이 생계를 위해 군사들의 멱살을 잡는 장면으로 확대되고, 민생의 황폐화에 대한 안타까운 탄식은 백성들의 삶의 모습에 대한 관찰과 묘사로 대체된다.

이처럼 <칼의 노래>는 <난중일기>에서 압축적으로 서술된 삶의 문제를 감각적 묘사를 통해 확장시켜 그 실제성을 부각하는 전략을 활용하고 있다. 이는 <칼의 노래>의 글쓰기에 나타난 가장 특징적인 면모로 여기에는 작가의 의도가 깊이 내재해 있다.

> 삶이라는 말을 영어로 쓰자면 life라고 하잖아요? 그러나 life가 아니고 being alive의 상태가 있을 거예요. 사실 이건 완전히 다른 개념이죠. …… being poor라는 것은 가난 속에서 실제로 가난을 체험하는 자의 가난이고, poverty라는 것은 가난을 개념적으로 이해하는 것이에요. 두 개는 전혀 다른 것이죠. being alive라는 것은 그렇게 비논리적이고 무정형적이고 오줌과 고름과 그런 것들로 구성될 수밖에 없는 것이죠.[40]

<칼의 노래>는 위 대담에서 강조하고 있는 'being alive'의 문제를 초점화한 결과물에 해당한다. 작가는 작품을 통해 전쟁 수행은 군왕에 대한 충성심이나 의기로 이루어지는 것이 아니라 전쟁 무기와 군사들의 헌신, 군량 확보와 같은 실제적인 요소로 이루어지고, 백성들의 삶 또한 목숨이 경각에 달린

---

40 김훈·신수정(2004), 「아수라 지옥을 건너가는 잔혹한 리얼리스트」, 『문학동네』 11권 2호.

상황에서도 끼니를 이어갈 수밖에 없는 것임을 드러내고자 하였다. 이러한 삶의 실제성 부각은 <칼의 노래>가 <난중일기>를 변용한 핵심적 부분이기도 하다.

김훈이 <칼의 노래>를 통해 보여주는 삶의 실제성에 대한 천착은 그가 새롭게 구성한 치유서사와 긴밀하게 연결된다. 그의 여러 글을 살펴보면 삶을 바라보는 그의 시선은 음식이나 노동 행위와 같은 삶의 실제를 이루는 요소에 대한 집요한 관찰로 나타나는 경향이 있다. 이를테면 산업화·도시화 시대 삶의 면모를 '라면'을 통해 인식하거나 인간 노동의 본질을 어부의 밧줄이나 목수의 연장을 통해 찾으려는 시도는 이를 대변한다.[41] 즉 삶의 실제적 요소에 기반한 살아내기의 의미 탐구는 김훈이 <칼의 노래>를 통해 새롭게 제시하는 치유서사에 해당한다.

3.3. 역사적 사실의 변용을 통한 결단하는 주체의 형상 부각

대부분의 역사소설 작가들처럼 김훈도 <칼의 노래>의 일러두기 첫머리에 이 작품이 오직 소설로서 읽혀지기를 바란다는 당부를 하고 있다. 작가의 바람이 아니더라도 소설은 그것이 비록 역사적 사건이나 인물을 다루고 있더라도 작가의 주관과 허구가 개입되기 때문에 역사가 될 수는 없다. 그렇지만 반대로 역사적 사실을 다루고 있기 때문에 그와 무관하게 읽히기도 힘든 것이 현실이다. <칼의 노래> 또한 <난중일기>를 비롯한 고전 자료와의 상관성을 완전히 벗어나서 이해하기는 힘들다.

---

41   관련 내용은 「후루룩 목에 멘다 라면」(김훈(2002), 『아들아, 다시는 평발을 내밀지 마라』, 생각의나무, 150~153면)이나 「목수들의 일터에서 놀다」(김훈(2003), 『밥벌이의 지겨움』, 생각의나무, 26~29면)와 같은 글들을 참조 바람.

역사와 소설의 관계에서 가장 보수적인 입장은 역사적 진위의 기준에서 소설 내용을 비판하는 것이다. 이런 측면에서 보면 소설은 역사적 사실을 왜곡한 잘못된 시도로 여겨질 수밖에 없다. <칼의 노래> 또한 이러한 혐의에서 벗어나기 힘든 데, 역사 자료와 <칼의 노래>를 비교한 연구에서는 그 차이를 구체적으로 제시하고 이에 대해 매우 비판적인 입장을 나타내고 있다.[42]

역사와 소설의 관계를 역사의 입장에서만 재단하는 것은 올바른 접근법이라 하기 힘들다. 중요한 것은 역사와 소설의 일치 여부가 아니라 작가가 이를 변용했다면 그 의도가 무엇이며 이것이 어떠한 의미를 지니는지를 파악하는 일이다. 특히 <칼의 노래>는 이순신에 대한 재해석을 핵심 내용으로 삼고 있기 때문에 역사적 사실과 다르게 표현된 이순신의 모습은 주목을 요한다. 이와 관련해 <칼의 노래>가 고전 자료를 활용한 양상은 크게 맥락 재배치, 사실 과장, 의미 변용의 형태로 나타나며, 이는 작가의 의도와 긴밀히 연관된다.

먼저 맥락 재배치는 사건이 일어난 실제 시기를 바꾸어 소설 속에 재배치하는 형태로 나타난다. 이와 관련된 사항은 다양하지만[43] 이순신 형상의 재창조와 관련된 중요한 사건은 명나라 장수 담종인의 금토패문과 관련된 것이다.

---

42 연구에 의하면 <칼의 노래>는 사건의 발생 시기와 장소, 관련 인물, 실제 내용 등에 있어 옛 기록과 일치하지 않는 부분이 자주 나타난다. 예를 들어 이순신의 함대는 명량해전 후 서해를 따라 북상하다 20여 일 만에 우수영으로 되돌아오는 데, <칼의 노래>에서는 해전 직후 우수영에 머문 것으로 서술되어 있다. 관련 내용은 '박혜일 외(2004), 「史實에서 괴리된 근간의 '이순신' 실명소설」, 『이순신 연구논총』 제3집, 순천향대학교 이순신연구소' 참조.

43 예를 들어 이순신이 검명을 새긴 칼을 받은 것은 갑오년(1594)의 일인데, <칼의 노래>에서는 무술년(1598)에 대장장이가 바친 것으로 서술하고 있다. 관련 내용은 '박혜일 외(2004), 앞의 논문, 192면' 참조.

<난중일기> 등	<칼의 노래>
남해현령(기효근)이 보고한 내용에, "명나라 군사 두 명과 왜놈 8명이 패문(牌文)을 가지고 왔기에 그 패문과 명나라 병사를 올려보냈다."고 하였다. 그것을 가져다가 살펴보았더니 명나라 도사부(都司府) 담종인(譚宗仁)의 금토패문(禁討牌文)이었다.[44] 　다만 패문에서 말씀하시기를 <일본의 여러 장수들이 마음을 돌려 귀화하지 않는 자가 없어 …… 일본 진영에 가까이 주둔하여 흔단(釁端)을 일으키지 말라.>하였사온데, 왜인이 거제·웅천·김해·동래 등지에 둔거하고 있는데 이것이 모두 우리의 땅입니다.[45]	정탐이 돌아가던 날 저녁에 남해도 현감의 급보가 수영에 도착했다. 명의 도사부都司府 담종인이 나에게 보낸 문서가 남해도에 도착했다는 것이다. …… 김수철이 종을 불러 내 젖은 속옷을 내보내고 뜨거운 매실차를 가져오게 했다. **나는 온 천지의 적들에게 포위되어 있었다.** …… 적들이 진을 친 거제, 웅천, 김해, 동래가 모두 우리 땅이어늘 적에게 가까이 가지 말라 하심은 무슨 말씀이며, 이제 우리에게 고향으로 돌아가라 하시나 우리는 이에 돌아갈 고향이 남아 있지 않습니다.[46] 　　　　　　　　　　　(밑줄은 필자)

　왜군을 공격하지 말라는 담종인의 금토패문 도착은 1594년 3월 초순에 벌어진 2차 당항포 해전 중의 일로 이순신은 직접 답서를 써서 그 조치의 부당함을 항의하였다.[47] <칼의 노래>에서는 금토패문의 도착과 담종인의 요구, 이순신의 답서 내용 등을 기록에 근거해 충실하게 담아내고 있지만 그 시기 만큼은 최후의 결전을 준비하던 1597년 겨울의 일로 바꿔 제시하고 있다. 이는 작품에 나오는 문구처럼 온 천지의 적들에게 포위되어 있다는

44　(1594.3.6.) <난중일기>, 200면.
45　이은상 역(1989), 『완역 이충무공전서 상』, 성문각, 232면.
46　<칼의 노래> 275면.
47　이는 왜적에 대한 이순신의 적개심과 곧은 의기를 보여주는 유명한 일화로 조카인 이분이 쓴 「행록」에도 기록되어 있다. 이은상 역(1989), 『완역 이충무공전서 하』, 성문각, 28면.

이순신의 고립과 고독감을 강조하기 위한 의도를 드러내고 있다.

　이순신의 형상을 재창조하기 위해 김훈이 쓴 또 다른 글쓰기 전략은 자료에 나타난 사실을 과장하는 것이다. 이와 관련된 사항 또한 다양하게 나타나지만[48] 이순신의 처지를 부각하는 중요한 요소로는 배설 수색과 유정의 출격과 관련된 사건을 들 수 있다.

<난중일기>	<칼의 노래>
일찍 새집 짓는 곳으로 올라가니 선전관 이길원(李吉元)이 배설을 처단할 일로 들어왔다. 배설은 이미 성주(星州) 본가로 갔는데, 그 본가로 가지 않고 곧장 여기로 왔다. 그 사사로움을 따른 죄가 극심하다. 선전관을 녹도의 배로 보냈다.[49]	배설이 비록 달아났다 하나 본래 담력 있는 무장이었소. 따르던 장졸들도 많았던 것으로 아오. 이자가 달아나서 대체 무슨 짓을 하려는 것인지, 전하의 근심이 실로 여기에 있는 것이오. 나는 겨우 알았다. **임금은 수군통제사를 의심하고 있는 것이다.** 수영 안에 혹시라도 배설을 감추어놓고 역모의 군사라도 기르고 있는 것이나 아닌지, 그것이 임금의 조바심이었다.[50] (밑줄은 필자)
진시(辰時)에 묘도(猫島)에 이르니, 명나라 육군 유제독(劉提督, 유정)이 벌써 진군했다. 수군과 육군이 모두 협공하니 왜적의 기세가 크게 꺾이고 두려워하는 기색이 역력했다.[51]	함대는 사흘 밤 사흘 낮을 물러서고 나아갔다. 썰물에 배를 뺄 때, 군관과 사부 서른 명이 적탄에 맞아 죽었다. 물 위로 떨어진 부하들의 시체는 찾지 못했다. **유정은 끝끝내 움직이지 않았다.**[52] (밑줄은 필자)

48　예를 들어 <칼의 노래>에서는 명량해전 직전 이순신의 군세를 군사 120명과 전선 12척으로 제시하고 있지만 당시 이순신 함대는 전선 13척, 초탐선 32척에 병력은 1800여 명이상으로 보는 것이 합당하다. 박혜일 외(2004), 앞의 논문, 188면.
49　(1597.11.3.) <난중일기>, 493면.
50　<칼의 노래>, 119면.
51　(1598.9.20.) <난중일기>, 512면.
52　<칼의 노래>, 324면.

<난중일기>의 기록을 살펴보면 선전관이 배설을 추포하기 위해 파견된 것은 사실이다. 여기에서 이순신은 선전관이 진영으로 온 것을 사사로움을 따른 죄라고 비판하고 있는 데, 이는 개인적 연유로 배설에게 숨을 시간을 벌어주었다는 의미로 여겨진다. 그런데 <칼의 노래>에서는 이를 임금이 이순신의 역적모의를 의심하여 보인 행동으로 과장해 제시하고 있다. 또한 노량해전을 앞둔 1598년 9월 벌어진 조명 연합군의 수륙합동작전에 관한 각종 기록을 보면 권율과 유정, 이순신과 진린의 연합작전이 초기에 소기의 성과를 거두었음을 알 수 있다.[53] 그러나 <칼의 노래>에서는 이러한 사실을 부정하면서 유정이 약속을 어기고 전혀 군사를 움직이지 않은 것으로 서술하고 있다. 이러한 과장은 작가가 안팎으로 어려운 상황에 놓인 이순신의 고립무원의 처지를 강조하고자 한 의도로 풀이된다.

마지막으로 이순신의 형상 재창조와 관련해 김훈이 쓴 글쓰기 전략은 고전 자료의 의미 변용이다. 이는 작가가 자신의 의도를 실현하기 위해 새롭게 사실을 창조한 것에 가깝다.[54] 이와 관련된 사항으로는 면사첩의 의미 변용을 들 수 있다.

---

53 일본군의 거센 저항에 부딪쳐 유정이 퇴각한 것은 10월 9일의 일이므로 연합작전은 20일 가까이 이어졌다.
54 앞서 설명한 여진과의 일은 이러한 전략의 일환으로 볼 수 있다.

<칼의 노래>	
이원길이 돌아간 지 보름 뒤에 임금이 보낸 면사첩免死帖을 받았다. 도원수부의 행정관이 면사첩을 들고 왔다. '면사' 두 글자뿐이었다. 다른 아무 문구도 없었다. …… 칼을 올려 놓은 시렁 아래 면사첩을 걸었다. 저 칼이 나의 칼인가. 면사첩 위의 시렁에서 내 환도 두 자루는 나를 베는 임금의 칼처럼 보였다.[56]	마지막 읍진의 군사와 장비가 도착하던 날 나는 종사관 김수철을 데리고 군사와 장비를 검열했다. 내 모든 것이 집중되었다. 그날 저녁에, 내 숙사 토방에 걸려 있던 면사첩을 끌어내려 불 아궁이에 던졌다. …… 적탄에 쓰러져 죽는 나의 죽음까지도 결국은 자연사일 것이었다. 그러나 나는 적이 물러가버린 빈 바다에서는 죽을 수 없었다.[57]

<난중일기>

양경리(楊經理, 양호)의 차관이 초유문(招諭文)과 면사첩(免死帖)을 가지고 왔다.[55]

면사첩은 원래 적에게 붙었던 사람이라도 돌아오면 죽음을 면제시켜 준다는 증서로 부역자나 포로들에게 활용되던 것이었다. 정유재란 당시 명군 지휘부였던 형개와 양호가 면사첩 3만 장을 인출하여 조선 각지에 나누어준 사실이 있는 데, <난중일기>에서 이순신이 면사첩을 받았다는 기록은 이와 관련된 것으로 이순신 본인에게 해당되는 일이 아니다.[58] 그럼에도 불구하고 <칼의 노래>에서는 면사첩을 선조가 이순신의 목숨만은 살려주겠다는 굴욕적인 의미를 담은 장치로 활용하고 있다. 즉 면사첩은 이순신을 겨눈 선조의 칼을 상징하는 데, 이순신이 이를 불태워버리는 것은 자신의 운명에 대한

55   (1597.11.17.) <난중일기>, 496면.
56   <칼의 노래>, 121면.
57   <칼의 노래>, 314면.
58   제장명(2007), 「조선시대 주요 변란과 면사첩 제도」, 『한국민족문화』 제29집, 부산대학교 한국민족문화연구소, 505~515면.

주체적 결단을 천명하는 의미를 담고 있다.

<칼의 노래>에서 김훈은 역사적 사실을 변용하여 절망적 상황에 놓여서도 자신의 운명을 주체적으로 결단하는 이순신의 형상을 창조하고자 하였다. 이는 부조리한 세계의 질서에 굴복하는 것이 아니라 자신이 추구하는 가치를 지키기 위해 대결하는 의식과 연결된다.[59] <칼의 노래>에서 이순신이 죽음을 선택한다는 것이 허무주의적 태도로 여겨질 수도 있지만, 죽음이 실존적 고뇌의 결단이었다는 점에서 이는 부조리한 세계에 대한 저항과 주체적 선택을 강조하는 의미를 지닌다.

<칼의 노래>를 통해 김훈이 구성한 치유서사는 부조리한 세계 속에서도 자신의 가치를 지켜나가는 강인한 정신에 대한 긍정이라 할 수 있다. 이는 시대와의 불화를 마다하지 않고 자신의 뜻을 펼쳐나가는 태도와 연결된다. 김훈은 <난중일기>의 이순신을 통해 그러한 주체적 결단을 읽어내었으며 이를 <칼의 노래>를 통해 형상화하고자 하였다. 그리고 이러한 정신은 작가가 추구하는 치유서사의 핵심을 이루는 것으로 판단된다.

4. 맺음말

<칼의 노래>는 청년 시절 김훈이 지녔던 기존서사가 <난중일기>라는 작품서사를 만나 새롭게 구축된 치유서사의 결과물이라 할 수 있다. 김훈은 청년 시절 지독한 가난 속에서 괴로움을 잊기 위해 현실 도피적 태도를 보였

---

59   <칼의 노래>에서 이순신은 임금의 칼에 죽기를 거부하고, 명과 일본의 강화가 성립되면 세상이 모두 자기를 등지더라도 삼별초 항쟁과 같은 투쟁을 벌일 결심을 하는 인물로 그려진다. 관련 내용은 <칼의 노래>의 '식은 땀'과 '백골과 백설'장 참조 바람.

으나 <난중일기>에 나타난 이순신의 형상을 접하고 나서 삶의 방향을 전환하는 계기를 맞게 되었다. 이후 김훈은 <난중일기>와 이순신에 대한 진술 욕구를 내면에 안고 사회적 삶을 살아오다 오랜 시간 후에 <칼의 노래>를 창작하였다. 즉 <칼의 노래>는 <난중일기>에서 촉발된 삶과 관련된 질문에 대한 작가의 대답이자 새롭게 구성된 자기서사를 드러낸다.

<칼의 노래>에 나타난 자기서사의 핵심은 불의한 현실의 문제를 인식하고, 실제적 삶의 모습을 직시하면서 자신의 가치를 지키기 위해 고군분투하는 정신으로 정리할 수 있다. 이를 작품을 통해 살펴보면 작가는 우선 이순신과 선조의 대립을 바다의 사실에 입각[60]한 사실주의와 정치적 욕망에 사로잡힌 관념주의의 대결로 제시함으로써 불의한 권력에 대한 비판의식을 예각화하였다. 그리고 삶의 실제적 문제를 드러내기 위해 전쟁 수행과정에서 부딪치는 문제와 군사와 백성들이 받는 고통을 구체화함으로써 살아낸다는 것의 의미를 부각하였다. 마지막으로 작가는 역사적 사실을 변용하여 이순신이 처한 고립무원의 상황을 강조하고, 그 속에서 주체적 결단을 내리는 모습을 형상화함으로써 부조리한 세계에 저항하는 의지를 드러내었다.

김훈은 <난중일기>에서 이순신의 무서운 단순성과 완강한 침묵을 읽었고, <칼의 노래>를 통해 이 침묵의 내면에 다가서고자 노력하였다고 술회하고 있다.[61] 이 과정에서 긍정의 대상이 된 것은 이순신의 엄격한 사실주의이며 비판의 대상이 된 것은 허위의식과 욕망으로 가득 찬 정치 권력으로 보인다. 작가는 <칼의 노래>에서 이순신의 형상을 빌어 부조리한 세계의 질서에 굴

---

60 김훈은 이순신이 현실을 파악하고 이해하는 마음의 바탕을 '바다의 사실'에 입각하고 있다는 말로 압축하고 있다. 이는 사실에 정서적인 요소를 개입시키지 않고 있는 그대로 긍정하고 이에 바탕해 행동을 결정한다는 의미를 담고 있다. 관련 내용은 김훈(2019), 「내 마음의 이순신 Ⅱ」, 『연필로 쓰기』, 문학동네, 122면 참조.

61 김훈(2019), 「내 마음의 이순신 Ⅰ」, 위의 책, 102면.

복하지 않고 사실에 입각한 치밀한 탐색을 바탕으로 이와 싸워나가는 정신에 대해 말하고자 하였다. <칼의 노래>에 나타난 이순신의 엄격한 사실주의 정신은 김훈이 이순신을 읽어내는 관점이자 새롭게 구축한 자기서사로 그의 문학을 관통하는 핵심 요소에 해당한다.

°참고 문헌

▌문화적 문식성의 관점에서 본 국어교육

[논저]

김대행(1995), 『국어교과학의 지평』, 서울대학교출판부.

노명완·이차숙(2002), 『문식성 연구』, 박이정.

박은진(2015), 「국어교육의 목표로서 '문화적 문식성' 개념에 대한 고찰」, 『국어교육연구』 57, 국어교육학회.

박인기(2002), 「문화적 문식성의 국어교육적 재개념화」, 『국어교육학연구』 15, 국어교육학회.

서보영(2014), 「고전소설 변용을 통한 문화적 문식성 교육 연구」, 『국어교육연구』 33, 서울대 국어교육연구소.

서유경(2009), 「판소리를 통한 문화적 문식성 교육 연구」, 『판소리연구』 28, 판소리학회.

이상익 외(2000), 『고전문학교육의 이론』, 집문당.

최홍원(2015), 「문화적 문식성의 교육적 실현에 대한 방법적 회의」, 『국어교육연구』 36, 서울대 국어교육연구소.

Hirsch, E. D.(1988), *Cultural Literacy*, Boston : Houghton Mifflin Co.

Alan C. Purves et al.(1994), *Encyclopedia of English Studies and Language Arts vol.1*, New York : Scholastic.

▌설(說) 양식을 활용한 성찰적 글쓰기 교육

[자료]

서거정 저, 민족문화추진회 역(1967), 『국역 동문선 Ⅶ』, 민문고.

서사증(1591/1984), 『문체명변 三』, 보경문화사.

양현승 편(2004), 『한국 '설' 문학선』, 월인.

이규보 저, 김상훈·류희정 역(2005), 『이규보 작품집 2 : 조물주에게 묻노라』, 보리.

[논저]

구슬아(2010), 「이규보의 글쓰기 방식 연구」, 서울대학교 석사학위논문.

김대행(1996), 「옛날의 글쓰기와 사고의 틀」, 『국어교과학의 지평』, 서울대학교출판부.

김종철(2000), 「글쓰기 교육의 문화적 척도」, 이상익 외, 『고전문학교육의 이론』, 집문당.

김진영(1984), 『이규보 문학 연구』, 집문당.

박영민 외(2016), 『작문교육론』, 역락.

박희병(1999), 『한국의 생태사상』, 돌베개.

변경가(2017), 「초·중등 학습자의 쓰기 개념화 양상 연구」, 『작문연구』 32, 한국작문학회.

서정화(2008), 「이규보 산문 연구」, 고려대학교 박사학위논문.

송혁기(2006), 「한문산문 '설' 체식의 문학성 재고」, 『한국언어문학』 58, 한국언어문학회.

이승복(1995), 「기와 설의 수필문학적 성격」, 『한국국어교육연구회 논문집』 55, 한국어교육학회.

이영호(2014), 「자기 발견을 위한 중등학교 글쓰기 교육의 방향」, 『작문연구』 23, 한국작문학회.

이오덕(1993), 『글쓰기 어떻게 가르칠까』, 보리.

조동일(1982), 『한국문학사상사시론』, 지식산업사.

주재우(2007), 「유추를 통한 설득 표현 교육 연구」, 『국어교육』 122, 한국어교육학회.

주재우(2013), 『고전을 활용한 글쓰기 교육』, 월인.

최홍원(2012), 『성찰적 사고와 문학교육』, 지식산업사.

최홍원(2016), 「'설'을 대상으로 한 비판적 사고교육의 실행 가능성 탐색; <슬견설>과 <경설>에
　　　　　대한 독자 반응을 중심으로」, 『문학교육학』 52, 한국문학교육학회.

하강연(1996), 「이규보 수필의 구조와 의미」, 『한국문학논총』 18, 한국문학회.

유협 저, 최신호 역(1975), 『문심조룡』, 현암사.

진필상 저, 심경호 역(1995), 『한문문체론』, 이회.

▌상소문 쓰기 방법과 설득적 글쓰기 교육

[자료]

교육과학기술부고시 제 2012-14호, 국어과 교육과정.

인조실록(관련 기사 내용은 http://sillok.history.go.kr 에서 검색)

최명길 저, 신해진 역(2012), 『병자봉사』, 역락.

[논저]

김경수(2000), 『언론이 조선왕조 500년을 일구었다』, 가람.

김세철·김영재(2000), 『조선시대의 언론 문화』, 커뮤니케이션북스.

김용흠(2006), 『조선후기 정치사 연구 Ⅰ』, 혜안.

민병곤(2004), 「논증 교육의 내용 연구」, 서울대학교 박사학위논문.
서영진(2012), 「TV 토론 담화 분석을 통한 논증 도식 유형화」, 『국어교육학연구』 43, 국어교육학회.
신두환(2004), 「상소문의 문예 미학 탐색」, 『한국한문학연구』 33, 한국한문학회.
엄 훈(2013), 「고전 논변의 교육적 재발견」, 『국어교육학연구』 46, 국어교육학회.
염은열(1996), 「상소문의 글쓰기 전략 연구」, 『국어교육연구』 3, 서울대 국어교육연구소.
최병무(1999), 『지천 최명길 선생의 인간과 사적』, 세원사.
최인자(1996), 「조선시대 상소문에 나타난 설득 방식과 표현에 관한 연구」, 『선청어문』 24, 서울대 국어교육과.
한명기(2015), 『병자호란』 1, 푸른역사.
한명기(2015), 『병자호란』 2, 푸른역사.

진필상 저, 심경호 역(2001), 『한문문체론』, 이회.
브르통 외 저, 장혜영 역(2006), 『논증의 역사』, 커뮤니케이션북스.

▪도망문(悼亡文) 쓰기 방법과 글쓰기 치료

[자료]

심노숭(2014), 『孝田散稿』 3, 학자원.
심노숭 저, 김영진 역(2001), 『눈물이란 무엇인가』, 태학사.
심노숭 저, 안대회 역(2014), 『자저실기』, 휴머니스트.

[논저]

김영진(1996), 「효전 심노숭 문학 연구」, 고려대학교 석사학위논문.
나지영(2009), 「문학치료학의 '자기 서사' 개념 검토」, 『문학치료연구』 13, 한국문학치료학회.
안대회 엮음(2003), 『조선후기 소품문의 실체』, 태학사.
정우봉(2021), 「조선후기 도망록의 편찬과 그 의미」, 『대동문화연구』 116, 성균관대 대동문화연구원.
한새해(2018), 「심노숭의 정치적 입장과 산문 세계」, 서강대학교 박사학위논문.

Adams 저, 강은주 외 역(2006), 『저널 치료』, 학지사.
Beth Jacobs 저, 김현희 외 역(2008), 『감정 다스리기를 위한 글쓰기』, 학지사.
Bolton 외 저, 김춘경 외 역(2012), 『글쓰기 치료』, 학지사.
Pennebaker 저, 김종환 외 역(1999), 『털어놓기와 건강』, 학지사.
Pennebaker 저, 이봉희 역(2007), 『글쓰기 치료』, 학지사.

▌박종채의 <과정록>과 부모 전기 쓰기 교육

[자료]

교육과학기술부 고시 제 2012-14호, 국어과 교육과정.

박종채 저, 박희병 역(2002), 『나의 아버지 박지원』, 돌베개.

[논저]

박인기(2014), 「글쓰기의 미래적 가치」, 『작문연구』 20, 한국작문학회.

박주현 외 지음(2002), 『EBS TV 전기문 나의 부모님』, 대산출판사.

박지원 저, 박희병 역(2005), 『고추장 작은 단지를 보내니』, 돌베개.

박희병(1993), 『조선후기 전의 소설적 성향 연구』, 성균관대학교출판부.

박희병(2020), 『엄마의 마지막 말들』, 창비.

숭실대학교 베어드학부대학 학사지도실 엮음(2014), 『부모님 평전 : 부모님에게는 무언가 특별
　　　　한 것이 있다』, 숭실대학교 출판국.

이원봉(2015), 「글쓰기 교육을 통한 대학에서의 인성교육 가능성 모색」, 『작문연구』 27, 한국작
　　　　문학회.

이은미(2016), 「자기성찰을 위한 평전 쓰기 교육의 사례 연구」, 『어문연구』 44권 2호, 한국어문
　　　　교육연구회.

이재기(2020), 「새로운 시대 저자의 고유성과 타자성」, 『한국작문학회 제50회 학술대회 자료
　　　　집』, 한국작문학회.

이현정(1996), 「과정록 연구」, 계명대학교 석사학위논문.

장지혜(2020), 「인성 교육을 위한 작문 교육의 방향」, 『국어교육연구』 46, 서울대 국어교육연구
　　　　소.

정재철(2017), 「연암 문학에 대한 당시대인의 인식」, 『열상고전연구』 57, 열상고전연구회.

홍아주(2005), 「박종채의 <과정록> 연구」, 서울대학교 석사학위논문.

진필상 저, 심경호 역(2001), 『한문문체론』, 이회.

Booth, Wayne C. 저, 최상규 역(1999), 『소설의 수사학』, 예림기획.

Edel, Leon 저, 김윤식 역(1994), 『작가론의 방법(-문학 전기란 무엇인가-)』, 삼영사.

Shelston, Alan 저, 이경식 역(1984), 『전기 문학』, 서울대학교출판부.

▌근대 토론의 탄생과 국어교육적 의의

[자료]

독립협회(1897), 「독립협회 토론회 규칙」. (학회 자료(1989), 「자료소개 독립협회 토론회 규칙」,

『한국학보』 15, 일지사에 수록)

박미경 역(2016), 『국역 윤치호 영문 일기』 4, 국사편찬위원회.

신용하(1989), 「(자료 해제)독립협회 토론회 규칙」, 『한국학보』 55, 일지사.

협성회(1896), 「협성회 규칙」. ('한흥수(1977), 『근대 한국민족주의 연구』, 연세대학교 출판부'에
　　　사진자료로 수록)

협성회(2022), 『협성회회보 미일신문』, 한국학자료원.

The Korean Repository, Nov 1897.

[논저]

김난도 외(2021), 『트렌드 코리아 2022』, 미래의 창.

김영수(2015), 「조선 시대 언론의 공정성 : 공론 정치론과 그 한계」, 『정치와 평론』 17, 한국정치
　　　평론학회.

김용직(2006), 「개화기 한국의 근대적 공론장과 공론 형성 연구」, 『한국동북아논총』 38, 한국동
　　　북아학회.

김종철(2004), 「국어교육과 언어 민주주의」, 『국어교육』 115, 한국어교육학회.

박상준(2009), 「대학 토론 교육의 문제와 해결 방안 시론」, 『어문학』 104, 한국어문학회.

박숙자(2008), 「근대적 토론의 역사적 기원과 역할」, 『새국어교육』 78, 한국국어교육학회.

박재현(2018), 『교육토론의 원리와 실제』, 사회평론아카데미.

신용하(2006), 『신판 독립협회 연구(상)』, 일조각.

윤성렬(2004), 『도포 입고 ABC 갓쓰고 맨손체조』, 학민사.

이남주(2011), 「토론 중심 고교 화법 교육 개선 방안 연구」, 『화법연구』 19, 한국화법학회.

이윤상(2006), 「한말, 개항기, 개화기, 애국계몽기」, 『역사비평』 74, 역사비평사.

이정옥(2011), 「개화기 연설의 '근대적 말하기' 형성과정 연구」, 『시학과언어학』 21, 시학과언어
　　　학회.

이정옥(2015), 「협성회의 토론교육과 토론문화의 형성과정」, 『국어국문학』 172, 국어국문학회.

이황직(2007), 「근대 한국의 초기 공론장 형성 및 변화에 관한 연구」, 『사회이론』 32, 한국사회이
　　　론학회.

이황직(2011), 『독립협회, 토론 공화국을 꿈꾸다』, 프로네시스.

이황직(2020), 『서재필 평전』, 신서원.

전경목(1997), 「산송을 통해 본 조선후기 사법제도 운용 실태의 그 특징」, 『법사학연구』 18,
　　　한국법사학회.

전영우(1991), 『한국 근대 토론의 사적 연구』, 일지사.

조맹기(2007), 「하버마스의 공론장 형성과 그 변동 : 공중의 생활 세계를 중심으로」, 『한국소통
　　　학보』 8, 한국소통학회.

Snider 외 저, 민병곤 외 역(2014), 『수업의 완성 교실토론』, 사회평론.

▌<문장강화>에 나타난 작문 인식과 함의

[자료]
박지원 저, 신호열·김명호 역(2004), 『국역 연암집 2』, 민족문화추진위원회.
박지원 저, 신호열·김명호 역(2005), 『국역 연암집 1』, 민족문화추진위원회.
상허학회 편(2015), 『문장강화 외-이태준 전집 7』, 소명출판.
심노숭 저, 김영진 역(2001), 『눈물이란 무엇인가』, 태학사.
이규보 저, 김상훈 외 역(2005), 『이규보 작품집 2 : 조물주에게 묻노라』, 보리.

[논저]
문혜윤(2006), 「1930년대 어휘의 장과 문학어의 계발」, 『상허학보』 17, 상허학회.
문혜윤(2008), 『문학어의 근대』, 소명출판.
백지은(2015), 「근대어문의 이념을 향하여」, 『한국근대문학연구』 16, 한국근대문학회.
안대회 엮음(2003), 『조선후기 소품문의 실체』, 태학사.
윤시현(2011), 「이태준 문장론 연구」, 이화여자대학교 석사학위논문.
천정환(1998), 「이태준의 소설론과 <문장강화>에 대한 고찰」, 『한국현대문학연구』 6, 한국현대
          문학회.
천정환(2003), 『근대의 책 읽기』, 푸른역사.
최시한(2003), 「국문 운동과 문장강화」, 『시학과 언어학』 6, 시학과언어학회.
최혁준(1997), 『문학 이론과 시교육』, 박이정.

▌고전을 활용한 <남한산성>의 서사화 전략

[자료]
김 훈(2007), <남한산성>, 학고재.

나만갑 저, 윤재영 역(1985), <병자록>, 삼경당.
남평조씨 저, 전형대·박경신 역주(1991), <역주 병자일기>, 예전사.
민족문화추진회(1990), 『인조실록』 15.
민족문화추진회(1972), <국역 대동야승 Ⅷ>.
석지형 저, 이훈종 옮김(1992), <남한일기>, 광주문화원.
이긍익(1967), <국역 연려실기술 Ⅵ>, 민족문화추진회.
작자 미상, 김광순 역(2004), <산성일기>, 서해문집.

정약용 저, 정해렴 역(2001), <임진왜란과 병자호란>, 현대실학사.

[논저]

김영찬(2007), 「김훈 소설이 묻는 것과 묻지 않은 것」, 『창작과비평』 2007년 가을호.

김주언(2012), 「김훈 소설에서 시간의 문제」, 『한국문학이론과비평』 54, 한국문학이론과비평학회.

김 훈(2008), 『바다의 기별』, 생각의 나무.

김훈·서영채(2006), 「허명과 거품을 피해 내 자신의 작은 자리를 만드는 것이 내 앞길이에요」, 『문학동네』 47호, 문학동네.

서종남(1988), 「산성일기와 병자록의 비교 연구」, 『새국어교육』 43~44, 국어교육학회.

이명원(2007), 「말과 동물, 그리고 자연으로 환원된 역사」, 『문학과학』 51, 문학과학사.

이 숙(2010), 「팩션소설 연구 서설」, 『현대문학이론연구』 40, 현대문학이론학회.

이영삼(2013), 「역주 <남한해위록>」, 전남대학교 한문고전번역협동과정 석사학위논문.

장경남(2003), 「산성일기의 서사적 특성 연구」, 『고전문학연구』 24, 한국고전문학회.

차미령(2007), 「남한산성 리포트」, 『문학수첩』 2007 가을호, 문학동네.

▌자기서사의 관점에서 본 <칼의 노래>의 글쓰기 전략

[자료]

김 훈(2012), <칼의 노래>, 문학동네.

완산 이긍익 편(1967), 『국역 연려실기술 Ⅲ』, 민족문화추진위원회.

완산 이긍익 편(1967), 『국역 연려실기술 Ⅳ』, 민족문화추진위원회.

이순신 저, 노승석 역(2016), <난중일기>, 도서출판 여해.

이은상 역(1989), 『완역 이충무공전서 상』, 성문각.

이은상 역(1989), 『완역 이충무공전서 하』, 성문각.

[논저]

김성진(2017), 「이순신 역사소설에 투영된 작가와 시대의 욕망」, 『문학치료학연구』 제45집, 문학치료학회.

김 훈(2008), 『바다의 기별』, 생각의 나무.

김 훈(2003), 『밥벌이의 지겨움』, 생각의나무.

김 훈(2002), 『아들아, 다시는 평발을 내밀지 마라』, 생각의나무.

김 훈(2019), 『연필로 쓰기』, 문학동네.

김훈 외(2004), 「아수라 지옥을 건너가는 잔혹한 리얼리스트」, 『문학동네』 11권 2호.

박혜일 외(2004), 「史實에서 괴리된 근간의 '이순신' 실명소설」, 『이순신 연구논총』 제3집, 순천

　　　　　향대학교 이순신연구소.
이영식(2013), 『독서치료 어떻게 할 것인가』, 학지사.
장경남(2007), 「이순신의 소설적 형상화에 대한 통시적 연구」, 『민족문학사연구』 제35집, 민족
　　　　　문학사학회.
정건희(2011), 「김훈 역사소설의 비역사성」, 『관악어문연구』 제36집, 서울대 국어국문학과.
정옥자(2006), 「<칼의 노래>의 역사적 상상력」, 『문학동네』 13권 3호.
정운채(2007), 『문학치료의 이론적 기초』, 문학과치료.
제장명(2007), 「조선시대 주요 변란과 면사첩 제도」, 『한국민족문화』 제29집, 부산대학교 한국
　　　　　민족문화연구소.
채연숙(2015), 『형상화된 언어, 치유적 삶』, 교육과학사.
허명숙(2004), 「역사적 인물의 대중적 형상화」, 『인문학연구』 제34집, 숭실대 인문과학연구소.
홍혜원(2007), 「김훈의 <칼의 노래> 연구」, 『구보학보』 제2집, 구보학회.
황혜진(2016), 「자기서사 진단 도구의 개발 현황과 개선 방안」, 『문학치료연구』 제38집, 문학치
　　　　　료학회.

Pennebaker 저, 이봉희 역(2007), 『글쓰기 치료』, 학지사.

저자 이영호

성균관대학교 국어국문학과를 졸업하고, 교직에 뜻이 있어 서울대학교 국어교육과에
진학하여 공부하였다. 서울대학교 국어교육과 대학원에서 고전 글쓰기 연구로 석사학위
를, 논술교육 연구로 박사학위를 받았다. 중등학교에서 2년간 학생들을 가르쳤으며, 경인
교육대학교, 서울대학교 등에서 강의하였고, 현재 계명대학교 국어교육과 교수로 재직
중이다. 문화론적 시각에서 작문교육과 국어교육을 탐구하고, 학생들의 성장을 위해 쓰
기를 적용하는 데 많은 관심을 가지고 있다. 주요 논저로는 「자기 발견을 위한 중등학교
글쓰기 교육의 방향」, 『고전산문 글쓰기와 글쓰기 교육』, 『작문교육론』(공저) 등이 있다.

문화적 문식성과 국어교육

초판 1쇄 인쇄 2024년 6월 21일
초판 1쇄 발행 2024년 6월 28일

저　　자 이영호
펴　낸　이 이대현

편　　집 이태곤 권분옥 임애정 강윤경
디　자　인 안혜진 최선주
마　케　팅 박태훈 한주영

펴　낸　곳 도서출판 역락
주　　소 서울시 서초구 동광로 46길 6-6(반포4동 문창빌딩 2F)
전　　화 02-3409-2060(편집부), 2058(영업부)
팩　　스 02-3409-2059
등　　록 1999년 4월 19일 제303-2002-000014호
이　메　일 youkrack@hanmail.net
홈페이지 www.youkrackbooks.com

ISBN 979-11-6742-840-0 93370